François-Xavier Dillard

Né à Paris en 1971, François-Xavier Dillard est directeur commercial dans un grand groupe énergétique français. Après *Un vrai jeu d'enfant* (2012), *Fais-le pour maman*, sélectionné pour le prix polar de Cognac, est son deuxième roman paru chez Fleuve Éditions (2014). En 2016, *Austerlitz 10.5*, coécrit avec Anne-Laure Béatrix, est publié chez Belfond. En 2017 *Fais-le pour maman* obtient le prix Pocket des Nouvelles voix du polar. La même année sort *Ne dis rien à papa* puis, en 2018, *Réveille-toi !*, toujours chez Belfond.

FAIS-LE POUR MAMAN

DU MÊME AUTEUR
CHEZ POCKET

FAIS-LE POUR MAMAN

NE DIS RIEN À PAPA

FRANÇOIS-XAVIER DILLARD

FAIS-LE
POUR MAMAN

fleuvenoir

Pocket, une marque d'Univers Poche,
est un éditeur qui s'engage pour la préservation
de son environnement et qui utilise du papier fabriqué
à partir de bois provenant de forêts gérées
de manière responsable.

Le Code de la propriété intellectuelle n'autorisant, aux termes de l'article L. 122-5, 2° et 3° a, d'une part, que les « copies ou reproductions strictement réservées à l'usage privé du copiste et non destinées à une utilisation collective » et, d'autre part, que les analyses et les courtes citations dans un but d'exemple et d'illustration, « toute représentation ou reproduction intégrale ou partielle faite sans le consentement de l'auteur ou de ses ayants droit ou ayants cause est illicite » (art. L. 122-4).
Cette représentation ou reproduction, par quelque procédé que ce soit, constituerait donc une contrefaçon, sanctionnée par les articles L. 335-2 et suivants du Code de la propriété intellectuelle.

© 2014, Fleuve Éditions, département d'Univers Poche
ISBN : 978-2-266-25734-3

« La folie n'est peut-être qu'un chagrin
qui n'évolue plus. »

Emil Michel Cioran
in *Le Mauvais Démiurge*

Le petit garçon est recroquevillé, prostré dans l'encadrement de la porte. Il a entendu des cris. Ceux de sa mère puis, en écho, ceux de sa sœur... Et à nouveau sa mère, qui hurle comme une damnée. Encore des cris, plus forts, de plus en plus forts et puis, soudain, plus rien. De toute façon, il sait bien qu'elles ne communiquent plus depuis quelques mois. Elles ne se parlent plus, elles se hurlent leur colère et leur frustration à travers des cris, des larmes et, parfois même, des coups. Quand son père était encore là, une voix plus dure, plus rauque, plus impérieuse finissait toujours par se mêler à celles des deux femmes. Comme des aboiements de chef de meute et puis des coups, là aussi plus forts, plus... définitifs. Et tout rentrait dans l'ordre, jusqu'à la fois suivante qui revenait, inexorablement. Le petit garçon réussissait alors à trouver le sommeil dans le calme effrayant d'un appartement devenu mort. Dans ce silence froid qui était la conclusion intime d'une violence familiale nourrie avec bien trop d'appétit par la colère et par la haine. Aujourd'hui, ce sont juste les horaires qui ont changé. Depuis le départ de son père, sa mère travaille de nuit, très loin de la maison et, quand elle rentre au petit jour, sa sœur et lui se réveillent doucement. C'est Valérie qui prépare le petit déjeuner. Elle jette sur la table, avec une désinvolture agacée, une boîte éventrée de céréales au chocolat, puis sort en maugréant un litre de lait du frigo, et lui demande, comme un ordre, de prendre les bols dans le placard. Ce matin, le petit garçon a très vite mangé pour pouvoir lire son nouveau livre d'aventures avant de partir à l'école. Son meilleur copain, Yann, lui en a prêté un formidable, une histoire dans laquelle un enfant devient le héros d'un monde fantastique peuplé de créatures aux pouvoirs incroyables. Un monde dans lequel il s'évade de plus en plus longtemps, de plus en plus souvent, oubliant les cris, les pleurs et les coups. Mais ce matin, sa sœur aînée a décidé de ne pas le laisser en paix. Elle arrive dans leur chambre et met à fond le disque stupide qu'elle a reçu pour Noël. Une histoire grotesque d'abominable homme des neiges et de banana split, une rythmique insupportable sur laquelle elle se met tout de suite à sautiller en hurlant : « Bana-nana, bana-nana, banana split... »

Valérie est plus grande que lui, beaucoup plus grande, elle a 13 ans. Et six années d'écart, à ces âges-là, c'est un immense abîme. Alors elle prend vite le dessus et, pour le petit garçon, il ne reste plus qu'à tenter d'aller obtenir un arbitrage très incertain auprès de sa mère. Il s'est rendu dans la cuisine, sans bruit, et puis il l'a vue, penchée sur l'évier. Il ne distingue pas vraiment ce qu'elle fait, elle ne bouge pas, ses bras sont immobiles, inertes, le long de son corps. Elle est courbée au-dessus de cette vieille cuve en Inox, comme accablée par le poids du monde. Il a l'impression qu'elle ne fait rien. Alors d'une toute petite voix, presque en s'excusant, il tente, encore une fois, d'exister.

— Maman, maman... C'est Valérie, elle m'empêche de lire mon livre. Elle met son disque débile à fond et puis elle m'a donné un coup de pied, aussi.

Sa mère se retourne, ses yeux sont rougis par la fatigue et les larmes. Elle n'a pas un geste pour l'enfant, elle ne montre plus depuis longtemps le moindre signe d'affection pour lui ou pour sa sœur. Elle n'en a pas la force, ni même, ce qui est encore plus terrible, l'envie. Ce travail de nuit, ce poste de serveuse dans ce routier minable la tue à petit feu. Enfin, serveuse... Elle fait plus le ménage que le service. Et cet endroit est si sale. Elle nettoie pourtant tous les soirs après le dernier service, très tard, bien trop tard, quand tout le monde est parti. Elle balance ses lourds seaux d'eau, elle passe la serpillière, elle frotte avec de grands chiffons sales. Et elle gueule aussi, comme une cinglée, seule et anéantie dans cette salle obscure et froide juste emplie d'ombres hostiles, d'odeurs âcres et de restes de nourriture trop grasse. Le pire, c'est qu'elle sait qu'elle peut toujours nettoyer, frotter, donner un semblant de conscience professionnelle à ce job insensé, y mettre tout ce qui lui reste d'énergie... cela ne sert à rien. Demain ce sera encore plus sale, demain il faudra qu'elle recommence. Elle pense que les clients sont des porcs. Qui d'autre à part des porcs voudrait d'ailleurs venir manger dans un endroit pareil ? Elle a lu quelque part que ces bêtes-là peuvent se nourrir de n'importe quoi. Elle confirme. Non seulement ils sont capables d'ingérer de la merde, mais en plus ils en renversent la moitié par terre et après ils la piétinent avec enthousiasme pour en faire la bouillie infâme qu'elle doit ramasser le soir avec sa serpillière. Mais elle n'a pas le choix, depuis que son mari est enfin parti, elle doit bosser. Et comme elle n'a aucune qualification, c'est le seul job qu'on lui a proposé.

Revenant peu à peu au monde, à cette petite cuisine impersonnelle, elle commence enfin à entendre son fils. Perdant son regard une dernière fois dans le fond de cette cuve métallique dans laquelle l'eau finit de s'écouler, elle se tourne vers son garçon. Elle lui lance d'une voix sourde, éteinte :

— Dis à ta sœur de venir tout de suite... Et dis-lui aussi que si elle ne vient pas je la prive de sorties pendant un mois.

L'enfant est retourné en courant dans la chambre, a transmis le message à sa sœur qui a soufflé, très fort, s'est levée puis, en passant, lui a filé une grande claque derrière la tête en le traitant de « sale cafteur ». Il ne l'a pas suivie dans la cuisine, il préfère attendre dans la chambre. Dès qu'elle est entrée dans la pièce les cris ont commencé. Et puis soudain, il y a eu ce hurlement qui lui a glacé le sang, tordu le ventre. Un cri terrible, presque inhumain qui a résonné dans toute sa chair, au plus profond de ses os. Juste après, il n'y a plus rien eu, plus aucun bruit, plus un souffle, et ça, c'était encore plus effrayant. Alors il s'est approché, à pas feutrés, jusqu'à la porte de la cuisine et il a regardé. Il a regardé, et son souffle s'est arrêté. Pendant quelques instants il y a eu comme un grand trou noir dans lequel il a sombré. Après il a rouvert les yeux et il a vu du sang et la lame du couteau qui *brillait. Il a vu cette scène de cauchemar et il s'est effondré, les yeux agrandis par l'horreur, les jambes paralysées par la peur. Il s'est écroulé en pleurant, il est tombé lourdement sur le sol, se cognant la tête sur le carrelage. Il s'est effondré juste au moment où elle a commencé à s'approcher de lui.*

Chapitre premier

Un profond silence que brisent de temps en temps quelques cris. Des cris de joie ou de surprise, le plus souvent des cris de colère ; peu importe, juste du bruit. Le hall d'entrée de l'immeuble HLM résonne en permanence des échos incessants de la promiscuité. Sébastien grimpe les marches tout en essayant de déchiffrer les nombreux graffitis, souvent obscènes, la plupart du temps incompréhensibles mais parfois aussi assez drôles, qui recouvrent les parois de la cage d'escalier. L'ascenseur est en panne. Il n'a même pas essayé de l'appeler car, d'aussi loin qu'il s'en souvienne, il ne l'a jamais vu fonctionner. Il s'arrête au septième étage, se félicitant une fois de plus d'avoir enfin mis fin à son addiction à la cigarette, deux ans plus tôt, juste avant ses 40 ans.

Au moment où il s'apprête à sonner, il entend, derrière la porte en aggloméré, une femme qui invective quelqu'un. Elle le fait en arabe et, bien que Sébastien ne comprenne pas cette langue, il perçoit la colère de cette mère de cinq enfants qui se bat au quotidien avec une dignité de fer contre un destin obstiné. C'est pour leur troisième, Hassan, qu'il a été appelé.

D'habitude, lorsqu'un des enfants est malade, c'est plutôt vers l'hôpital que se tournent les habitants du quartier des Charmettes... « Les Charmettes », quelle blague ! Pourquoi donc les urbanistes et les architectes se sont-ils appliqués, dans les années soixante, à trouver des noms aussi ridicules ? Peut-être qu'au début les bâtiments neufs et les jardins nouvellement éclos pouvaient donner l'illusion d'offrir à leurs habitants une vie calme et bucolique... Quand Sébastien voit ce que ces bâtiments sont devenus, il ne peut s'empêcher de penser qu'il est plus que temps de renommer toutes ces barres d'immeubles. Et il a déjà un nom pour celles-là, « Les Désespérettes ».

Aujourd'hui leur voiture est en panne, mais la mère d'Hassan sait bien que le médecin viendra. Il est un des rares praticiens de la ville à encore accepter de se rendre dans la cité à la nuit tombée. Même les services publics ne veulent plus intervenir ; ils ont fini par se lasser de se déplacer pour se faire agresser. Le Dr Sébastien Venetti frappe à la porte, laissant de côté la sonnette qui a abandonné depuis longtemps, en même temps que l'ascenseur sans doute, tout espoir de remplir sa fonction première. Quelques instants plus tard, c'est une femme d'une quarantaine d'années, peut-être plus ou plus sûrement moins, qui lui ouvre la porte.

— Bonjour, docteur, merci, merci d'être venu. C'est pour Hassan, il ne va pas bien du tout, viens voir.

Sébastien suit la mère de l'enfant à travers l'appartement. Dans la petite chambre de gauche, au bout du couloir, Hassan est couché. Mais ce soir, il ne parviendra pas à s'endormir. Il connaît bien cet enfant qui souffre d'un asthme sévère depuis l'âge de 2 ans et qui maintenant, à bientôt 8 ans, fait régulièrement des crises très graves, très violentes. Lorsqu'il examine le jeune garçon, il retrouve sur le petit visage les tristes caractéristiques des épisodes aigus de cette maladie. Les yeux sont cernés, les lèvres cyanosées et tout le corps du garçon est tendu vers un seul objectif : respirer. Le médecin sait très bien que l'humidité qui règne dans l'appartement est un facteur aggravant de cette maladie. Il sait parfaitement que, à moins d'un improbable déménagement, cet enfant n'a pas fini de se battre pour son oxygène. Un très bref examen, et la décision de Sébastien est prise. Il va faire hospitaliser Hassan pour qu'on lui administre des aérosols le plus vite possible. À défaut de le guérir, ça le soulagera. Il appelle lui-même l'hôpital pour demander une ambulance, c'est le moyen le plus simple et le plus rapide de faire transporter son patient. Lorsqu'il se tourne vers la mère du jeune garçon, celle-ci a un regard étrange, presque une supplique. Sébastien voit bien sur son visage que quelque chose la perturbe encore.

— Ça va aller, ne vous inquiétez pas, ils vont le garder deux ou trois jours et, quand il reviendra, il ira beaucoup mieux. Allez, courage et puis, avec le temps, c'est une maladie qui disparaît souvent toute seule, à l'adolescence… vous verrez.

Dans le meilleur des cas, ça lui laisse encore quelques bonnes grosses années de galère à ce gamin, mais ça, ce n'est pas la peine de le lui dire. De toute façon, il y a autre chose. La mère de l'enfant est tendue, bien trop tendue. Mais ce n'est que lorsqu'ils sont tous les deux dans la cuisine qu'elle se livre enfin, d'une seule traite. Un flot de larmes intarissable s'écoule en silence alors qu'elle raconte à la seule personne susceptible de l'aider son terrible secret. Le médecin l'écoute avec calme, il sait ce qu'il doit faire et il le fera parce que c'est son devoir. Il le fera parce qu'il sait ce que le chômage et le désœuvrement peuvent avoir de destructeur dans une famille. Et il ne le sait pas uniquement parce que cette situation est le lot de nombre de ses patients. Lui-même en a déjà vécu les terribles effets, au plus profond de son être. Alors le secret de Mme Boubaker, sa honte, son désespoir, il les absorbe, il s'en saisit et il lui dit qu'il sait quoi faire, qu'il faut qu'elle lui fasse confiance. Il lui dit aussi que cela va être dur, terriblement difficile, mais que, s'ils ne font rien, ce sera bien pire encore.

Chapitre 2

L'appartement est blanc, blanc et nu. Claire ne l'a pas encore meublé. Elle se refuse à installer son existence dans cette ville qu'elle n'a pas choisie, dans cet immeuble qu'elle n'aime pas, auprès de voisins anonymes qui ne lui ressemblent pas. Elle sait pourtant que c'est ici qu'il va lui falloir reconstruire sa vie, tenter d'oublier les événements qui ont réduit son passé et ses certitudes à néant. Oublier, peut-être… Mais c'est si dur.

En attendant elle doit retourner là-bas. Elle a déjà rencontré l'ensemble des personnels du commissariat, elle a fait « connaissance » avec ses équipes. Des types plus très jeunes, un peu blasés, qui ont regardé arriver Claire avec un mélange non dissimulé de méfiance et sans doute aussi de mépris.

Elle ne leur en veut pas, pas encore. Elle comprend très bien que pour eux voir débarquer comme patronne une femme d'à peine 40 ans qui se trimballe une histoire sordide, le genre de publicité dont les flics ont horreur, un fait divers qui a déjà fait le tour de la PJ et qui a défrayé la chronique, c'est tout de même un peu rude. Alors quand elle s'en aperçoit, quand elle capte les regards échangés et les sourires entendus, elle ne dit rien. Elle se tait, se mordant les lèvres, parfois jusqu'au sang. Pourtant elle a envie de leur hurler qu'elle non plus, elle n'a pas choisi d'être affectée dans cette ville. C'était le poste le plus discret que ses patrons aient pu lui trouver. Le seul poste de commissaire disponible dans une ville assez anonyme pour que son arrivée ne déclenche, au pire, que quelques lignes dans la presse quotidienne locale.

Despluzin, 34 000 habitants, une ville moyenne de l'est de la France dont l'activité économique principale, le textile, a peu à peu disparu au profit d'ateliers de confection étrangers, bien moins chers et bien plus productifs. Une ville dans laquelle la petite délinquance a prospéré en même temps que le chômage s'installait, avec lenteur et opiniâtreté. Claire sait que son quotidien sera bientôt fait de délits sans grandes conséquences judiciaires, de trafics sans envergure, de bagarres de bar et de conduites en état de grande ivresse. Peut-être, de temps en temps, sera-t-elle confrontée à un homicide sordide et familial, issues tragiques d'une haine devenue trop dense et de l'alcoolisme ordinaire. Elle entendra sans doute alors, au petit matin, un mari hébété et perdu qui se souviendra à peine de ce qu'il a fait, mais qui comprendra très vite qu'il est bien trop tard pour revenir en arrière. Et que sa vie a basculé pour de bon dans le néant.

Non pas qu'elle n'ait pas eu à traiter ce type d'affaire au cours de sa carrière, qu'elle ne sache pas parfaitement que ce métier de flic est aussi fait de ce mélange de drames quotidiens et de crimes passionnels sans amour. Elle pensait pourtant que tout cela était derrière elle. À Paris, elle occupait un poste de conseillère technique auprès du ministre de l'Intérieur, un poste qu'elle avait réussi à décrocher grâce à ses états de service irréprochables et à quelques connaissances avec qui elle avait gardé contact, après les bancs de Sciences Po. Elle se souvenait avec nostalgie de cette époque bénie d'insouciance cultivée, faite de conversations exaltées et résolues entre camarades de promotion. Elle se souvenait aussi de la surprise qui avait suivi l'annonce, un peu trop solennelle et un brin bravache, de sa volonté de passer le concours de commissaire de police. Très peu avaient compris pourquoi une des élèves les plus brillantes avait choisi d'entrer dans la police, alors qu'une belle carrière ouatée et rectiligne s'offrait à elle dans la haute fonction publique. Elle-même devait avouer qu'à l'époque elle n'avait pas clairement identifié ses propres motivations. Sûrement un peu pour emmerder son père qui la tannait pour qu'elle se lance dans une carrière diplomatique, sûrement aussi pour satisfaire un irrépressible besoin d'action et d'adrénaline. Deux éléments qui avaient manqué à une enfance, puis à une adolescence qu'il convenait de qualifier de « dorées ».

Mais on n'échappait pas à son destin. Elle avait quand même fini par retrouver les ors de la République et, dans le même temps, certains de ses camarades de la rue Saint-Guillaume. Et c'est là, place Beauvau, en sortant tard d'une interminable réunion interministérielle, qu'elle avait revu Rodolphe. Lui aussi l'avait tout de suite reconnue et il lui avait alors offert ce grand sourire radieux, le même qui l'avait déjà fait craquer dix ans plus tôt. À l'époque, leur histoire n'avait pas duré et, à vrai dire, elle n'avait pas vraiment commencé. Juste un flirt sans lendemain, ils n'avaient pas même couché ensemble. Claire ne se souvenait pas vraiment pourquoi cela n'avait pas fonctionné ; une vague histoire de petite copine pas encore oubliée. Elle n'avait pas insisté.

Dix ans plus tard, les choses étaient allées bien plus vite et beaucoup plus loin. Ils avaient dîné ensemble le soir même, et Claire avait dormi chez lui. Sans doute une manière de rattraper le temps perdu. Rodolphe sortait d'un divorce compliqué, douloureux. Claire, elle, ne sortait de rien, ayant consacré l'essentiel de son temps à sa carrière de flic puis de conseillère. Ils s'étaient mariés moins d'un an plus tard. Rodolphe n'avait pas d'enfant de son premier mariage et Claire, par pudeur et sûrement aussi un peu par jalousie, ne lui parlait jamais de sa première épouse. Elle ne l'avait d'ailleurs jamais rencontrée.

La première fois qu'elle avait vu son ex-épouse, ça avait été au procès. Une jeune femme blonde et triste avec un regard apeuré, un peu éteint, troublé parfois par l'expression soudaine d'une haine infinie pour son ancien mari. Si au moins elle avait eu la curiosité ou l'intelligence de la contacter au moment où les choses avaient commencé à déraper, elle n'en serait peut-être pas arrivée là. Mais aurait-elle cru cette femme ? Peut-on croire ce genre de chose avant d'y être soi-même confrontée ? Peut-on vraiment admettre que l'on a épousé… un monstre ?

Chapitre 3

Ce soir-là, en rentrant, le Dr Sébastien Venetti est passé par la gendarmerie. Il a dit au commandant Crumley que la mère du petit Hassan viendrait le lendemain matin porter plainte pour viol sur mineur par une personne ayant autorité parentale. Crumley a juste soufflé et murmuré « nom de Dieu » avant de demander à Sébastien de lui en dire plus.

— C'est une des sœurs du petit garçon, Yasmine. Son père abuse d'elle depuis deux ans. Ce qui a décidé sa mère à faire quelque chose, c'est que la petite ne veut plus parler, à personne. Elle ne veut plus aller à l'école et elle traîne avec la racaille du quartier. Elle a tout juste 12 ans.

Lorsque Sébastien quitte la gendarmerie, il est déjà 21 heures. Ses filles ont dû préparer le dîner. Il sait que c'est Léa, l'aînée, qui a décidé du menu. Sa petite sœur Juliette a 7 ans et accepte encore de n'être que la petite main. Depuis quelques semaines, elles jouent à un jeu s'inspirant d'émissions de télé qui mettent en concurrence des cuisiniers, amateurs éclairés, mères de famille et pères célibataires qui viennent se faire enguirlander et humilier avec bonheur par des chefs ou des critiques gastronomiques en mal de publicité. Alors, les imitant avec jubilation, Léa fustige sa petite sœur avec sérieux et une pointe de sadisme en la menaçant d'être « éliminée » toutes les trois minutes, pour la plus grande excitation de Juliette qui, de toute façon, vénère son aînée de manière inconditionnelle.

Sébastien doit avouer que, si le résultat de ce petit jeu est parfois surprenant, la plupart du temps c'est assez savoureux. Sauf peut-être le récent « sauté de Knacki au Nutella » dont il avait dû saluer l'audace, mais avait amèrement regretté la saveur. Il laisse beaucoup de liberté à ses filles ou plutôt beaucoup d'autonomie, peut-être trop. Depuis que Sarah est morte, elles ont grandi trop vite et trop seules, il le sait. Depuis combien de temps n'est-il pas parti en vacances avec elles, depuis combien de temps n'a-t-il pas pris de vacances, d'ailleurs ? Elles partent chaque année en colonie et, quand elles reviennent, il s'étonne de les retrouver aussi grandes, aussi belles, aussi drôles, aussi graves parfois. Il est certain de passer à côté de beaucoup de choses mais, après tout, les autres enfants – ses patients – ont besoin de lui. Sans doute plus encore que ses deux filles qui, malgré la perte de leur mère, ne manquent de rien. Enfin sur le plan matériel, et c'est déjà pas si mal, non ? Lui qui est confronté au quotidien à des environnements difficiles, à des situations dramatiques, il estime que le confort est aussi une forme de réconfort. Et puis, dès qu'il le peut, il fait preuve d'affection et d'amour pour elles… Dès qu'il le peut.

Juste avant d'arriver à la maison, il repense à Sarah, à sa voix, à son sourire, à sa peau... Il y repense de manière fugace avant de rejeter ce souvenir très loin, au plus profond de sa mémoire. Il y a tant de souffrances, tant de douleur qui accompagnent les images d'un bonheur perdu à jamais. Trop souvent, il se réveille, à l'aube, et pendant quelques fractions de seconde, il s'attend à sentir le corps chaud de son épouse à ses côtés. Et comme il ne la trouve pas, dans les brumes d'un sommeil persistant, il attend qu'elle sorte de la salle de bains. Et puis, juste au moment où il s'apprête à prononcer son nom, il se souvient. C'est comme s'il prenait un énorme parpaing sur le coin de la figure. Il retombe en arrière sur son lit et parfois il pleure, il sanglote comme un enfant. Puis il se reprend, juste avant que les filles ne se lèvent. Il les regarde ensuite prendre leur petit déjeuner et c'est encore Sarah qu'il voit. Un rire, un regard, des sourires qui ajoutent encore à sa douleur et ravivent sa souffrance. C'est peut-être aussi pour ça qu'il ne voit pas beaucoup les filles...

Ce soir il s'est rendu au vidéo-club après la gendarmerie. Il a pris un dessin animé, *Moi, moche et méchant*, l'histoire d'un type très, très désagréable qui s'abandonne aux joies de la paternité en adoptant trois petites orphelines et qui va vivre avec elles des aventures épatantes. Sébastien sait que ça ne va pas plaire à Léa qui ne veut plus regarder que des « vrais » films et puis des séries américaines dont il ne saisit pas l'intérêt. Mais ce soir ils vont regarder ce film tous les trois, ensemble, presque comme une famille. Presque... Sébastien n'a rien oublié de cette soirée d'été, rien. Il se souvient de chaque instant, de chaque mot, de chaque rire. Il se souvient d'avoir proposé ce bain de minuit à Sarah, d'avoir fini la bouteille de champagne en insistant pour qu'elle en boive une dernière coupe. Il se souvient de tous les détails de cette soirée, de tous jusqu'au moindre geste. Et c'est peut-être ça qui est le plus cruel.

Chapitre 4

Claire regarde le salon, elle fixe la large baie vitrée dans laquelle se reflète sa silhouette élancée, une ouverture qui donne sur une terrasse dont le climat local ne lui permettra pas de beaucoup profiter. Elle a juste entassé des cartons au beau milieu de cette vaste pièce, ne déballant que l'essentiel. Quelques vêtements passe-partout, trois paires de chaussures et, bien sûr, ses livres. Les premiers jours elle a lu pendant des heures et des heures, restant allongée sur le canapé et ne sortant de l'appartement que pour aller manger trop vite une nourriture sans intérêt, par simple nécessité biologique. Elle lit pour oublier, elle s'abreuve de mots et d'histoires pour s'évader de cet exil forcé... Pour ne plus penser à Rodolphe, surtout. À sa violence perverse et aux multiples humiliations qu'il lui a infligées chaque jour, presque dès le début de leur mariage. Elle avait encaissé pendant toutes ces années, subissant sans pouvoir réagir, pleurant le plus souvent, criant aussi, hurlant en vain sa souffrance. Elle ne comprenait pas comment elle avait pu se laisser enfermer dans cette mécanique du pire, elle qui avait vu tant de femmes battues tout au long de sa carrière de flic. Elle les avait pourtant encouragées à porter plainte, à redresser la tête… Quelle ironie, quelle illusion, surtout. Quand cela lui était arrivé à son tour elle avait compris à quel point cette violence conjugale est une prison dont on ne peut s'échapper qu'en saisissant son destin à bras-le-corps et en prenant des décisions aussi brutales que définitives.

Et c'est ce qu'elle avait fait, au-delà même de ce dont elle se pensait capable. Elle avait commis cet acte insensé et barbare, répondant à la violence par une violence plus grande encore. Elle l'avait fait et elle tentait maintenant de se reconstruire, de saisir cette deuxième chance qui lui avait été offerte. Bien sûr, elle savait qu'elle ne pourrait pas oublier. Comment peut-on oublier qu'on a tiré sur l'homme que l'on a aimé ? Comment pourrait-elle ne plus voir ce regard incrédule, le visage livide de Rodolphe, cette sorte d'hébétude renforcée encore par un mélange de surprise, de douleur et d'angoisse. Elle se souvenait parfaitement de son visage, de son effroi, mais ce qui la terrorisait encore plus, c'est ce qu'elle avait ressenti à ce moment précis. Au-delà de la peur, au-delà même de la colère, elle savait avoir éprouvé, de façon furtive et intense, un soulagement sans limites. Et c'est sans doute cela qu'elle ne pourrait jamais se pardonner. Aucune des douleurs qu'il lui avait infligées, aucune des humiliations subies ne pouvait expliquer ce soulagement, cette vague de satisfaction, presque de joie, qui l'avait envahie au moment même où elle aurait dû être submergée par la culpabilité.

Naturellement, les remords et les regrets avaient fini par faire leur apparition, en même temps que l'implacable rigueur de l'appareil judiciaire qui avait pris en main son dossier. Au moins, cela avait eu le mérite d'être rapide. Non seulement son avocat avait plaidé avec brio la légitime défense, mais en plus son mari avait eu la délicatesse de ne pas mourir. Elle avait donc repris le chemin de la police même si celui de son ministère de tutelle s'était définitivement refermé. Elle revoyait son pauvre directeur de cabinet déployant tout ce qu'il pouvait trouver en lui d'empathie pour lui expliquer la situation.

— Vous comprenez, Claire, même si la justice est passée et qu'elle a expliqué, si ce n'est justifié, votre acte, nous ne pouvons pas nous permettre de vous garder au sein de l'équipe, vous le comprenez, n'est-ce pas... Le ministre me fait vous dire qu'il a beaucoup apprécié votre collaboration mais que dans ces conditions, eh bien... Mais rassurez-vous, Claire, l'Administration ne vous laisse pas tomber. Nous avons quelque chose à vous proposer, un poste qui vous permettra de repartir sur de nouvelles bases, de vous reconstruire aussi.

C'est comme ça qu'elle s'était retrouvée à Despluzin. Au beau milieu de ce salon IKEA, à piocher des morceaux de pizza et à s'abrutir de lectures. Tu parles d'une reconstruction. Et ce soir, gavée de mots et de *pepperoni*, elle se couche enfin dans la grande chambre de cet appartement de standing trop moderne et trop neuf, froid, juste froid. Elle se couche puis, soudain, se relève. Elle respire trop fort, elle ressent tout au fond de son crâne ces petites pulsations qu'elle connaît si bien. Elle se sent tout à coup envahie par l'inquiétude et l'angoisse. Alors elle se redresse puis elle court vers l'entrée pour vérifier que la porte de l'appartement est bien fermée. Elle retourne ensuite vers sa chambre, va dans la salle de bains pour prendre ses médicaments. Elle voit son reflet dans la glace, l'ovale parfait de son visage, sa bouche aux lèvres charnues, sensuelles. Mais elle voit aussi ses yeux verts qui commencent à se troubler, elle sent que la lumière devient de plus en plus intense et que bientôt son éclat lui sera insupportable. Elle sait que la crise va arriver. En fait elle sait que la crise est déjà là, sournoise et inexorable. Elle ouvre le placard, se saisit avec empressement de sa boîte d'Almogran, avale deux comprimés en espérant qu'elle ne va pas les vomir tout de suite et retourne se coucher.

Allongée, dans le noir total, elle garde les yeux ouverts et ne peut retenir les larmes de douleur et de tristesse qui glissent le long de ses joues. À cet instant, elle ne sait pas ce qui la rend le plus malheureuse : les traumatismes d'hier ou la triste réalité d'aujourd'hui.

Léa

J'ai entendu la voiture de papa, il l'a rentrée dans le garage et puis, comme tous les soirs, il s'est écoulé un temps fou avant qu'il ne remonte l'escalier qui mène à la cuisine. Je ne sais pas ce qu'il fait dans sa voiture mais bon, c'est un médecin et un médecin ça a besoin de « décompresser » après une journée passée à ne voir que des gens malades. Il ne nous parle pas beaucoup de son travail mais je sais que ses patients le poursuivent longtemps après que la porte de la maison est refermée. Je les vois, moi, dans ses yeux, tous ces enfants qui souffrent, ces personnes âgées qui respirent doucement en attendant la fin...

Et puis il y a aussi autre chose que je vois mainte-nant, quelque chose de triste dans ses grands yeux gris, une chose que j'avais déjà vue, avant, quand j'étais plus petite, avant que maman ne s'en aille. Une chose qui m'inquiète beaucoup plus mais dont je n'ose pas parler avec lui. Pourtant je discute de beaucoup de choses avec papa... Enfin, nous discutons de beau-coup de choses avec papa et Juliette. Juliette est une petite sœur, en fait ma petite sœur, une petite fille qui discute de tout avec tout le monde et qui a un avis sur le grand univers tout entier du haut de son petit mètre trente. Enfin, petit… Elle est très grande pour son âge, en tout cas plus grande que moi quand j'avais 7 ans. C'est bien sûr très injuste parce que, étant sûrement la plus intelligente, je devrais donc être la plus belle. Mais cela ne va pas ensemble, enfin pas forcément. À l'école la première de la classe s'appelle Jade. Je trouve ce prénom crétin et prétentieux et cela lui va très bien. Je dois quand même vous dire la vérité. Elle est la meilleure de la classe et aussi, sans doute, la plus jolie. C'est assez écœurant, en fait.

En ce moment papa ne va pas très bien. Je sens, je vois qu'il est de plus en plus triste mais je n'ose pas lui en parler. Je vais peut-être l'observer de façon plus attentive encore. Enfin, si c'est possible parce que bon, franchement, je ne le lâche pas. Et puis ce soir nous lui avons préparé un nouveau plat. Depuis quelques semaines nous jouons à un jeu très drôle avec Juliette. Je l'ai baptisé « Koh dans le plat », c'est comme un concours avec élimination et tout le bata-clan. Sauf qu'il n'y a que deux candidates. La règle du jeu : préparer un dîner étonnant, drôle et exotique avec juste les ingrédients présents dans la cuisine ! Pas de courses, pas de bouquin de recettes ; « l'Imagi-nation au service du goût », c'est notre slogan, pas mal, non ? Le jury bien sûr c'est notre père, il met des notes, de bonnes notes c'est évident. Parfois aussi je suis le jury tout entier ! Je déclare sur un ton grave une élimination sans condition de Juliette pour non-respect d'un règlement que j'élabore au fur et à mesure du jeu… Évidemment il y a de la grogne chez les candidats, mais bon, la loi c'est la loi. Ce soir, c'était mon tour et j'ai concocté une merveille d'audace et de gastronomie. Je l'ai baptisée « gambas de Noël » et je pense que nous sommes au bord d'une révolution culinaire. Juliette a tenté quelques coups tordus pour m'éliminer, mais ma vieille expérience de jury, ma rhétorique plus élaborée et le fait que je la dépasse quand même de deux têtes ont remporté la mise. J'ai déposé le fruit de mon travail sur la table pour faire une surprise à papa et puis, comme nous le faisons toujours, nous sommes allées nous cacher quand nous avons entendu la voiture entrer dans le garage.

Nous sommes dans le placard avec Juliette, nous retenons nos ricanements, conservant l'essentiel de nos fous rires pour le moment où il nous trouvera, écartera les vêtements du placard et fera semblant de nous faire peur en poussant des cris de monstre gentil pendant que nous lui sauterons au cou. Dérisoire petite mise en scène, illusion de surprise et de spontanéité, mais tout cela nous fait du bien. C'est une sorte de code, un rituel de bienvenue, un enchaînement de gestes et de postures qui ne visent qu'à une seule chose, cette réunion abrupte et forte, la communion de nos deux corps d'enfants serrés par les bras d'un papa essoufflé et ricanant. Nous avons besoin de ça, peut-être nous plus que lui encore, mais depuis la mort de maman nous n'envisageons plus de ne pas avoir ces petits temps de complicité que nous volons à son emploi du temps surchargé. Nous l'entendons monter les marches et nous retenons notre respiration. L'obscurité qui nous entoure et la chaleur dégagée par nos corps et par les vêtements qui nous recouvrent comme autant de couvertures inutiles donnent à cet instant une intensité particulière. Une intensité pleine et entière malgré l'habitude que nous avons maintenant de nous retrouver dans cette situation, serrées l'une contre l'autre dans cette chaleur étouffante, n'entendant alors que nos souffles qui semblent aussi assourdissants qu'une forge. Nous ravalons tant bien que mal nos cris et notre excitation pour mieux les faire exploser dans quelques instants. Mais ce soir l'attente sera plus longue que d'habitude.

Nous avons perçu ses pas en haut de l'escalier et nous avons tout de suite compris qu'il se trompait, ce qui a déclenché une nouvelle crise de ricanements muets, entrecoupés de hoquets pathétiques, étouffés tant bien que mal. Le cri que papa a poussé a été le paroxysme de notre rigolade, Juliette n'a pas pu s'empêcher d'éclater de rire en se rendant compte qu'il avait ouvert le mauvais placard dans la mauvaise chambre ! Nous avons aussitôt repris nos positions stratégiques, tapies dans l'ombre, la température ayant encore augmenté de quelques degrés. Bientôt nous ne pourrons plus rester dans ce placard, la chaleur aura raison de nous et nous mourrons de déshydratation, seules et couvertes de sueur au milieu des robes, des gilets et des manteaux de Juliette. C'est elle qui a entendu le bruit en premier. Elle m'a soudain serré la main et j'ai senti que cette fois le débit saccadé de son souffle n'était plus dû à l'excitation du jeu.

— Léa, j'ai entendu un bruit bizarre, t'as pas entendu, toi, on dirait qu'il est tombé, on dirait que c'est papa qui est tombé.

Je n'ai pas entendu, mais ce que je perçois maintenant me semble bien plus terrible que le bruit d'une chute. Ce que j'entends, de plus en plus distinctement, alors que nous nous extrayons de notre gangue de tissus et d'étoffes et que je me dirige vers ma chambre en serrant très fort la main de Juliette, ce sont les échos déchirants des sanglots d'un homme. Ce que j'entends alors que j'ouvre la porte de cette chambre, c'est toute la détresse et la peur de celui que j'aime le plus au monde. Ce que j'entends, glacée et immobile, alors que nous découvrons sa terrible posture, c'est l'abîme de désespoir qui dévore mon père.

La jeune fille ne comprend pas ce qui est arrivé, et d'ailleurs qui le pourrait ? Elle gît dans une mare de sang et une douleur insoutenable lui tord le ventre, lui ronge les tripes. Elle peine à relever la tête tant chaque mouvement est pour elle une épreuve. Elle ne peut qu'entrevoir la femme qui commence à s'éloigner, à glisser sur le sol comme dans un cauchemar. Les larmes troublent sa vue autant que le mal qui l'assaille. Elle s'est si souvent confrontée à cette femme, elle lui a tellement crié, hurlé sa rage, sa révolte... Elle ne pouvait pas imaginer une telle réaction. Pourtant, la violence lui est familière depuis si longtemps... Celle d'abord de ce père honni qui, lorsqu'il était lassé de leurs cris incessants, venait mettre fin aux débats en cognant vite et fort. Pas de raison, pas de dialogue et, bien sûr, pas d'amour.

La violence, elle la côtoie aussi au collège, sous toutes ses formes. C'est une compagne du quotidien, qu'elle en soit l'instigatrice ou bien la victime. Les coups sont devenus pour elle le plus sûr moyen de faire passer ses messages et de répondre aux provocations, réelles ou supposées. Cent fois elle a été avertie, plusieurs fois exclue, sa mère croulant sous les mots des professeurs, ne répondant même plus aux messages du principal. Mais cette fois-ci l'adolescente sait qu'elle a franchi une limite, une sorte de point de non-retour. Rien ne pourra redevenir comme avant. Le sang, la douleur, le choc qu'elle a ressenti au moment où la lame s'enfonçait dans son corps, son propre cri qui a résonné si longtemps, avec tant de force qu'elle pensait que quelqu'un d'autre, dans la pièce, s'était mis aussi à hurler avec elle. Peut-être même est-ce le cas ? Peut-être que la petite silhouette qu'elle devine à peine dans l'encadrement de la porte là-bas, si loin, a relayé son cri ? Elle sent peu à peu qu'elle sombre dans une froide inconscience. Il y a pourtant une chose qui continue à l'animer avec une force diabolique, une chose qui la brûle à l'intérieur avec une vigueur redoutable. Peut-être bien plus encore que cette blessure profonde qui la vide peu à peu de son sang. C'est une colère épouvantable, une rage démesurée qui cristallise toutes ses douleurs et qui bientôt trouvera d'autres raisons encore de s'enflammer, de la consumer avec une force renouvelée. Elle a dû pourtant, il y a bien longtemps, être elle aussi une petite fille aimée, aimante. Elle n'en a plus aucun souvenir, tout cela a disparu dans la noirceur d'un quotidien déglingué, dans les cris et les colères incessantes d'une famille désintégrée.

Elle sombre en sachant que, si elle revient un jour du néant, ce sera pour être confrontée à quelque chose de plus grave encore. Elle a conscience du fait que ce qu'elle vient de subir est sans doute le pire qu'une enfant puisse endurer et que le reste de sa vie sera rempli de bien plus de souffrances encore. Elle sombre avec cette ultime pensée et espère alors, avec les dernières forces qui lui restent, qu'elle ne se réveillera jamais.

Chapitre 5

Lorsque Sébastien rentre la voiture dans la longue allée de gravier, la maison est bien moins éclairée qu'à l'accoutumée. Il imagine qu'enfin les centaines de fois où il a répété aux filles que leurs tentatives de concurrencer le château de Versailles étaient vaines ont porté leurs fruits. Il arrête le moteur, reste quelques instants assis et profite d'un des rares moments où il est seul, dans le calme protecteur de son véhicule tout juste troublé par quelques cliquetis étranges, subsistance têtue d'une mécanique trop complexe. Il repense à Hassan, à sa sœur, il pense aussi à Samantha pour qui il nourrit de sombres inquiétudes même si sa visite de ce matin l'a trouvée plutôt stabilisée. Il pense aussi, dans cet instant privilégié de calme absolu qui cédera bientôt la place aux agitations, aux plaintes et aux rires des filles, à tous ses autres patients. La plupart sont jeunes, issus de milieux défavorisés, tous ayant en commun des souffrances et des difficultés qu'il tente au quotidien de rendre moins dures, moins âpres. Il sait bien au fond que sa vocation médicale, que ce qui l'a toujours poussé à faire mieux, à faire plus, à rester en tête, à être toujours le mieux classé, le mieux informé,

38

le plus assidu auprès de ses maîtres, c'est ce besoin viscéral de venir en aide à ceux dont il a partagé, il y a si longtemps, les souffrances.

Il sort de la voiture et monte dans la cuisine. Lorsqu'il arrive dans la pièce, il voit sur la table trois assiettes au milieu desquelles sont placées avec harmonie ce qu'il pense être des crevettes entourées d'une sorte de magma marron indéfinissable.

— Les filles, je suis là, je suis prêt à affronter... les choses étranges qui ont envahi nos assiettes en mon absence...

Au lieu de la cavalcade insensée qui suit parfois son arrivée à la maison et son appel aux troupes, Sébastien se heurte à un silence qui devient rapidement pesant. Le seul bruit identifiable provient de l'improbable cage du perroquet dont il a fait l'acquisition sous la pression de ses filles. Un gros gris du Gabon qui casse un peu le mythe du volatile chatoyant et coloré, mais qui – paraît-il – est particulièrement bavard. Tous les autres le sont peut-être sauf Mille Sabords, qui depuis un an se contente d'éructer deux fois par jour des borborygmes incompréhensibles et des cris stridents pour signifier qu'il a faim. On aurait tout aussi bien fait d'acheter un pigeon obèse, pense-t-il en contemplant l'animal, personne n'aurait fait la différence. Sébastien se dirige vers l'escalier principal qui mène aux chambres des filles, puis monte quelques marches. Elles ont depuis bientôt plusieurs mois pris l'habitude de se cacher et de lui laisser le soin de les « découvrir » avec force cris et éclats de rire.

— Juliette, Léa, papa est là ! Et bonne nouvelle, je veux bien goûter aux choses qui se trouvent sur la table de la cuisine… Mais que si vous me promettez qu'elles sont bien mortes.

Aussitôt qu'il a prononcé ce dernier mot, il ressent de manière absurde une angoisse qui le pétrifie. La mort est une compagne dont il a été et est encore bien trop proche pour savoir qu'il n'est jamais bon de plaisanter à son sujet. Il remonte vite les marches et arrive, le souffle un peu court – il n'a décidément pas arrêté de fumer assez tôt –, dans le couloir qui dessert les chambres de ses filles. Pour une fois, l'étage n'est pas baigné dans un flot de lumière. Il y règne même une obscurité inhabituelle. Sébastien se dirige vers la chambre de Léa, son aînée. Il sait que si les filles doivent se cacher quelque part, c'est d'abord dans cette grande chambre aux multiples recoins qu'elles se précipiteront. Quand il entre dans la pièce, il pense avoir compris à quel jeu se livrent les enfants. Celui de lui faire peur, de faire en sorte que, lorsqu'il rentre trop tard, il ne puisse pas les trouver tout de suite. Une brimade dont il sait aussi qu'elle témoigne d'une forme de reproche, une punition légitime. Il se rapproche à pas de loup du grand placard du fond. Les filles font souvent preuve d'assez peu d'originalité dans le choix de leur cachette, d'ailleurs ça fait partie du jeu.

En ouvrant la porte du placard, Sébastien pousse un grand cri de bête fauve qui se perd sans écho dans les blousons, les robes et les pantalons des filles. Son cri n'est pas suivi des habituels hurlements hystériques et des rires sans fin de Juliette et Léa. Il se retrouve seul devant la grande porte du placard et pense tout de suite que quelque chose de grave est arrivé. D'un seul coup, sa respiration se bloque, il est oppressé, une charge immense s'abat sur ses épaules. Il titube un peu puis est projeté avec une force irrésistible des années en arrière. À cet instant, Sébastien vient de quitter la chambre. Il ne voit plus le placard, le sol se dérobe sous ses pieds et il est maintenant devant une scène épouvantable. Il y a du sang, une épaisse tache de sang qui recouvre le carrelage et s'étend sur le sol. Et puis, il la voit. Elle le regarde et il y a maintenant dans les yeux de la femme bien plus de désarroi et de désespoir que de colère. Elle tend la main, elle tente en vain de lui dire quelque chose mais n'y arrive pas. Alors elle marche vers lui sans hâte, elle laisse tomber le couteau qu'elle serrait entre ses doigts et Sébastien le voit tomber lentement, si lentement, sur le sol. Mais le bruit que fait la lame en cognant par terre est assourdissant, il résonne à lui en faire éclater la tête. La femme ne semble pas entendre le bruit, elle continue de s'approcher de lui et murmure quelque chose que Sébastien n'arrive pas à comprendre. Il se recroqueville sur le sol, tente de lui échapper, mais son corps ne répond plus. Il a l'impression que ses bras, ses jambes pèsent des tonnes. Il n'arrive même pas à prononcer le moindre mot. Il voit cette main blanche, trop blanche, s'approcher tout près de son visage et il ferme les yeux au moment où celle-ci va entrer en contact avec lui. Il sent alors qu'on le saisit, que l'on presse son bras avec force, qu'on lui parle.

— Papa, papa, qu'est-ce qui se passe ? Tu nous fais peur. Qu'est-ce que tu as ? On était cachées dans la chambre de Juliette… On t'a entendu crier pour nous faire peur et après plus rien. Et ensuite on t'a entendu… pleurer. Et puis on t'a trouvé là, par terre, devant le placard. Papa, papa tu m'entends ?

Sébastien ouvre les yeux et voit ses deux filles,

pétrifiées. Il est par terre, sur la moquette de la chambre devant les portes ouvertes du placard, ses genoux sont repliés sous lui et des larmes coulent encore sur son visage. Il se relève puis les serre très fort dans ses bras.

— Ce n'est rien, mes grandes, ce n'est rien. J'ai eu une grosse journée, je suis fatigué, j'ai dû m'évanouir ; ça arrive parfois quand on a un peu trop tiré sur la corde. Ce n'est rien, parole de médecin. Mais j'aimerais bien que l'on arrête ce petit jeu de cache-cache le soir, désormais. Promis ?

Léa le regarde, consciente que les explications de son père ne sont pas du tout convaincantes. Mais elle préfère ne pas insister. Juliette a déjà commencé à tourner autour de son père à toute vitesse en hurlant.

— Papa a trop tiré sur la corde, c'est pas bien de tirer sur la corde, c'est pas bien, c'est pas bien ! Alexandre à l'école il a tiré sur ma corde à sauter, il a été puni, il faut pas tirer sur la coooooooorde !!!

Sébastien arrive à esquisser un demi-sourire et il entoure ses deux filles de ses bras avant de se diriger vers la cuisine, où les immondes et inquiétantes crevettes marron, « gambas de Noël » lui expliquent-elles, les attendent. Avant de refermer la porte de la chambre de Léa, il croit voir encore dans le reflet de la fenêtre le regard halluciné, plein de tristesse et de remords, de la femme au couteau. Il sait bien qu'il devra encore affronter ce regard, aussi longtemps que cette atroce culpabilité continuera à le ronger.

Chapitre 6

Claire arrive au commissariat, elle pousse la double porte vitrée de ce grand bâtiment moderne dont la construction est à peine achevée, ce qu'une tenace odeur de peinture ne cesse de lui rappeler. Elle salue les agents en faction dans le hall de verre, avance vers l'ascenseur et, alors qu'elle appuie sur le bouton d'appel, l'un des deux agents se dirige vers elle. C'est Romain, un jeune flic d'environ 30 ans. Elle ne le connaît pas très bien. D'ailleurs elle ne connaît bien aucun des hommes et des femmes qui composent son équipe. Elle est déjà en poste depuis quinze jours mais elle est restée distante, comme si cette indifférence lui permettait de ne pas appartenir complètement à cette vie dont elle ne veut pas. Le jeune homme semble hésiter puis il prend la parole, il est précis, direct, mais son débit très rapide trahit une certaine tension.

— Madame, avec les collègues on s'est dit qu'on n'a pas eu vraiment le temps de faire connaissance avec vous et donc voilà, on voudrait vous inviter, pour dîner. Chez Fred, c'est un resto en centre-ville, c'est très bien.

Elle sait qu'elle doit se montrer enthousiaste, qu'elle

ne va pas pouvoir tenir trois ans en jouant l'autiste de service. Après tout, c'est peut-être le meilleur moyen pour que cette épreuve lui semble moins pénible. Elle doit le faire. Alors elle regarde Romain et lui offre un sourire qui, sans être très chaleureux, a au moins le mérite d'adoucir un peu les traits de son visage. Cela faisait longtemps qu'elle n'avait pas souri. Elle ne se souvient même plus de quand date son dernier éclat de rire... Lorsqu'elle vivait avec Rodolphe, elle avait appris à ne plus le faire.

— C'est une excellente idée, j'en serai enchantée. Je sais que je n'ai pas été très... disons très expansive depuis que je suis arrivée. Mais je dois prendre mes marques et ce dîner sera une très bonne occasion de le faire. Votre jour sera le mien.

Romain repart après un petit « super » enthousiaste, alors que l'ascenseur s'ouvre en silence et que Claire s'y engouffre. Avant même que la porte ne se referme, elle sent déjà des larmes couler sur ses joues. Elle ne va pas bien, elle le sait, et ce mois de solitude volontaire n'a fait qu'empirer les choses ; elle est à fleur de peau. Il va falloir qu'elle se reprenne si elle ne veut pas craquer complètement. Alors, en rentrant dans son bureau elle prend une décision. Elle va se faire aider, il faut qu'elle se fasse aider, sinon elle sombrera. Elle ne connaît personne, aucun toubib dans cette région, elle fait donc comme tout le monde, elle va sur Internet et se connecte sur le site des Pages jaunes. Elle est aussitôt assaillie par une liste de plus de vingt médecins. Elle n'a pas besoin d'un grand ponte ou d'un expert, elle a juste besoin que l'on vérifie que son traitement est adapté et qu'elle ne s'enfonce pas petit à petit dans une dépression profonde dont elle pourrait ne plus jamais sortir. Elle fait ce qu'elle fait toujours dans ces cas-là, elle choisit le dernier nom sur la liste alphabétique. Son nom de jeune fille est Abecassis et elle s'est juré, un jour de grande colère, de faire payer tous les Wechter, Zaminski et Vernholes qui échappaient aux oraux surprises sous prétexte que leur nom était en fin de liste et que les profs avaient la flemme de porter leur regard au bas de la page. *OK, Dr... Venetti. Eh bien, j'espère que vous aimez les cas désespérés.*

Claire regarde son agenda. Elle a déjà déplacé trois fois l'audition de la dame qui attend dans le couloir. Elle sait qu'elle ne peut plus y échapper et pourtant elle sent que cela va être pénible. Elle regarde encore la plainte enregistrée par un des OPJ et se demande bien pourquoi personne n'a envoyé cette dame aux urgences psy, plutôt que dans son bureau. Résignée, elle prend son téléphone :

— Oui, vous pouvez faire venir Mme… Mme Conte, dans mon bureau, merci.

À peine une minute s'est écoulée lorsque la porte s'ouvre et qu'une femme replète, à la blondeur aussi artificielle qu'incertaine, un peu engoncée dans des vêtements qu'elle voudrait à la mode mais qui peinent à s'adapter à sa morphologie, entre à petits pas pressés. Elle s'assoit sans attendre que Claire l'y invite et se met tout de suite à prendre la parole sans davantage y avoir été conviée.

— Alors, madame la commissaire, vous daignez me recevoir. Encore heureux que je connaisse la sœur du secrétaire général de la préfecture. Je pense bien entendu que son intervention n'est pas totalement étrangère au fait que vous vous soyez enfin décidée à vous occuper des délits très graves dont je suis victime.

La dame se recule sur son siège, elle a le visage radieux de celle qui a triomphé de l'Administration. Elle plisse ses yeux minuscules et un peu trop rapprochés et croise ses mains potelées sur son petit ventre rebondi. Claire trouve qu'elle ressemble à Yoda, le maître Jedi rabougri de *La Guerre des étoiles*. Un étrange Yoda, tout rose avec une perruque blonde bon marché. Un nain boursouflé d'orgueil qui aurait administré une leçon de sagesse à un de ses mauvais élèves.

Claire prend une grande inspiration et décide qu'il est temps de remettre un peu d'ordre et de raison, si ce n'est de sagesse, dans l'affaire qui préoccupe cette petite dame.

— Vous êtes bien Claudine Conte, née le 20 juillet 1962 à Bezons, domiciliée au 54, rue Saint-François à Despluzin… ? Bien… Alors voilà, je tenais tout d'abord à vous dire que votre « proximité éloignée » avec le secrétaire général de la préfecture n'a rien à voir avec le fait que je vous reçoive aujourd'hui. Pour tout vous dire, je vous reçois pour mettre deux ou trois choses au point avec vous. *Primo*, votre plainte concernant un prétendu complot de voisinage visant, je cite, « à assassiner vos canaris de compagnie » à l'aide d'une, je cite encore, « arme projetant des graines empoisonnées » ou encore de « chats dressés dans l'unique but de provoquer des arrêts cardiaques chez des animaux dont la fragilité dans ce domaine est connue de tous », cette plainte, donc, ne peut et ne doit être reçue. En réalité, ce n'est pas tant la totale absurdité de votre recours qui m'empêche de me couvrir de honte en le transmettant au procureur, c'est le fait que vous n'ayez pas le moindre début de commencement de preuve ou d'élément matériel pour appuyer votre théorie. Le simple fait que vous haïssiez vos voisins et que vous trouviez suspect qu'ils n'aient pas d'animaux n'est pas de nature à entraîner l'ouverture d'une enquête. *Secundo*, je voulais aussi vous recevoir pour vous dire qu'il est inutile de harceler les agents de mon équipe en venant au commissariat avec un canari mort dans un sac en plastique pour les sensibiliser à votre… disons votre « cause ». Je vais même être dans l'obligation de vous demander de cesser ce genre d'agissements sous peine de poursuites. Et là, pour le coup, j'irai jusqu'au bout.

Claudine Conte semble d'abord un peu étrangère aux propos de Claire, elle conserve encore son petit air satisfait quand, peu à peu, le sens des mots prononcés par la commissaire fait son chemin dans les méandres tortueux de son petit cerveau. Son visage se décompose alors et elle semble soudain manquer d'air, elle s'agite sur sa chaise, remue ses petits yeux chafouins dans tous les sens, tend ses bras et ouvre la bouche dans une tentative désespérée de crier son indignation.

— Mais comment, comment osez-vous… ! Je me plaindrai bien sûr… Comment pouvez-vous… ? Ces pauvres animaux… vous êtes un monstre. J'exige les coordonnées de votre supérieur, je vais lui faire un courrier. Vous en entendrez parler, croyez-moi…

Claire se saisit de son téléphone, demande à ce qu'on vienne chercher la plaignante et ne prend pas la peine de la saluer lorsque l'agent la raccompagne. Elle regarde ensuite l'écran de son ordinateur sur lequel est encore inscrit le nom du Dr Sébastien Venetti. Ce dernier entretien avec la folle aux canaris a fini de la convaincre, il faut qu'elle se fasse accompagner si elle veut pouvoir affronter les longs mois qui lui restent à souffrir dans ce commissariat. Alors le Dr Venetti ou bien un autre... Le cœur empli d'une amère résignation, Claire compose son numéro.

Lorsque le premier pompier arrive devant la porte de l'appartement, il n'entend rien, aucun bruit. Il sonne puis tambourine contre la porte. Elle s'ouvre soudain et c'est une femme d'une quarantaine d'années qui s'effondre dans ses bras. Elle tente de lui dire quelque chose mais chaque mot est ponctué de sanglots si terribles que les phrases se perdent dans un maelström de désespoir. Marc a vécu bien des événements dramatiques depuis qu'il est pompier volontaire, il a été confronté à la mort, au chagrin absolu de parents face à la disparition d'un enfant, à celui d'un homme éploré devant le corps sans vie de son épouse, aux pleurs hystériques d'une jeune fille, au bord d'une route de campagne, pendant que l'on désincarcère le cadavre disloqué de son fiancé. Chaque fois cette même incompréhension, cette solitude des douleurs infinies, ce monde et nos certitudes qui s'écroulent en une fraction de seconde. Mais il y a, chez cette femme qui s'accroche à lui comme à une bouée de sauvetage, une forme de stupeur et d'incohérence qu'il n'avait pas encore rencontrées. Il tente de l'apaiser mais elle l'entraîne dans la cuisine.

— *Venez, vite, elle saigne beaucoup, vous devez la sauver.*

Marc a laissé la femme. Elle semble ne pas avoir de blessure, elle recommence à gémir et il lui demande de se calmer. Lorsqu'il rentre dans la cuisine, il voit le corps de la jeune fille, allongée dans une mare de sang. Il se penche vers elle, le pouls est faible mais elle est vivante. Il est impératif de la transporter au plus vite à l'hôpital. Il soulève avec d'infinies précautions le pull de la fille et observe la blessure. Pendant qu'il commence à la soigner, il demande à la femme de lui expliquer ce qui s'est passé. Elle se redresse un peu, respire profondément et d'une voix atone commence à raconter :

— *Il est devenu comme fou, je n'ai rien pu faire, rien...*

Il se tourne vers Éric, l'autre pompier qui vient d'entrer dans la pièce et il se met à lui parler, très vite.

— *Préviens par radio qu'on amène une victime, jeune fille environ 13 ans, blessure par arme blanche, préviens la police aussi. Qu'ils viennent au plus vite.*

Marc arrive, tant bien que mal, à stopper l'hémorragie et s'apprête à la préparer pour l'emmener à l'hôpital quand il entend Éric l'interpeller :

— *Il faut que tu viennes voir ça, je suis dans la chambre, au fond du couloir...*

Marc décide qu'il peut laisser la fille seule pour quelques instants. Il se lève et se dirige vers le fond du couloir. Lorsqu'il entre dans la chambre, un spectacle étrange et terrifiant s'offre à lui. Éric se tient debout devant un enfant de peut-être 6 ou 7 ans. Son collègue est pétrifié, le regard de Marc se porte alors sur le visage du petit garçon. Il est assis à même le sol, il tient dans ses mains un couteau de cuisine dont la lame est couverte de sang. Il y a dans ses yeux un *effarement qui donne à son regard une attractivité quasi hypnotique. Son corps est traversé de tremblements, secoué de formidables spasmes, conférant à ce tableau un caractère presque surréaliste. Marc écarte Éric et s'approche de l'enfant. Il s'agenouille et tend la main vers lui dans un geste plein de douceur. La réaction est fulgurante, la lame plonge en un éclair et il faut toute l'adresse et la rapidité du pompier pour qu'elle ne s'enfonce pas dans son bras. Il se recule prestement alors que le jeune garçon a repris sa position initiale. La lame pressée contre son visage, il commence à se balancer d'avant en arrière entre deux tremblements. Il y a quelque chose de fascinant mais aussi de cauchemardesque dans la vision de cet enfant couvert de sang, qui semble comme coupé du monde, ne réagissant aux stimuli extérieurs que par une terrible violence.*

— Tu as prévenu les flics, Éric ? OK, il faut que tu emmènes la fille à l'hosto, tout de suite ! Elle a perdu beaucoup de sang. Demande à Vincent de monter aussi pour t'aider. Je vais rester pour attendre la police.

Éric ne cache pas son soulagement en quittant la chambre. Ce petit garçon l'a bouleversé, il a ressenti en s'approchant de lui un froid glacial l'envahir. Une peur irraisonnée qui l'a même empêché d'examiner l'enfant. Lorsque son collègue a quitté la pièce, Marc recommence à s'approcher du garçon. Il s'est à nouveau agenouillé mais se garde bien, cette fois-ci, de tendre la main. Il commence à lui parler calmement, d'une voix qu'il souhaite le plus amicale possible.

— Je m'appelle Marc, je suis ici pour t'aider, je ne te veux aucun mal. La jeune fille dans la cuisine, elle va s'en sortir, tu sais. Qui est-ce ? C'est ta sœur, c'est ça ? Qu'est-ce qui s'est passé ?

L'enfant ne répond pas mais il a soudain arrêté de se balancer. Dès que le pompier a parlé de sa sœur, il s'est arrêté et son regard est devenu moins perdu. Il semble presque maintenant se plonger dans celui de son interlocuteur. Marc interprète ce changement d'attitude comme un encouragement. Il poursuit alors sur le même ton, apaisant et amical :

— Tu es blessé ? Tu as mal quelque part, tu veux que je t'examine ? Si tu veux tu peux me donner ce couteau, pose-le près de toi... Tu sais, ta maman est à côté dans le salon, elle va bien. Elle doit être très inquiète. Si tu poses ce couteau on va pouvoir aller la voir, tous les deux, d'accord ?

L'enfant recommence à s'agiter d'avant en arrière, il pousse des petits cris et serre avec une violence redoublée le couteau contre lui. Et puis, brusquement, son regard se fige, bien au-delà de Marc. Le petit garçon semble ne plus respirer. Il donne maintenant des coups de couteau dans le vide, devant lui et puis il se met à hurler.

— Je l'ai tuée, avec le couteau, c'est moi qui l'ai fait, c'est moi, c'est moi !

Lorsque le pompier se retourne, la mère des deux enfants se tient debout près de la porte. Il distingue alors une chose étrange, il voit se dessiner sur le visage de cette femme une expression de soulagement absolu, aussitôt remplacée par celle d'un désespoir profond. Tout cela a duré quelques fractions de seconde, mais Marc gardera cette étrange réaction ancrée dans sa mémoire, et la gardera suffisamment à l'esprit pour la décrire avec une grande précision aux policiers qui viendront bientôt l'interroger.

Chapitre 7

En arrivant dans la salle d'attente du Dr Venetti, Claire est surprise par cette pièce qui ne ressemble en rien à toutes celles dans lesquelles elle a perdu tant de temps ces derniers mois. Au lieu des revues automobiles usées et datées, au lieu des journaux people trop colorés qui jonchent en désordre les tables basses des cabinets médicaux – des voitures pour les garçons, des ragots pour les filles, et après vous voudriez que nos enfants puissent sortir des clichés ! Au lieu de ça, elle trouve, alignée dans une bibliothèque ancienne aux portes vitrées, une série de livres d'art et de bouquins de référence sur la psychologie de l'enfant. Un peu plus bas dans le rayonnage, la collection complète des *Tintin* et des *Astérix et Obélix*. Des bandes dessinées qui semblent, comme par miracle, avoir résisté aux investigations et aux explorations des centaines d'enfants qui ont dû s'en emparer avec avidité et sans la moindre forme de délicatesse. Dans la pièce, il n'y a qu'un seul patient, un vieil homme dont la toux profonde et rauque rappelle sa présence avec une régularité d'horloge. Après l'avoir salué, Claire se dirige vers la bibliothèque et ouvre la porte vitrée du meuble, une porte qu'elle s'attendait à trouver close, seule explication rationnelle pouvant justifier l'état de conservation des livres. Mais à sa grande surprise, la porte s'ouvre sans difficulté, et Claire se saisit sans hésiter d'un exemplaire d'*On a marché sur la Lune* avant d'aller s'asseoir.

La bande dessinée est recouverte d'un film plastique, ce qui explique, en partie, son état impeccable. L'autre raison a sans doute quelque chose à voir avec la note manuscrite qui occupe, d'une écriture maladroite et appliquée, la page de garde : « Ceci est mon livre que je te prête pour que tu puisses attendre de voir mon papa qui sûrement va te guérir. Si tu l'abîmes je reprends tous les autres et je dis à mon papa de te faire une piqûre. Signé : Léa. »

Imparable, pense Claire en souriant et en attaquant sa BD. Trois secondes plus tard, un homme d'une quarantaine d'années ouvre la porte et convie le vieux monsieur à le rejoindre. Claire jette un coup d'œil, qu'elle voudrait discret, au médecin, un regard qui lui semble pourtant incroyablement ostensible. Il est brun, les cheveux à peine grisonnants, porte une chemise dont le premier bouton est ouvert, un jean et des baskets de marque. Il est avenant et souriant. Il se tourne vers elle et lui précise :

— Bonjour, madame, je suis navré, j'ai pris un peu de retard dans mes consultations ce matin, mais nous ferons au plus vite, n'est-ce pas, monsieur Vigot ? Nous ne pouvons pas faire attendre une jeune femme ?

Le vieux monsieur lance une petite toux d'approbation tout en se levant avec peine. Claire n'en revient pas. Mais où est donc passé le vieux médecin de province un peu ronchon, un peu rabougri, avec son nœud papillon et ses Mephisto… ? Elle se dit avec tristesse qu'elle est contaminée par le syndrome de la Parisienne exilée, et qu'elle doit effacer de son cerveau les images d'Épinal que son éducation citadine ultra-bourgeoise a ancrées en elle.

C'est au moment précis où, à la grande surprise du capitaine Haddock, le whisky qu'il vient de se servir se met en boule et commence à s'élever dans la cabine de la fusée que le médecin refait son apparition et l'invite à le suivre. Claire repose avec précaution la BD dans l'armoire et entre dans un cabinet très lumineux. La grande table en verre fumé du médecin est vide, à l'exception d'un portable MacBook Air ouvert devant le grand siège en cuir du praticien. Claire s'assoit en face de lui, sur un fauteuil identique au sien. Deux bons points, note-t-elle rapidement. *Primo*, il ne réserve pas à ses patients une pauvre chaise de souffrance pendant que lui se prélasse dans un fauteuil de ministre ; *secundo*, les patients qui ont terminé leur consultation ne repassent pas par la salle d'attente et ça, c'est la classe. Quand on vient d'apprendre qu'on a un cancer ou une sclérose en plaques, on n'a pas forcément envie de croiser les regards d'un quidam inquiet qui vient pour un rhume.

— Mme Abecassis, n'est-ce pas ? Nous ne nous connaissons pas, je crois. Eh bien, dites-moi ce qui vous amène, je vous en prie.

Claire ne sait jamais comment répondre à cette question. Elle traîne un si lourd fardeau que le déballer comme ça, de but en blanc, à un inconnu, lui semble chaque fois d'une incongruité totale. Mais elle l'a fait déjà tant de fois à des psychiatres, à des avocats, à des juges qu'elle se lance avec une précision et une méticulosité de chroniqueur judiciaire dans la triste et dramatique histoire de sa vie. Elle en a tant l'habitude qu'elle le fait maintenant avec un recul et un détachement qui la surprennent elle-même. Même lorsqu'elle attaque l'épisode où elle a tiré sur son mari, sa voix ne tremble plus. Comment a-t-elle réussi à se construire une telle armure psychologique ? Enfin, en apparence peut-être, mais au fond elle sait bien que cette histoire la tue à petit feu. Elle termine l'exercice en racontant au médecin son dernier épisode migraineux, épisode qui achève de dresser le portrait d'une femme à la dérive qui a pris la décision de venir consulter juste avant d'aller se foutre sous le premier TGV qui passe.

Sébastien Venetti a pris des notes sur son ordinateur, il attend quelques secondes après que Claire s'est tue, il ôte ses lunettes, les pose sur la table. Il la regarde, lui sourit avec douceur et prend la parole d'une voix apaisante :

— Donc, vous vous retrouvez seule dans une ville qui ne vous plaît pas tout en faisant un boulot que vous n'aimez plus. Vous avez tiré sur votre ex-mari qui vous battait et vous êtes sujette, en plus de vos crises d'angoisse, à des crises migraineuses aiguës que les médicaments peinent à soulager… Écoutez, je serais un bien piètre médecin si je ne diagnostiquais pas un état dépressif dont les causes premières me semblent à peu près évidentes, même si elles méritent, sans aucun doute, un suivi et une exploration plus poussés. Mais ce domaine ne m'appartient pas et je vais devoir, pour ce dernier point, vous adresser à un de mes confrères. C'est un excellent psychiatre en plus d'être un ami, il pourra prendre en charge cet aspect de votre dossier.

Sébastien voit apparaître sur le visage de sa patiente une forme de désappointement qu'il reconnaît aussitôt.

À cet instant, il sait bien ce qu'elle pense : « Si c'était pour me dire ça, je serais allée voir directement un psy, cher monsieur ! M'apprendre que je suis en pleine dépression n'est vraiment pas un scoop. »

— Mais rassurez-vous, je ne vais pas vous laisser comme ça. Je vais d'abord reprendre votre traitement pour la migraine. Nous disposons aujourd'hui de nouvelles molécules qui préviendront peut-être vos crises de manière plus efficace. Quant à votre autre traitement… les antidépresseurs qui vous ont été prescrits me semblent adaptés. Si vous les prenez régulièrement et en l'absence d'effets secondaires, je ne vois pas pourquoi je modifierais la prescription. Je pense cependant que vous devriez envisager un suivi d'ordre psychologique. Plus qu'un conseil de médecin, c'est un conseil de bon sens. Après ce qui vous est arrivé vous devez absolument pouvoir en parler avec un spécialiste.

Claire a très envie de lui dire d'aller se faire foutre avec ses « conseils de bon sens ». Mais qu'attendait-elle au juste de ce rendez-vous, un putain de miracle ? Elle le sait, qu'elle doit aller voir un psy, tout le monde le lui dit, le lui répète à l'envi. Son père, sa mère, ses frères et ses sœurs… Et pour le marteau, elle l'a déjà et c'est dans sa tête qu'il frappe avec enthousiasme. Elle ne s'en sent juste pas le courage, elle n'en a plus la force. Elle s'apprête à le faire savoir avec toute l'énergie qui lui reste encore, à ce médecin qu'elle ne trouve plus aussi sympathique. Mais Sébastien Venetti reprend la parole avec douceur :

— Il existe aussi d'autres moyens d'en parler, je veux dire de parler de ce qui vous est arrivé. Il y a des groupes de parole pour des femmes et des hommes qui ont traversé ce genre d'épreuves, il m'arrive parfois d'y intervenir. Je vais vous donner les coordonnées d'une association animée par des gens formidables, vous verrez. Je suis certain que vous pourrez y trouver une certaine forme de réconfort.

De mieux en mieux, pense Claire. *Après le bon psy, il me fait le coup des « Tabassés Anonymes ».* Elle s'imagine avec effroi une salle lugubre dans laquelle une dizaine de personnes assises sur des chaises en plastique se présentent et s'applaudissent à tour de rôle. « Bonjour, je m'appelle Simone et ça fait trente ans que mon mari me file des torgnoles tous les soirs avant de s'endormir »… « Bonjour, moi c'est René, et ça fait une semaine que je n'ai pas cogné sur mes enfants. » Bonjour Simone, bravo René… Tout cela la glace, elle pense avoir subi assez d'épreuves pour ne pas avoir en plus à s'infliger celle-là. Elle se saisit pourtant, sans conviction, du papier que lui tend le médecin, qui ajoute :

— Écoutez, il y a une séance demain soir à laquelle je vais assister. Je sais bien ce que ce type de réunions véhicule comme clichés et comme images sordides mais croyez-moi, il y a dans ces échanges de vrais moments de convivialité et parfois même de grands instants de complicité. Venez, après tout, vous ne risquez pas grand-chose, si ?

S'il n'était pas aussi souriant, s'il n'y avait pas dans cette proposition quelque chose de sympathique, elle jetterait bien au visage de ce médecin le morceau de papier sur lequel une écriture minuscule indique une adresse et un numéro de téléphone. Au lieu de ça, elle sourit à son tour et, tout en remplissant son chèque, elle se permet même une petite blague.

— Non, rien, à part peut-être de croiser à nouveau

un type un peu tordu. Il doit y en avoir quelques-uns dans ce genre de réunions, non ?

Le médecin la regarde en esquissant un sourire, puis il lui serre la main avec chaleur.

— Vous savez, des gens « un peu tordus », vous pouvez en rencontrer aussi bien au coin de la rue qu'au supermarché. Parfois même chez votre médecin… Au moins à cette réunion-là, vous serez déjà sur vos gardes.

En quittant le cabinet, Claire sait que c'est avec cette dernière phrase que le Dr Venetti a fini par emporter son adhésion. Elle aime sa distance, ce recul léger avec lequel il a reçu sa remarque. Comment aurait-elle pu percevoir à ce moment-là, dans la réponse du médecin, plus qu'un simple encouragement, une véritable mise en garde ?

Léa

Ce soir, papa est rentré tôt. Enfin, disons plus tôt que d'habitude. Cette fois-ci nous ne nous sommes pas cachées et nous n'avons pas laissé libre cours à notre inventivité culinaire. L'expérience d'hier a un peu percuté la programmation de notre émission et calmé nos ardeurs concernant notre envie de nous enfermer dans les placards. Ce soir, c'est soirée normale à tous les étages ! Nous avons fait cuire un poulet et éventré avec enthousiasme un énorme paquet de chips « saveur barbecue ». C'est moi qui ai fait les courses au Proxy Market en revenant du collège. Je n'ai acheté ces chips ni par goût ni par choix. En vérité, j'ai acheté ces chips parce que je n'en ai pas trouvé de classiques. Je veux dire des chips, quoi, juste avec du sel et de la pomme de terre. J'en ai trouvé au paprika, au poulet fumé, au tandoori, aux épices, au poivre… J'avais envie de hurler dans le magasin, je courais de rayon en rayon à la recherche d'un peu de simplicité, mais rien à faire. Je me suis résignée à poser sur le tapis de la caissière un paquet coloré parfum « barbecue ». La table est donc mise et nous avons même bravé les interdits en allumant quelques bougies qui donnent à la salle à manger une atmosphère très particulière.

J'ai l'impression que ce soir papa est resté moins longtemps dans sa voiture. En tout cas, quand il a ouvert la porte, il sifflait. À un moment donné j'ai cru au miracle, je me suis dit qu'à défaut de parler, Mille Sabords, notre perroquet, avait peut-être enfin trouvé un moyen de communiquer… Mais non, c'était bien papa qui entrait en sifflotant dans la salle à manger. Même Juliette est étonnée, elle me regarde avec un air interrogatif avant de se jeter sur lui avec une avidité qui frise l'hystérie.

— Eh ben dis donc tu siffles super bien, pourquoi tu siffles pas plus souvent ? C'est quoi ce morceau, papa ? Je crois que je le connais, resiffle-le…

Papa sourit et se remet à siffloter avec application, il voit le visage de Juliette qui revêt tous les signes de la concentration la plus intense. C'est presque de la souffrance ! J'ai l'impression qu'elle vient de mettre la plus petite parcelle d'énergie de son esprit au service de sa mémoire. Soudain elle tape sur un buzzer imaginaire et se met à hurler :

— Stop, je sais ! Optical Center, hurle-t-elle avec autorité.

Je vois bien que papa se retient de rire, il saisit Juliette dans ses bras et la couvre de baisers.

— Tu as raison, c'est bien ce morceau que l'on entend dans cette publicité. Mais je dois aussi te dire la vérité, bien avant que la télévision n'apparaisse, c'est un monsieur très connu, M. Haendel, qui a composé ce morceau. C'est un air très triste tiré de *Rinaldo*, un opéra qu'il a composé, il y a très longtemps. Je t'expliquerai à table ce qu'est un opéra, mon cœur.

Cet air s'appelle « *lascia ch'io pianga* », ça veut dire « laissez-moi pleurer », tu vois, c'est pas très très gai… Et il faut aussi que tu saches que ce compositeur a terminé sa vie aveugle. Ce qui fait qu'utiliser sa musique pour faire de la publicité pour une marque de lunettes, c'est assez rigolo, non ?

L'ironie de la situation a échappé à Juliette qui, toute à sa victoire, se précipite à table et s'octroie une véritable montagne de chips dont elle commence à engouffrer le sommet avec enthousiasme et méthode. Je m'approche de papa et lui prends la main. C'est un geste que j'ai parfois, mais il y avait bien longtemps que je n'avais pas ressenti l'envie soudaine de le faire. Il me regarde et se met à me sourire. Il y a dans son regard une sorte d'émotion joyeuse qui me touche.

— Je suis contente que tu aies l'air heureux, papa, je trouve que ça te va bien en fait, le bonheur ! Qu'est-ce qui t'est arrivé aujourd'hui, tu as eu des bonnes nouvelles ?

Papa est un peu surpris, il se demande pourquoi cette seule expression d'une joie simple, ce sifflement désinvolte, déclenche chez moi une telle réaction. Il ne se souvient peut-être pas de ces absences, de ces silences, de ces tristesses qui parfois viennent installer entre nous une distance infranchissable. Il ne sait pas à quel point son comportement me plonge trop souvent dans des états d'angoisse insurmontable. Alors oui, chaque expression, même infime, de bonheur, chaque petit signal de désinvolture, de légèreté, sont pour moi autant d'occasions de me rapprocher de mon père et de lui signifier avec simplicité mais aussi avec force toute l'étendue de mon affection.

— Non, ma Léa, pas de bonnes nouvelles en particulier, je dirais même plutôt le contraire. Mais tu as raison, je me sens bien ce soir et j'ai hâte de dévorer le dîner... Si ta sœur daigne nous en laisser quelques miettes.

Lorsque nous passons à table, il règne dans notre maison une atmosphère légère, joyeuse, agréable. Nous nous sourions et papa commence à expliquer à Juliette ce qu'est un opéra. Il se lève, se met à chanter avec une voix de ténor un peu approximative les airs les plus emblématiques du répertoire lyrique. Le résultat est hasardeux mais pas désagréable. Le simple fait de le voir dans cet état me rend moi aussi presque insouciante. Juliette regarde papa puis elle décrète la fin de son récital d'une phrase laconique :

— OK, papa, c'est bon, j'ai compris, c'est comme *Le Soldat rose* en moins bien, quoi... C'est nul.

Papa et moi nous nous regardons et échangeons un regard complice. J'aimerais pouvoir fixer cet instant-là pour le ressortir de mon esprit à volonté, le revivre quand bon me semble, aussi souvent que possible. Mais je sais que d'autres moments, d'autres instants bien plus difficiles, bien plus durs, viendront sûrement effacer ces quelques heures volées à sa douleur.

La mère et l'enfant ont été séparés. C'est une jeune femme qui interroge à nouveau, pour la troisième fois de la journée, un petit garçon terrorisé qui s'est enfermé dans un scénario improbable. Sabine a 32 ans, elle n'a pas d'enfant et elle ne sait pas si elle en aura un jour. Ce n'est pas tant le concept de mère qui l'effraie, que celui de trouver un géniteur à la hauteur de ses ambitions, ambitions qui ne sont pourtant pas délirantes. Elle veut juste faire un gosse avec un mec sympa, pas trop moche, raisonnablement riche et équilibré. Le problème, c'est qu'à force d'exercer ce boulot à la brigade des mineurs, elle se demande si ce genre de type existe et s'il est bien utile de propulser un petit être vivant dans un univers aussi glauque. Déformation professionnelle, *pense-t-elle aussitôt*, il faut que je songe à changer d'affectation si je veux mener à bien le projet de fonder une famille. *Et ce n'est pas avec l'affaire à laquelle elle est confrontée aujourd'hui que le regard qu'elle porte sur la société en général, et la structure familiale en particulier, va beaucoup s'améliorer.*

Elle s'assoit juste à côté de l'enfant, se penche vers

lui pour que son regard soit très exactement à la hauteur de ses yeux emplis de larmes. Elle lui parle avec une gentillesse extrême. Elle sait que le moindre faux pas l'éloignera encore plus de son objectif. Lui faire dire une vérité dont tout le monde connaît la nature, mais dont elle sait, dont elle sent presque physiquement, le caractère indicible pour ce gamin.

— Alors Sébastien, tu veux me raconter ce qui s'est passé dans la cuisine, avec ta grande sœur ? Je pense que ça ne s'est pas déroulé tout à fait comme ta maman le dit. Tu sais, ce n'est pas si grave, ta grande sœur va s'en sortir. Elle va aller beaucoup mieux et bientôt tu pourras la voir et de nouveau jouer avec elle. Tu vois, tout va aller mieux, mais il faut que tu me dises ce qui est arrivé... Ce qui est vraiment arrivé.

L'enfant a détourné le regard, il secoue la tête de gauche à droite, de plus en plus vite, il serre les poings et les amène vers ses yeux. On dirait qu'il essaie à tout prix de ne pas être là, dans ce bureau, avec cette dame qu'il ne connaît pas et qui lui pose une question à laquelle il ne peut pas répondre.

— Écoute, Sébastien, écoute bien, nous pensons que ce n'est pas toi qui as donné ce coup de couteau à Valérie. Tu es trop petit, tu n'as pas pu le faire, pas comme ça. Mais je sais aussi que tu as promis de ne rien dire et je comprends très bien pourquoi. C'est normal que tu veuilles protéger ta maman. Mais je veux que tu saches que si tu nous le dis maintenant, ce sera moins grave. Pour ta maman surtout. Et toi, personne ne te grondera, personne ne va te punir, je te le promets.

Sabine a vu la mère de l'enfant, elle ne l'a pas interrogée, mais ses collègues lui ont tout raconté.

Cette femme nie l'évidence, le rapport du médecin devant les yeux, devant le fait qu'il soit très improbable pour son fils de 7 ans d'avoir donné un coup porté de haut en bas à sa sœur plus grande que lui de près de soixante centimètres... Et devant le fait qu'il est vraisemblable que sa fille puisse être entendue, dans les jours qui viennent, dès qu'elle sera sortie des soins intensifs. Même si les policiers ne peuvent pas être certains qu'elle contredise le récit de sa mère. Tous ces éléments n'y ont rien changé, elle continue à maintenir avec une incroyable constance sa version des faits. Elle s'y accroche comme un naufragé à une planche de bois. C'est son fils qui a poignardé sa fille dans un accès de rage et de colère qu'elle n'arrive pas à s'expliquer.

— Madame, c'est impossible, vous m'entendez ? Impossible. Arrêtez de nous mentir. Comment pouvez-vous accuser votre propre enfant d'avoir commis un acte pareil ?... Vous imaginez l'impact que cela peut avoir sur lui ? On peut comprendre que vous ayez craqué, vous étiez fatiguée, harassée... On connaît les journées terribles que vous avez... Allez, vous devez nous dire la vérité, si vous nous la dites maintenant, le juge en tiendra compte, on vous le garantit. Mais il faut nous dire ce qui s'est passé exactement.

Ils ont tout essayé, tout tenté, l'intimidation, la compréhension, ils ont fait appel à la raison, à la morale, à la peur... Toutes leurs tentatives sont restées vaines. La femme les a bien regardés, elle a conservé son calme et a à nouveau affirmé d'une voix blanche :

— Ça s'est passé comme je vous l'ai déjà dit au moins dix fois, je vous le jure, je ne sais pas ce qui est arrivé ; il était comme... possédé. Je ne peux pas

changer la vérité pour vous faire plaisir, c'est lui, c'est horrible mais c'est Sébastien qui l'a fait.

Elle sait qu'elle ne veut pas aller en prison. Sa vie n'a été qu'une longue succession d'échecs et de déceptions, elle a même réussi à se détacher peu à peu de ses enfants, d'une façon pernicieuse, chaque jour un peu plus indifférente ; chaque dispute, chaque cri renforçant encore les murs d'isolement derrière lesquels elle s'est enfermée. Mais elle sait aussi que si elle va en prison elle ne les verra que très peu. Elle n'aura même plus ce droit à l'indifférence et elle sait qu'au fond d'elle-même, quelque part dans son cœur de mère, elle n'arrivera pas à le supporter. Alors elle s'accroche à sa version, peut-être aussi pour ne pas avoir à poser de mots sur ce qu'elle a fait.

Sabine est persuadée qu'il faut que le petit garçon parle, vite, le plus vite possible. Que chaque minute qu'il passe à garder pour lui ce terrible secret est une minute de souffrance. Mais elle sait aussi que dénoncer sa propre mère, trahir l'engagement qu'elle a dû lui faire tenir est un acte d'une difficulté extrême pour Sébastien. Elle le voit, déchiré entre ces deux exigences, celle de dire la vérité à un adulte, un policier qui plus est, et celle de protéger sa mère. Alors elle décide de bluffer, avec toute la réticence qu'elle peut avoir à mentir à ce môme, avec toute la répugnance qu'elle peut ressentir à utiliser un artifice aussi grossier à l'encontre d'un enfant. Elle le fait parce qu'elle pense que c'est ce qu'il y a de mieux à faire pour lui.

— Sébastien, ta maman nous l'a dit, elle vient de dire la vérité à mes collègues. Elle ne veut pas que tu sois puni à sa place, elle regrette beaucoup ce qu'elle *a fait. Tu n'as plus à garder le secret maintenant, tu n'as plus besoin de la protéger.*

L'enfant se redresse soudain. Sabine a l'impression qu'une immense vague de soulagement a traversé son corps en un quart de seconde. Puis il semble aussitôt presque hébété, il garde le silence, la bouche entrouverte, il n'arrive pas à y croire et puis il se souvient que ce sont les adultes qui disent la vérité, que les policiers sont des gens qui ne mentent pas aux enfants. Alors il crie presque :

— Elle a pas fait exprès, je suis sûr qu'elle n'a pas fait exprès... Elle m'a dit que ce n'était pas de sa faute, elle m'a dit qu'il fallait que je dise que c'était moi ! Je vais revoir maman bientôt ?

Il a recommencé à pleurer, mais la policière sent qu'il n'y a plus chez lui cette immense tension qui le déchirait il y a encore quelques minutes.

— Peut-être pas tout de suite, il faudra attendre un peu, mais je suis certaine que vous allez vous revoir. Je veux que tu restes un moment ici, une dame va venir te voir tout de suite, ne bouge pas.

Sabine sort de la pièce, traverse le couloir et rentre dans le bureau où deux de ses collègues sont en train d'interroger la mère de Sébastien. Elle lit sur le visage des deux policiers la frustration et la colère provoquées par l'obstination de cette femme qui continue à nier l'évidence. Alors elle s'avance vers la femme, se tient debout devant elle, pose une main sur son épaule, et, d'une voix calme :

— C'est terminé, madame Vergne. Votre fils vient de nous dire ce qui s'est passé. Épargnez-nous, épargnez-lui une confrontation, dites-nous la vérité, maintenant.

Le visage, puis tout le corps de la femme semblent s'affaisser, elle se tasse sur sa chaise et une immense détresse se devine désormais dans ses yeux. Elle porte son regard à droite puis à gauche, comme pour chercher une échappatoire impossible à cette situation. Et puis, soudain, son regard se fixe derrière Sabine, son visage se durcit, elle se lève puis hurle :

— Pourquoi, pourquoi tu as dit ça, Sébastien ! Tu dois leur dire ce qui s'est passé, Sébastien... Qu'est-ce que tu as fait ?... C'est fini !

L'enfant a suivi la policière, sans que personne puisse le remarquer, il a ouvert la porte et il a vu sa maman qui semblait si triste. Alors il s'est avancé, un peu, pour aller la voir, pour lui dire que ce n'est pas grave, qu'il l'aime plus que tout. Et elle s'est levée, elle a pointé son doigt vers lui et lui a dit ces choses. Chaque mot s'est inscrit comme un coup. Il a regardé la policière qui lui a menti, a regardé sa mère et s'est enfui en courant, espérant qu'il n'aurait jamais plus à s'arrêter.

Chapitre 8

Claire ne sait pas ce qu'il y a eu de pire, sa nuit d'insomnie ou cette journée d'ennui mortel passée à recevoir des plaignants sans grand préjudice, des victimes sans véritable délit et des délinquants sans envergure. Elle est assise à son bureau et elle tient dans sa main le petit papier froissé que lui a donné Sébastien Venetti hier dans son cabinet. Derrière elle la pluie frappe sur la grande baie vitrée qui fait office de mur. Il n'est que 18 heures mais la nuit est déjà tombée ; il n'est que 18 heures et pourtant Claire a l'impression qu'il est déjà minuit. Elle devrait passer s'acheter un truc rapide pour le dîner, rentrer chez elle, prendre un bain, ses cachets, puis se vautrer dans son lit et espérer dormir quelques heures. Elle est si fatiguée, vaincue par la lassitude et l'ennui, elle voudrait pouvoir dormir un an, un siècle et puis se réveiller nettoyée de son passé et de ses scories. Mais elle sait que cela n'est pas possible, que ce genre de truc ne marche que dans les films. Elle doit envisager autre chose, essayer une autre méthode. Et puis il y a aussi le visage de ce toubib, cette espèce de bienveillance spontanée, ce truc à la con qui l'a toujours fait craquer chez un homme :

70

la gentillesse. Rodolphe, son ex-mari, avait dû être gentil lui aussi au début, avant que leur relation ne sombre dans cette sorte de cauchemar éveillé où seules la peur, l'angoisse et bien sûr la violence avaient leur place. C'en avait été très vite fini du prince charmant et pourtant, après tout ça, elle arrivait encore à craquer parce qu'un type qu'elle ne connaissait ni d'Ève ni d'Adam faisait preuve de mansuétude et d'écoute. Tu parles d'une originalité pour un médecin ! *Ma pauvre Claire*, se dit-elle soudain, *tu es vraiment la reine des quiches si tu arrives encore à te laisser séduire par ce genre d'artifices*. Mais elle continue quand même à triturer le petit papier sur lequel l'adresse de la fameuse réunion à laquelle il sera présent est indiquée, en tout petit mais de façon très lisible. Elle soupire, jette le papier sur la table, se penche en arrière, s'étire puis se lève brusquement, récupère l'adresse, enfile son manteau et se précipite dans l'ascenseur.

La pluie a cessé lorsque Claire arrive devant le petit immeuble. Elle a trouvé une place juste devant. Elle tente de regarder à travers sa vitre pour voir si elle distingue, derrière les fenêtres du rez-de-chaussée, quelqu'un ou quelque chose. Elle espère pouvoir reconnaître la silhouette élancée de Sébastien Venetti, mais la seule chose qu'elle arrive à voir ce sont des ombres indécises et des silhouettes floues qui apparaissent par intermittence. Elle n'en saura pas plus si elle reste dans sa voiture, mais elle sait qu'à cet instant elle peut partir. Alors elle attend, encore un peu… Elle fumerait bien une cigarette mais les migraines ont vaincu cette mauvaise habitude. Un neurologue lui a dit que les douleurs migraineuses et la fréquence des crises pouvaient être aggravées par l'usage du tabac.

Alors même si elle ne voit pas bien comment elle pourrait souffrir encore plus, elle s'est dit que ce serait au moins un aspect positif de cette maladie. Pourtant là, tout de suite, elle donnerait tout pour une clope. Ça faisait longtemps qu'elle n'avait pas eu besoin de quelque chose avec une telle intensité et elle perçoit dans cet élan soudain une sorte de signal positif, une petite voix qui lui dirait : *Alors ma grande, tu n'as pas encore sombré dans la dépression puisque tu peux encore avoir envie de fumer !* Elle se décide donc à sortir de sa voiture et se dirige vers la porte d'entrée de l'immeuble. Une fois dans le hall, elle distingue la petite affiche qui indique que l'association « Paroles de liberté » se situe derrière la première porte sur sa droite. « Paroles de liberté »… La vache, ils y vont fort. Pour ceux qui, comme elle, débutent dans le strip-tease du « moi », ça peut faire flipper, pense aussitôt Claire. Flipper ou rire. Elle choisit d'en rire et c'est plutôt dans de bonnes dispositions et le sourire aux lèvres qu'elle ouvre la porte. Elle se retrouve aussitôt baignée d'une lumière chaude et, lorsque ses yeux s'y sont habitués, elle s'aperçoit qu'une dizaine de personnes la regardent en souriant. *Ça commence,* pense-t-elle, *bientôt je vais avoir droit à une avalanche de sourires béats, d'étreintes chaleureuses, mouillées de larmes, de longues poignées de main et de regards de complicité douloureuse…* Elle sait qu'elle ne va pas pouvoir supporter ça mais, au moment où elle s'apprête à bredouiller qu'elle a dû faire une erreur, une voix chaleureuse lui parvient du fond de la pièce.

— Vous avez pu venir, c'est formidable… Venez, venez, approchez. Je vais vous présenter au groupe.

Le Dr Venetti est souriant, il lui tend la main et serre la sienne avec douceur et enthousiasme. Claire regarde autour d'elle, elle ne voit pas les fameuses chaises en plastique disposées en cercle, ces chaises qu'elle imaginait sans doute indissociables de ce type de réunion. Au lieu de ça, elle constate avec plaisir que trois canapés confortables sont installés en U sur le côté de la grande pièce. Il y a aussi, sur le mur opposé, une grande bibliothèque aux portes vitrées, remplie de livres et de revues, ainsi que des tapis aux couleurs chaudes qui recouvrent le sol. Sébastien lui propose un rafraîchissement qu'elle accepte volontiers. Lorsqu'il revient vers elle avec un jus de quelque chose qui ressemble à de l'orange, il lui précise les règles du jeu :

— Ici, Claire, vous n'êtes pas obligée de parler, vous ne le faites que si vous en ressentez le besoin. Vous pouvez bien entendu réagir aux témoignages des autres, mais rien ne vous y oblige. Venez, nous allons commencer.

Lorsqu'ils se sont tous assis, c'est une femme d'une trentaine d'années, plutôt classique et bien habillée, qui prend la parole :

— Bonsoir à tous, je m'appelle Marine...

Claire s'est mordu la lèvre pour ne pas se fendre d'un tonitruant « Bonsoir Marine », que d'ailleurs personne n'a eu même l'idée de prononcer.

— ... J'ai 33 ans et je viens de quitter mon mari parce qu'il me battait et commençait à s'en prendre à notre petite fille Philomène, qui a 7 ans. Je l'ai vu lui donner une gifle... il y a deux jours. Pas une « gifle éducative » non, pas celle qu'un père exaspéré peut donner à son enfant tout en la regrettant sur-le-champ, envahi par un sentiment de culpabilité épouvantable. Non, c'était beaucoup plus simple… Il lui a donné une gifle comme il me bat moi, avec une espèce de froideur sadique. Sur son visage j'ai vu ce sentiment de toute-puissance et ce regard de prédateur qu'il a pour moi lorsqu'il m'abandonne seule avec ma douleur, mon désespoir et ma honte. Cela fait deux ans qu'il me frappe, deux années de résignation et de silence, deux années de mensonges à mes proches, de bonheur factice, de plaies et de bleus maquillés, cachés tant bien que mal derrière d'improbables lunettes noires ou de dérisoires foulards. Mais là, quand j'ai vu le regard de ma petite fille, cette incompréhension, cette frayeur, j'ai compris que j'avais dû, sûrement, avoir ce même type de regard, ce même étonnement absurde lorsqu'il a levé la main sur moi la première fois. J'ai compris que peut-être, si j'avais réagi tout de suite, si j'étais partie, si j'avais porté plainte, je n'aurais pas vécu ces deux années d'enfer. Mais il a fallu que je le voie dans d'autres yeux, dans les propres yeux de ma fille, pour enfin réagir. J'ai sauvé ma fille, je crois, et si moi je n'ai pas réussi à me sortir de son emprise, j'aurai au moins empêché que ça lui arrive aussi à elle… Elle est si petite, vous comprenez…

La jeune femme ne peut plus continuer son récit, les mots n'arrivent plus à sortir et seuls quelques sanglots s'échappent maintenant de sa gorge. Claire la regarde, fascinée, immobile, elle la regarde et elle sent que ses propres larmes commencent à couler sur ses joues. Ce sont d'abord quelques gouttes discrètes qui perlent au coin de ses yeux, puis soudain un flot incessant qui couvre son visage. Elle a l'impression de sombrer dans un abîme de tristesse. Elle est cette femme, bien sûr, elle partage sa douleur avec une incroyable intensité. Elle se lève, titube un peu, prononce quelques mots d'excuse et se précipite vers la sortie. Ce n'est qu'une fois dans sa voiture qu'elle arrive peu à peu à retrouver son calme. Elle cherche des Kleenex au fond de sa boîte à gants. Elle pensait ne plus avoir de larmes à verser, elle pensait avoir tari à jamais cette source dans des chagrins gigantesques. Pourtant... Lorsqu'on toque à son carreau elle sursaute et ne peut retenir un petit cri. Elle baisse sa vitre, Sébastien Venetti la regarde et lui pose la main sur l'épaule.

— C'est normal, Claire, votre réaction est normale et c'est même plutôt encourageant. Vous devriez retourner chez vous maintenant, vous reposer un peu. Ça va aller pour rentrer ?

Claire le regarde avec un vague sourire, elle sent la main chaude du médecin sur son épaule, elle sent cette amicale pression et cela lui fait du bien. Et si elle lui demandait de la ramener chez elle, si elle osait faire ça ?... Mais non, elle n'osera pas, pas ce soir, elle ne le connaît pas et puis la fugace vision de son appartement vide de parfaite paumée achève de la faire renoncer à ce projet. Soudain, elle se souvient avec effroi que c'est ce soir qu'elle a accepté ce dîner avec ses équipes.

— Merci, Sébastien, c'est gentil, ça va aller, je me sens déjà mieux. Je vous remercie pour votre invitation, je pense que je vais... Eh bien, je crois que je vais revenir.

Sébastien retire sa main de l'épaule de Claire, il recule d'un pas puis se penche à nouveau vers elle.

— J'espère bien que vous allez revenir, je pense que cela vous sera tout à fait bénéfique et puis... ça me donnera l'occasion de vous revoir. De toute façon j'ai votre numéro au cabinet, je vous appelle demain pour savoir si tout va bien. Bonne soirée, Claire.

Lorsque la voiture démarre, Sébastien Venetti reste encore de longs instants sur le trottoir. Il trouve cette femme fascinante, pas seulement parce qu'elle est d'une beauté saisissante, pas seulement parce qu'elle lui rappelle Sarah. Il y a chez elle une douleur et une culpabilité qu'il connaît si bien qu'il pourrait presque lui décrire, avec une précision chirurgicale. Il sait qu'il va la revoir, bientôt, mais il sait aussi et ça le glace, ce que cette relation pourrait avoir de dangereux, pour lui comme pour elle.

Les deux enfants sont assis l'un en face de l'autre, une simple table en bois les sépare comme une sorte de vaste frontière sans relief, étendue morne et grise, infranchissable. Ils ne se sont pas embrassés, ne tentent pas de se prendre la main. De toute façon, cette table est bien trop large pour qu'ils puissent le faire. Ils sont seuls dans cette grande pièce aux fenêtres opaques, au cœur de cette institution qui accueille les « visites familiales ». Retrouvailles administratives et sans chaleur où l'on tente de faire subsister un peu de cohérence et de stabilité dans des fratries qui ont explosé en milliers de petits morceaux de souffrance.

La jeune fille a peut-être 12 ou 13 ans, mais elle a déjà un air grave sur le visage, une dureté que l'on ne retrouve que chez les adultes ayant traversé des épreuves qui les ont marqués au plus profond de leur chair. Elle ne dit rien, elle regarde le jeune garçon, elle le fixe avec obstination. Lui ne veut pas affronter ce regard, alors il se tortille sur sa chaise et puis, en désespoir de cause, il regarde le plafond. Après quelques instants qui sont une éternité, la fille se lève et s'approche de l'enfant qui se recule aussitôt au *fond de sa chaise. Lorsqu'elle n'est plus qu'à quelques centimètres de lui, elle prend la tête du jeune garçon entre ses mains et l'oblige avec fermeté à la regarder dans les yeux. Puis, tout en lui caressant les cheveux, elle chuchote :*

— Tu sais ce que tu as fait n'est-ce pas, tu le comprends ? Nous sommes séparés maintenant, toi, moi et maman. Pour toujours... Tu es trop jeune encore, bien sûr, mais tu sais que c'est ta faute tout ça, n'est-ce pas ? Si tu n'étais pas allé te plaindre, comme toujours, elle serait encore là avec nous. On serait encore une famille... Tu le sais bien, et c'est toi qu'elle aurait dû punir bien sûr, pas moi.

La jeune fille soulève alors son tee-shirt rouge. Une vilaine cicatrice trace un sillon profond qui part de son nombril et se perd dans le tissu blanc de sa culotte. Elle s'approche encore jusqu'à coller son ventre nu contre le visage de l'enfant.

— Tu vois cette cicatrice, c'est toi qui devrais l'avoir, pas moi. Moi je l'aurais fait, tu entends, je leur aurais dit ce que maman voulait et elle serait encore là, avec nous. Elle est en prison maintenant et on ne la verra plus jamais... à cause de toi.

Elle remet son tee-shirt dans son pantalon puis prend le garçonnet dans ses bras. Il se met à pleurer et tente d'une petite voix pitoyable de se justifier, il essaie de dire qu'il ne voulait pas, qu'il a bien tenté de raconter aux policiers ce que lui avait demandé sa maman. Mais ils ne l'avaient pas cru. La jeune fille continue à le serrer dans ses bras. Lui espère juste qu'elle soit pour lui ce qu'elle n'a jamais vraiment été. Ce dont il a plus que tout besoin aujourd'hui, une sœur, sa grande sœur.

Elle continue d'un ton calme à lui parler, tout bas, à l'entourer d'une affection feinte et oppressante, tout en lui assenant des mots qu'aucun enfant de cet âge ne devrait entendre. Parfois elle le fait même devant les adultes, devant les psychologues, les médecins. Devant eux elle joue à ce jeu pervers, simulant l'affection et l'entourant d'une tendre attention. Lorsqu'elle s'approche de lui, devant eux, elle le prend dans ses bras, va même jusqu'à l'embrasser. Et dans le même temps elle lui chuchote « c'est ta faute, ta faute, ta faute » sans se départir de son sourire et d'un apparent amour qu'elle ne ressent déjà plus depuis bien longtemps. Peut-être ne l'a-t-elle jamais ressenti ? Lui ne dit rien. Il perçoit la dureté, la violence des mots derrière le calme apparent des chuchotements et des embrassades, il comprend chaque syllabe, les prend en plein visage, en plein cœur, elles s'inscrivent en lui comme autant de coups qu'elle aurait portés à son visage. Ces mots, cette culpabilité qu'elle lui assène avec constance et cruauté, se terrent au plus profond de lui. Et il ne pourra plus les oublier.

Soudain, sa sœur l'embrasse avec effusion et retourne s'asseoir. Elle lui parle alors avec douceur, avec gentillesse, lui demande comment il va. Elle lui dit qu'elle pense beaucoup à lui. L'enfant sait très bien ce que cela signifie. Il le sait sans même avoir à se retourner vers la grande horloge de la salle. La séance est bientôt terminée, les adultes vont revenir. Ils vont leur poser des questions, lui demander s'il fait encore des cauchemars, si sa mère lui manque... Et puis s'ils sont contents de se revoir. Sa sœur et lui vont dire que oui, bien sûr. Elle va leur expliquer, sans aucune forme d'hésitation, que ces séances sont indispensables pour son frère et pour elle, qu'il faut continuer. Lui va acquiescer. Il va le faire parce que sa sœur l'a prévenu, à plusieurs reprises. Si tu parles, si tu dis quoi que ce soit, tu ne me reverras jamais. Tu seras seul, tout seul. Si tu dis quelque chose aux psychologues, tu sais ce qu'ils feront, ils nous sépareront pour toujours et toi tu retourneras dans une famille d'accueil. Ce n'est pas ce que tu veux, ce n'est pas ce que nous voulons tous les deux, n'est-ce pas ?

Léa

Papa sifflait à nouveau quand il est rentré ce soir. Il est rentré tard, il avait le « groupe de parole » qu'il anime parfois pour des gens qui ont des problèmes. Des gens qui souffrent. Comme s'il n'en voyait pas suffisamment toute la journée à son cabinet ! À croire qu'il ne se sent bien qu'avec des personnes malheureuses. Je charrie un peu, bien sûr, il aime aussi être avec nous et je ne crois pas que l'on suscite la morosité avec Juliette. Je descends l'escalier pour lui dire que j'ai préparé une assiette pour lui. En descendant les marches, je me demande quand j'ai vu papa comme ça pour la dernière fois. Après maman, il avait été renfermé longtemps, comme si une espèce de chape de tristesse s'était abattue sur lui, une sorte de barrière que même moi je n'arrivais plus à franchir. Et puis, petit à petit, il avait retrouvé une forme de proximité avec nous, il avait recommencé à nous serrer dans ses bras et à nous embrasser, à sourire. Mais de là à siffler ?

Une fois pourtant, je l'avais vu faire comme ça, il y a un peu plus d'un an, je m'en souviens très bien.

Il avait rencontré quelqu'un. Il n'en avait pas parlé mais je le voyais sourire et je l'entendais même rire au téléphone. À part pour nous, ce rire, je ne pensais plus l'entendre, jamais. Et pourtant, le jour où il avait à nouveau résonné dans le salon, j'avais ressenti presque comme un choc électrique. Je me souviens très bien d'avoir couru depuis ma chambre pour être sûre que c'était bien papa qui riait comme un ado, couvrant le combiné de sa main comme s'il voulait protéger du monde extérieur la personne avec qui il discutait. Quand il avait raccroché je n'avais rien dit, je ne voulais pas briser la magie de cet instant si rare. Et puis un jour il nous avait parlé avec Juliette. C'était quelque chose qu'il voulait rendre naturel, mais qui avait tout de suite revêtu un côté solennel, presque gênant. Nous étions en train de dîner, un dîner classique – à cette époque nous n'avions pas encore commencé nos folles expériences culinaires –, et puis il avait posé sa fourchette et nous avait regardées longtemps avant de prendre la parole :

— Voilà, les filles, j'ai quelque chose à vous dire. J'ai rencontré quelqu'un, une jeune femme et elle s'appelle Béatrix. Je sais, ce n'est pas un prénom courant, mais c'est aussi un prénom de reine, vous le saviez ?… Bref, nous nous entendons bien et je crois que j'aimerais que vous la rencontriez. Mais je veux aussi que l'on en parle, parce que je sais à quel point votre maman vous manque. Je veux juste vous dire qu'elle me manque aussi à moi, chaque jour, chaque seconde, mais je crois que je ne dois pas m'interdire de vivre à nouveau. Nous pourrions peut-être rencontrer cette amie la semaine prochaine, qu'est-ce que vous en pensez ?

Il avait pris un air détaché en posant cette dernière question, mais je sentais bien que l'heure était grave. Juliette me regardait avec insistance, recherchant chez moi la posture à adopter. Elle n'avait que peu de souvenirs de maman et je ne crois pas que cette nouvelle l'affectait, mais elle se devait d'attendre la « position officielle » avant de réagir. Tous deux avaient donc les yeux rivés sur moi et c'était une pression que j'aurais préféré ne pas subir. Je savais à ce moment précis que papa attendait de moi une forme d'autorisation que je ne me sentais pas le moins du monde légitime à délivrer. Ce que je ressentais à vrai dire, c'était d'abord de la colère. Qui donc était cette femme pour venir tenter de remplacer ma mère ? Nous n'avions besoin de personne pour continuer à porter notre chagrin et surtout pas d'une parfaite inconnue. Nous n'avions plus que notre père, donc mathématiquement deux fois moins de parents que les autres enfants, ce n'était pas en plus pour le diviser encore en deux et le partager avec une autre. Pour moi, le plus grand diviseur de l'amour paternel s'était arrêté à deux depuis la mort de maman, pas de place pour un autre multiple. Bien sûr, j'avais conscience de l'affreux égoïsme dont je ferais preuve si je tenais cette position-là, ce soir, face à la demande de papa. Je mis alors en œuvre tous les talents de comédienne que je possédais pour lui répondre :

— Bien sûr, papa, on sera très contentes de la voir, mais peut-être pas tout de suite, pas à la maison, tu comprends ?

Bon, je n'aurais peut-être pas eu l'oscar pour cette composition, mais je ne pouvais pas non plus me mettre à exploser de joie et à danser autour de la table en entraînant Juliette dans une farandole insensée.

— Tu sais, Léa, je ne pensais pas lui proposer de venir ici, pas tout de suite... Nous pourrions aller au restaurant par exemple ?

Ce « pas tout de suite » me semblait déjà suspect. Il n'était pas question que nous autorisions cette intrusion avant de faire un bilan complet de la situation. D'abord on la rencontrerait en terrain neutre et puis on verrait pour le « laissez-passer ». Papa me regardait avec une fébrilité d'adolescent qui m'énervait un peu. À dire vrai, qui m'énervait beaucoup !

— Si vous voulez, je peux vous raconter comment nous nous sommes rencontrés, vous verrez c'est assez drôle.

Je n'étais pas certaine que ça me fasse hurler de rire, mais papa tenait de toute évidence à nous raconter son histoire. Et puis Juliette, elle, avait déjà fait part de son enthousiasme à l'idée d'avoir le récit complet de cette si formidable rencontre...

— Vous savez que je prends souvent le train pour aller à Paris, pour les cours que je donne à la faculté. Un jour je me suis assis en face de Béatrix et je l'ai entendue rigoler... Au début j'ai cru qu'elle se moquait de moi et je lui ai demandé ce qui la faisait rire, si j'avais fait quelque chose de drôle. Eh bien en fait, figurez-vous que nous avions le même pantalon, vous savez mon pantalon orange que j'adore, celui que vous m'avez offert l'année dernière ! La même couleur, la même matière, tout, incroyable non ?

Délirante, ton histoire, papa, à mourir de rire... Il n'y avait guère qu'un veuf inconsolable pour voir dans cette coïncidence un quelconque signe du destin. Je ricanais sans grande conviction afin de ne pas laisser croire que cette histoire n'était pas la plus stupéfiante et la plus drolatique que j'avais jamais entendue. Juliette quant à elle ne riait pas du tout et, avec cette innocence que seuls peuvent avoir les jeunes enfants, se contenta d'un bref « c'est pas drôle », qui eut pour effet de rafraîchir encore un peu plus l'atmosphère.

— Oui bon d'accord, les filles, c'est sûr que sorti de son contexte c'est peut-être pas aussi marrant que ça, mais nous, ça nous a fait rire et du coup nous avons sympathisé. Nous avons même pris l'habitude depuis de prendre le train ensemble, nous avons beaucoup discuté, nous nous sommes rapprochés. Je lui ai parlé de vous bien sûr, elle a envie de vous rencontrer, vous savez.

Biiip ! Mauvaise réponse, papa, nous n'avons pas forcément envie de la rencontrer, nous ! De toute façon, hasard du destin, retard de train ou divergence de fond sur la mode vestimentaire, nous n'avions pas eu la joie de rencontrer Béatrix qui avait disparu de la circulation aussi vite qu'elle y était apparue. Mais je sentais bien qu'aujourd'hui, ce soir, les sifflements chroniques de papa annonçaient l'arrivée d'une nouvelle reine dans les parages. Et à vrai dire, je me disais qu'il était peut-être temps que nous ayons à nouveau une présence féminine à la maison. J'étais prête à revoir mes positions, mais il allait falloir que la nouvelle soit à la hauteur de mes attentes et qu'elle sache apprécier, avec un peu plus de discernement que papa, les qualités gustatives de nos prouesses culinaires. Je n'ai jamais demandé à papa pourquoi nous n'avions plus entendu parler de Béatrix… Peut-être aurais-je dû le faire ? Mais je ne crois pas que j'aurais pu obtenir de sa part une réponse satisfaisante. Alors aujourd'hui, je ne veux pas être l'empêcheuse d'aimer en rond, je vais jouer le jeu à fond, mais d'abord il faut qu'il me parle. J'ouvre donc les hostilités sans finesse mais avec une gentillesse que j'espère désarmante :

— Tu as rencontré quelqu'un, papa, c'est ça ? Si c'est ça, je veux que tu saches que je trouve ça super. (Je foudroie Juliette du regard pour éviter qu'un laconique « c'est nul » ne vienne réduire mes efforts à néant.) Bien sûr nous pensons tous les jours à maman, mais tu as le droit aussi de retomber amoureux… Et puis nous on a le droit d'avoir à nouveau une famille, je crois, non ?

Bon là, j'espère ne pas en avoir trop fait. Papa hoche la tête, un peu surpris, puis il me répond d'un ton mi-amusé, mi-moqueur :

— Holà, jeune fille, on se calme ! Qu'est-ce qui peut te faire croire que j'ai rencontré quelqu'un ?… Bon, OK, j'ai peut-être fait la connaissance d'une personne que je trouve disons… attachante, mais pour l'instant rien de plus. Et si je te semble de bonne humeur, eh bien tu peux peut-être aussi imaginer que c'est grâce à toi et à ta sœur. Vous êtes les deux lumières de ma vie !

Blablabla… Tu crois quand même pas que tu vas t'en sortir comme ça. Mais bon, pour ce soir je décide que nous allons profiter de cette humeur si rare qui, peu à peu, nous enveloppe dans une douce torpeur.

Chapitre 9

— Pour être franc, on ne pensait pas que vous vien-
driez, madame. Pour tout vous dire on pensait que vous
n'aimiez pas beaucoup notre compagnie.

Et nous n'en sommes qu'à l'entrée, pense Claire...
Pourquoi avait-elle accepté cette invitation ? Peut-être
parce que Romain, le jeune flic, l'avait fait avec beaucoup de chaleur et d'enthousiasme. Peut-être aussi parce
qu'elle sait maintenant que, si elle ne fait pas d'efforts,
ce poste va devenir un enfer et qu'elle ne souhaite pas
ajouter ça à tout le reste. Ce soir, le témoignage de
Marine l'a bouleversée bien plus qu'elle ne le pensait, elle se sent vidée. Mais elle veut faire face. Elle
est entourée d'une dizaine d'agents du commissariat
et il n'y a qu'une seule femme qui se soit déplacée,
Maria. Rien que pour ça, Claire lui voue déjà une
reconnaissance éternelle. De toute façon, il n'y a que
trois femmes dans l'équipe. Les deux autres sont de
très jeunes mères de famille, mariées, l'une à un des
flics de l'équipe et l'autre... à un gendarme. Il y a
des métiers qui ne supportent, dans le mariage, que la
gémellité ou, à la rigueur, le cousinage proche. Quant
à Maria, Claire imagine – sans le savoir précisément –

qu'elle n'a pas grand-chose d'autre dans la vie que son travail. Son dossier, sur lequel elle a jeté un rapide et distant coup d'œil, ainsi qu'elle l'a d'ailleurs fait pour l'ensemble de ses équipes, ne l'a pas beaucoup renseignée. Elle a 49 ans, elle est célibataire, sans enfants, ses états de service sont bons sans être brillants. Dans le boulot, Maria parle très peu, observe beaucoup, ne s'emporte jamais. Elle a aussi compris que cette fille était une sorte d'institution dans le service. Fait rare, personne ne la critique et chacun parle d'elle avec respect, voire avec une forme de chaleur. Ce soir, Maria a dû prendre sur elle pour féminiser un peu une apparence qu'elle veut, en temps normal, asexuée. Elle n'a pas poussé la révolution jusqu'à se mettre en jupe, mais elle est maquillée et porte des chaussures à talons. Alors ce soir, à côté de Claire qui n'a pas quitté son jean, son Abercrombie et ses Nike, Maria ressemble à une égérie de Karl Lagerfeld. Et puis soudain Claire se dit que, peut-être, il serait de bon ton de répondre à la remarque sur le désamour supposé qu'elle porterait à son équipe. Elle regarde chacun, un par un, puis s'éclaircissant la voix, elle se lance :

— Oui, j'ai bien conscience d'avoir été pour le moins distante ces premières semaines avec vous. C'est une chose que je souhaite changer. Je voulais vous dire, même si c'est une phrase à la con que les managers ont l'habitude de prononcer lorsqu'ils prennent un nouveau job, que la porte de mon bureau est toujours ouverte pour ceux d'entre vous qui souhaitent me faire part d'une difficulté, d'un problème dans le boulot. Voilà, ça, c'est fait. Maintenant il y a autre chose que je voulais aborder avec vous. C'est une question difficile pour moi, mais on ne va pas continuer à se regarder en biais pendant trois ans sans aborder le sujet… Alors voilà, oui c'est vrai, j'ai tiré sur mon mari qui me battait, j'ai été jugée et innocentée parce que les jurés ont estimé que je me trouvais en état de légitime défense. Et puis oui, je n'ai pas choisi de venir dans cette ville pour diriger votre… notre commissariat. Mais maintenant j'y suis et je vais faire équipe avec vous et nous allons faire le meilleur boulot possible parce que… eh bien parce que c'est le seul et unique moyen pour que les choses soient acceptables et pourquoi pas même… agréables, pour vous comme pour moi. Alors haut les cœurs, madame, messieurs et levons nos verres au travail que vous avez déjà accompli et à celui qu'il nous reste à faire. À nous !

Claire pense soudain qu'elle en a fait un peu trop, comme d'habitude. Chaque fois qu'elle rédigeait un discours pour son ministre, le chef de cabinet passait son temps à lui dire de faire plus simple et il supprimait les formules qu'elle trouvait les plus efficaces, les plus percutantes. Persuadée du reste que c'était lui qui était dans l'erreur et elle, par conséquent, qui avait raison. Mais au moment où elle se rassoit, elle entend, à sa grande surprise, un premier applaudissement. C'est Maria qui s'est lancée la première, bientôt rejointe par Romain puis par toute l'équipe. Ils se sont tous levés maintenant et applaudissent en souriant. Après tout, peut-être que cet épisode professionnel sera moins affreux que ce qu'elle s'était imaginé. À ce moment-là, elle était loin de se douter que ce poste tranquille dans cette petite ville de province allait être l'épreuve la plus pénible qu'elle ait eu à affronter. Bien plus encore que celles auxquelles elle avait dû faire face ces deux dernières années.

En quittant le restaurant, après une soirée et un dîner qui avaient tenu la promesse que lui avait faite Romain devant la porte de l'ascenseur – « vous verrez, ce sera très bien », – Claire se dit que, peut-être, elle pourrait remonter la pente. Romain s'était approché d'elle à la sortie du restaurant et lui avait proposé de la raccompagner. Il s'était fait bien sûr chambrer par ses collègues qui l'avaient traité de fayot – pour les moins lourds d'entre eux – et de don Juan pour les autres. Claire ne savait pas au juste quelle était la nature de la proposition du jeune homme, mais elle avait décliné son offre. Elle marchait maintenant avec sérénité, se perdant dans les ruelles sombres de la vieille ville, empruntant des rues minuscules, des rues si étroites qu'en levant la tête on pouvait croire que les façades des immeubles en vis-à-vis allaient finir par se rejoindre dans une sorte d'embrassade impossible. Il n'était pas très tard mais la ville semblait vide. Claire ne savait plus très bien où elle se trouvait, mais elle n'imaginait pas pouvoir se perdre dans une cité aussi petite. Elle gardait quelques repères incontournables qui lui permettraient sans doute de rejoindre son appartement.

Elle avait toujours eu un sens de l'orientation surprenant et cela lui avait, dans bien des cas, sauvé la mise. Pourtant là, au beau milieu de la ruelle aux Chats, elle n'arrivait plus du tout à se retrouver. Elle se décida enfin à sortir son smartphone, sorte de baguette magique des Temps modernes, afin de lancer la bonne application qui lui permettrait de retrouver la route. Le problème, c'est que, tout comme les baguettes magiques, son téléphone répondait aussi à certaines règles d'utilisation. Claire regretta ce soir-là de n'avoir jeté qu'un vague regard sans intérêt au grimoire magique, sobrement appelé en ces tristes temps modernes et sans imagination, « notice d'utilisation ». Perdue dans les innombrables icones et commandes de son téléphone, Claire décida de s'en remettre aux bonnes vieilles méthodes et revint donc sur ses pas.

La nuit, le noir ne l'avaient jamais effrayée. Le soir, ce qu'elle redoutait le plus, c'était de se retrouver seule dans sa chambre. Seule à chercher un sommeil qui ne venait pas et à ruminer des pensées qui percutaient son équilibre mental avec une force insupportable. C'est donc d'un pas plutôt léger qu'elle reprit le chemin, du moins l'espérait-elle, du restaurant. Pourtant, il lui semblait que chacun de ses pas résonnait de plus en plus fort dans les petites rues sinistres de la ville endormie et cela perturbait un peu sa sérénité. D'abord parce qu'elle avait la désagréable impression qu'à ses propres pas s'en mêlaient d'autres, plus lourds, dont les échos se perdaient dans les siens. Elle savait bien que cette illusion n'était que le fruit de son imagination, mais cela ne l'empêchait pas de jeter, de plus en plus fréquemment, de rapides coups d'œil par-dessus son épaule. La brièveté des regards qu'elle portait sur la nuit ne faisait qu'ajouter à son trouble. Elle ne distinguait derrière elle que des ombres rendues changeantes par ses propres mouvements. Tout en accélérant le pas, elle se saisit de la crosse de son arme, la laissant pour l'instant dans son holster. Au cas de plus en plus improbable où elle croiserait quelqu'un, elle ne souhaitait pas qu'on puisse dire que la nouvelle commissaire hantait les rues le soir, hagarde, l'arme à la main, et l'air déjanté. Alors qu'elle pensait repasser au même endroit pour la deuxième fois, elle aperçut au détour d'une rue, à une centaine de mètres, les lueurs de l'enseigne du restaurant dans lequel ils avaient passé la soirée. Un soulagement intense la submergea d'un seul coup.

Elle s'arrête un instant pour reprendre son souffle. Et c'est au moment où elle reprend le chemin du restaurant qu'une main se pose sur son épaule et qu'un froid glacial lui enserre le cœur.

Chapitre 10

Sébastien est assis dans le salon, les filles se sont enfin couchées. Il est toujours aussi surpris par la clairvoyance de Léa, qui lit en lui comme dans un livre ouvert. Enfin presque… Il y a certains chapitres qu'elle ne peut pas, qu'elle ne doit pas encore lire. Des chapitres qu'elle ne devrait peut-être jamais connaître. Il ne lui a pas parlé de ce qu'il a traversé, jamais il n'a évoqué avec elle cette enfance brisée, les traumatismes qui ont marqué sa personnalité, au plus profond de son être, ces traces effroyables de son passé et qui parfois viennent percuter son présent avec une violence insoutenable. Il n'en a pas la force, peut-être pas le courage. Il sait pourtant qu'il devra un jour lui dire la terrible vérité. Mais à quoi bon ?… Est-il obligé de faire porter à son enfant sa terrible histoire ? Peut-être que, s'il expliquait à Léa ce qui s'est passé il y a si longtemps, elle comprendrait mieux ses absences, cette distance terrible qui parfois l'éloigne tant de l'instant présent, de ses deux filles qu'il adore plus que tout au monde. Et puis il y a Claire. Cette femme le fascine, il retrouve chez elle une détresse si profonde qu'il sent qu'il ne peut pas l'abandonner, qu'il ne peut pas la laisser s'enfoncer dans la dépression. Ce qu'il n'arrive pas à faire pour lui-même, il sait qu'il peut le réussir pour elle, qu'il doit le réussir. Il regarde sa montre, il n'est pas encore assez tard pour que son coup de fil passe pour intrusif ou déplacé. Il se saisit de son téléphone et décide de l'appeler. Au bout de quelques sonneries, c'est le répondeur qui se déclenche. Claire n'a pas personnalisé son message, tout ce qu'il sait c'est qu'il est sur le répondeur téléphonique du numéro qu'il a composé : « Vous êtes bien sur le numéro SFR du… » Peu importe, si ce n'est pas le bon numéro, il aura au moins essayé.

— Bonjour Claire, c'est Sébastien, Sébastien Venetti. Je voulais juste vous dire que je trouve ça très courageux que vous soyez venue tout à l'heure. Vous verrez, je suis sûr que cela vous fera du bien… Et puis je voulais aussi vous inviter, eh bien… à déjeuner. Je n'ai pas l'habitude de proposer ce genre de chose à mes patientes, mais voilà, j'aimerais vous revoir ailleurs que dans mon cabinet ou dans notre groupe de parole. Bien sûr je comprendrais que vous refusiez, mais je ne vous cache pas que j'espère que vous accepterez. Rappelez-moi pour me dire ce que vous en pensez… ou pas. Bref, je vous souhaite une bonne soirée, à bientôt, Claire.

En raccrochant, Sébastien se dit que ce message est un peu rapide, un peu ridicule aussi. Il aurait peut-être dû attendre un peu… Mais après tout ils n'ont plus 15 ans, si elle ne veut pas déjeuner avec lui, elle le lui dira. Ce n'est jamais très agréable de se voir opposer un refus, mais il sait qu'il est encore plus désagréable de laisser les choses traîner et de ne pas savoir de quoi il retourne. Sébastien se lève, fait quelques pas dans le salon et se dirige vers la fenêtre qui donne sur le jardin. La nuit est tombée et il regarde les arbres qui s'agitent doucement au gré d'un léger souffle de vent. La noirceur de leurs branches se dessine peu à peu sur le ciel sombre, au fur et à mesure que ses yeux s'habituent à l'obscurité. Maintenant qu'il perçoit mieux les éléments familiers du jardin, il lui semble qu'il y a quelque chose d'anormal. Il ne sait pas encore quoi, mais décide de sortir et de s'avancer plus près pour comprendre ce qui a attiré son attention. En se dirigeant vers la grande haie de buis qui jouxte la maison voisine, au fond du jardin, il commence à entendre quelque chose. Un claquement sec qui résonne avec d'autant plus de force que seul le faible bruissement des branches trouble le silence de la nuit. Le bruit n'est pas régulier, Sébastien pense que c'est la porte de la remise qui a dû être mal fermée et qui bat au gré du vent. Il est pourtant persuadé de l'avoir fermée à clé la veille, après y avoir rangé ses outils. Il ne souhaite pas que ses filles s'aventurent dans ce fatras de métal rouillé, de produits toxiques et de poussière et il s'assure toujours de leur en interdire l'accès. Il sait à quel point leur imagination débordante et leur capacité à modifier le monde sont capables du pire comme du meilleur, mais surtout du pire. Alors qu'il se trouve à une dizaine de mètres de la petite cabane qui sert d'abri, il entend soudain la porte claquer frénétiquement, comme si un damné tentait de s'échapper d'une maison en feu. Une chose est certaine, ce n'est plus le vent qui en est le responsable. Il y a quelque chose, ou quelqu'un, là-bas.

Sébastien se met à courir, il se précipite vers le petit abri en bois dont la porte n'est pas encore visible.

Arrivé juste devant, il s'arrête subitement. Il appuie sa tête contre le bois brut et tente de reprendre son souffle. Ce n'est pourtant pas la course brève qu'il vient d'effectuer qui lui a coupé la respiration. La raison en est bien plus profonde, bien plus intime. Il recommence à glisser vers un endroit qu'il ne souhaite pas retrouver. Il tente de se ressaisir, il respire profondément, il espère, au contact des aspérités du bois qui viennent s'incruster dans son front, garder un lien avec le réel. Il pose ses mains sur les planches pour mieux encore s'accrocher au monde. Peu à peu, il prend conscience que cette fois il ne retournera pas là-bas. Au bout de quelques minutes, il trouve les ressources nécessaires pour contourner l'abri et enfin découvrir ce qui animait la porte d'une telle rage. Mais il n'y a plus rien, le calme est revenu. Seul le bruit du vent a de nouveau envahi la nuit. Sébastien entre dans l'abri avec une prudence qu'il sait ridicule. Il sent que ce qui a été présent ici il y a quelques instants a disparu. La porte a été forcée, ça, il en est certain, le cadenas qui maintenait le crochet gît sur le sol ainsi que la petite chaîne qui l'accompagnait. Le dispositif était prévu pour empêcher deux petites filles d'entrer, pas pour retenir un cambrioleur ou un toxico en manque. Il allume la lumière et regarde, à la faible lueur de l'éclairage de fortune qu'il a bricolé un après-midi de désœuvrement, le capharnaüm absolu qui règne dans cet antre. Son regard se porte d'abord sur l'établi puis sur les bidons de produits anonymes qui jonchent le sol. Puis il revient sur la malle métallique qui se trouve au fond de la petite pièce, une malle dans laquelle il a accumulé au fil des années une multitude d'objets dont il est persuadé qu'un jour ils lui seront nécessaires. Ce qui attire d'abord son regard, c'est cette sorte de décalage, ce vide, cet espace nouveau qu'il y a maintenant entre la malle et la paroi de la cabane. Elle a été déplacée, il en est convaincu, et il n'a pas le souvenir de l'avoir touchée depuis de longs mois. Il sent à nouveau un poids phénoménal venir oppresser sa poitrine, il avance sa main vers la poignée métallique et ouvre le lourd couvercle. Il n'y a d'abord que la vision chaotique d'un amoncellement d'objets hétéroclites, une pompe à vélo qui se dresse au milieu d'une bouée d'enfant, un vieil arrosoir en plastique qui gît, comme un animal mort, au côté d'un moulinet de canne à pêche rouillé, des tubes de plastique poussiéreux, certains brisés… Et puis son regard s'arrête soudain sur une chose qui ne devrait pas être là. Un objet qui n'a non seulement aucune raison de se trouver à cet endroit, mais dont la présence même résonne comme un sinistre avertissement. En se saisissant du manche du grand couteau de cuisine, Sébastien a l'impression que le plastique devient brûlant et que la lame se teinte d'une affreuse couleur rouge sang. Il se laisse tomber sur le sol et se met tout à coup à trembler.

Leurs corps se sont maintenant séparés. L'homme n'a ressenti aucun plaisir, un simple échange physique auquel il est resté comme étranger, n'ayant sur cet acte qu'un regard clinique, extérieur. Des mouvements mécaniques, les automatismes d'une chose trop souvent répétée, une tension factice entretenue par de simples pulsions physiologiques. Il pensait que peut-être, avec cette femme, presque une inconnue mais avec laquelle il avait cru pouvoir tisser une réelle complicité, peut-être même une forme d'intimité, il pensait qu'avec elle il aurait pu à nouveau reconstruire un lien, a minima, physique. Il la regarde dans la demi-obscurité qui les abrite, il observe ses longues jambes, la courbure parfaite de ses reins et sa poitrine généreuse qui se soulève au rythme d'une respiration redevenue apaisée. Il a toujours eu à l'acte amoureux un rapport étrange, une sorte de défiance profonde. Comme si se livrer, avec un tel dénuement, avait quelque chose d'indécent, d'obscène. Même avant, il n'avait jamais réussi à s'abandonner, retenu toujours par ses démons intérieurs, par ce sentiment confus que le plaisir, que le bonheur n'avait pas de place légitime dans sa vie.

Il se penche vers elle, si près qu'il sent son souffle sur son visage, il pourrait l'embrasser peut-être, faire réapparaître cette tension, ce désir animal dont elle faisait preuve il y a si peu de temps encore. Il le pourrait mais il n'en a pas envie. Maintenant il ressent presque du dégoût pour cette femme et il a une conscience aiguë du fait que ce sentiment cédera bientôt la place à d'autres, bien plus puissants, bien plus dangereux. Il se lève, essayant de ne faire aucun bruit. Il ramasse ses vêtements épars sur le sol puis se dirige vers la salle de bains. Il regarde son visage dans l'élégant et froid miroir de cette chambre d'hôtel aseptisée. Il aime les hôtels modernes parce que leurs murs n'ont pas d'histoire, parce que leurs longs couloirs aux lumières cliniques n'offrent pas d'ombre profonde dans lesquelles il pourrait se perdre. La glace lui renvoie l'éclat de ses yeux bleus, il sait qu'il n'y a aucune chaleur dans ce regard, juste de la lassitude et peut-être aussi cette inquiétude qui ne le quitte jamais. Mais cela, il est le seul à le voir. Elle n'y a vu que passion et envie. Pourtant la fièvre qu'elle croyait y lire n'était sans doute que le reflet de son appréhension. Lorsqu'il passe près du lit, ce qu'il souhaite le plus au monde c'est qu'elle ne se réveille pas. Il ne veut pas avoir à expliquer, pas à se justifier, il veut juste partir, sans se retourner. Il sait qu'il l'oubliera, que les autres reprendront leur place. Et ce qu'il fait à cet instant précis n'est pas la simple expression d'une lâcheté ordinaire, il le fait parce qu'il ne veut pas laisser naître de discussion, parce qu'il sait que de l'échange viendra la frustration, de la frustration la colère et de la colère, la haine. C'est au moment où sa main se pose sur la poignée qu'il entend la voix de la femme.

— Ce n'est pas très gentleman de ta part, je pensais que, peut-être, nous étions un peu plus que de simples amants d'un jour...

Il se retourne vers elle, il aimerait pouvoir lui répondre que non bien sûr, qu'il voulait juste éviter de la réveiller, qu'il allait juste chercher de quoi déjeuner, qu'il allait revenir. Il voudrait lui mentir avec simplicité à défaut de le faire avec élégance. Au lieu de ça il s'avance vers le lit tout en se maudissant d'avoir eu l'imprudence de venir à ce rendez-vous. Maintenant il ne va plus avoir beaucoup de choix. Mais il sait aussi que lorsqu'il rentrera ce soir, il n'aura plus de questions à se poser et qu'il aura pu apaiser, un peu, cette brûlure qui le ronge depuis si longtemps.

Chapitre 11

Claire se retourne et, se saisissant de la main qui s'est posée sur son épaule, enchaîne une clé de bras puis, l'arme au poing, colle le canon de son pistolet semi-automatique sur un visage qu'elle reconnaît aussitôt.

— Mais vous êtes malade, Romain, vous voulez vous faire buter, ou quoi ?

Le jeune flic est pétrifié. Claire sait que son passé récent cause une inquiétude légitime à son collègue. Elle range alors son arme et pose sa main sur le bras de Romain, en signe d'apaisement.

— Qu'est-ce qui vous a pris ? Vous me suiviez ?

Romain la regarde quelques instants, le souffle un peu court. Il sait qu'il doit peser chaque mot avant de lui répondre.

— Pas du tout, non, mais je suis resté un peu avec Maria et puis en sortant, je vous ai vue, vous aviez l'air perdue, et puis je... Voilà. Juste... je ne voulais pas vous faire peur... Je, je suis désolé.

Au-delà des regrets, Claire distingue encore les stigmates de la peur chez son collaborateur. De la peur brute, presque de l'effroi. Elle comprend alors que le chemin sera long avant que la confiance, cette confiance nécessaire à tout travail d'équipe, s'installe dans la durée. Elle ne peut pas lui en vouloir. Il lui est aussi arrivé par le passé d'être menacée par une arme et elle sait que c'est une expérience traumatisante. Surtout quand on a conscience que la personne qui braque cette arme sur vous est tout à fait capable de s'en servir. Il va falloir qu'elle se calme si elle veut que les choses se passent mieux. Et elle continue à souffrir de ces affreux maux de tête qui sont, elle le sent, intimement liés à son histoire personnelle. Ils avaient commencé juste avant le procès, ce qui lui permettait d'ailleurs d'arriver à l'audience avec une mine encore plus ravagée que celle qu'elle affichait depuis le drame. Peut-être même que ces traits tirés qui lui donnaient parfois une figure de masque, conséquence de cette fatigue infinie qu'elle ressentait après les crises, avaient pu pousser le jury à la clémence. À l'époque, avant qu'elle ne commence un traitement de fond, les crises étaient presque quotidiennes. Tout de suite elle avait pensé à une tumeur au cerveau, une sorte de juste punition pour l'acte qu'elle avait commis, réminiscence implacable d'une éducation judéo-chrétienne bien culpabilisante. Et puis, vaincue par la fatigue et par la peur, elle était allée faire la série d'examens imposée par son toubib. Au premier scanner, le verdict était tombé, ce n'était pas une tumeur. C'était à la fois bien plus courant et bien plus mystérieux. De « simples migraines, ma pauvre Claire », lui avait précisé son médecin, un généraliste qu'elle connaissait depuis son enfance. Pas si simple que ça, les migraines… Personne n'avait été capable de lui en expliquer le fonctionnement et encore moins l'origine. Les protocoles qui lui avaient été proposés avaient un peu amélioré les choses, lui évitant de rester trois jours enfermée dans le noir chez elle en se demandant si elle n'allait pas se foutre par la fenêtre pour faire cesser cet étau de souffrance. Elle ne souffrait maintenant comme une bête blessée que pendant vingt-quatre heures, si toutefois elle avait pris le traitement à temps. Elle avait très vite appris à reconnaître les premiers symptômes de son mal. De légères pulsations au tréfonds de son crâne, une intolérance progressive à la lumière, des picotements dans les yeux... Elle se précipitait alors sur son sac à main pour y trouver les petites pilules qui lui permettraient d'abréger ses souffrances. Parce que si les crises duraient moins longtemps, les douleurs, elles, restaient à la limite du supportable. Son mal lui avait pourtant laissé un peu de répit depuis qu'elle était arrivée dans cette ville. Elle n'avait connu que quelques crises, de courte durée. Heureusement... Elle ne pouvait pas non plus être absente du commissariat en prétextant des migraines. D'après ce qu'elle avait vu ce soir, cela aurait fini par lui enlever toute forme de crédibilité auprès de ses équipes.

— Oui, Romain, je suis désolée moi aussi. Je me suis un peu perdue ce soir, c'est vrai. Mais je suis certaine maintenant que vous allez pouvoir m'indiquer la route à suivre. Allez oublions ça. Je compte sur vous pour ne pas raconter à tout le commissariat que je vous ai collé mon arme de service sur la tempe. Je n'ai pas vraiment besoin de ce genre de publicité...

Romain acquiesce tout en se proposant de la raccompagner chez elle en voiture, ce qu'elle accepte volontiers.

Sortant de l'obscurité protectrice que lui offre la ruelle dans laquelle Claire s'était égarée, la femme au visage impassible et aux cheveux tirés en arrière regarde passer le véhicule dans lequel se sont installés la commissaire et l'officier de police. Elle a suivi Claire depuis la sortie du restaurant. Elle l'avait observée, s'était amusée de la voir se perdre, puis réjouie de sentir peu à peu les signes de l'angoisse s'installer chez la jeune femme. Une marche de plus en plus rapide, ces coups d'œil fréquents par-dessus son épaule, c'étaient là les signes irréfutables de la peur. Et à aucun moment elle n'avait pu l'apercevoir, elle en est certaine. Elle la suivait pourtant depuis qu'elle était sortie du cabinet du Dr Venetti. Le hasard sans doute l'avait mise sur sa route. Mais lorsqu'elle avait aperçu les voitures de police, qu'elle avait compris qui était sa proie, elle avait su avec une certitude absolue que ses desseins étaient portés par le destin et que, bien plus que le hasard, une puissance supérieure soutenait ses projets. Tout cela n'était que justice, tout cela avait un sens. Elle continuait à poursuivre ce chemin si difficile. Elle devait le faire payer, même si pour cela elle savait qu'ils seraient nombreux à souffrir. Elle devait le faire, au plus tôt.

— *Ils ne doivent plus se voir, c'est une question de survie pour cet enfant.*

Le Dr Patrick Wiltzer vient de balancer le dossier sur la table et il regarde maintenant ses interlocuteurs d'un air farouche.

— *Oh, je sais très bien ce que vous allez me dire, ce type de réunion familiale est bénéfique pour tout le monde, il ne faut pas briser un lien déjà tant fragilisé, c'est essentiel à la reconstruction... Je sais tout ça, mais moi je vous dis que dans le cas de cette fratrie-là, c'est en continuant ces réunions que vous allez finir de fracasser l'esprit de ce jeune garçon.*

Autour de la table, le professeur Gérard Minier, Carine Girard, la directrice de l'établissement, et Philippe Lang, le pédopsychiatre du service, se regardent sans oser prendre la parole. C'est Philippe qui, reposant sa cigarette dans le cendrier, se lance en premier :

— *Écoutez, Patrick, moi aussi je les ai vus, ces enfants, nous les suivons maintenant depuis six mois et ils se rencontrent une fois par semaine. Nous avons noté des améliorations certaines, notamment* chez la jeune fille. Certes, les progrès sont plus lents chez le garçon, mais c'est aussi le plus jeune et les tensions psychologiques qu'il a dû affronter sont effroyables. Il est normal que ses progrès soient moins rapides.

Patrick prend une grande inspiration puis, se met à souffler pour marquer son désaccord avant de reprendre le dossier, d'en sortir la photo du garçon et de la jeter en direction du psy.

— Et moi je vous dis que ce môme est terrorisé par sa sœur, qu'elle est en train de le manipuler et de renforcer chez lui la culpabilité maladive dont il souffre depuis l'accident. Il ne me l'a pas dit bien entendu, il ne peut pas, pas encore. Mais enfin, si vous aviez la moindre perspicacité vous vous en seriez rendu compte !

Le médecin a presque crié cette dernière phrase. Autour de la table les visages sont partagés entre la crainte, l'exaspération et l'indignation. C'est finalement un mélange de ces trois sentiments qu'exprime Gérard Minier, le chef de service, lorsqu'il prend enfin la parole :

— Calmez-vous, mon vieux, calmez-vous et mesurez un peu vos propos. Nous n'avons pas de leçon à recevoir de vous, aussi brillante que soit votre carrière... Mais bon, bon, nous allons tout de même espacer les rencontres et renforcer le suivi médical autour du garçon.

Le Dr Wiltzer se lève et pointe son doigt vers le professeur.

— Vous ne comprenez pas ce que je vous dis, vous ne comprenez rien. Il faut faire cesser ces rencontres, il faut éloigner la fille et, si vous voulez vraiment le *fond de ma pensée, il faut la faire enfermer. Et c'est maintenant qu'il faut le faire. Chaque visite, chaque rencontre est un nouveau traumatisme pour lui. Laissez faire et vous n'aurez plus qu'à ramasser les morceaux d'un môme qui, si vous voulez mon avis, est déjà sacrément pulvérisé !*

Exaspéré, Patrick Wiltzer quitte la salle de réunion en claquant la porte. Lui a vu au fond des yeux de cet enfant la peur, la peur ultime. Il a très bien compris que sa sœur le terrorise et qu'elle distille en lui la conviction que tout ce qui est arrivé est sa faute, que rien ne pourra leur permettre de retrouver la paix. Rien, sauf peut-être une soumission absolue aux désirs et aux délires d'une jeune fille en proie à des psychoses profondes, nourries par une haine prodigieuse. Il le sait bien, mais il a aussi conscience du fait que pour faire changer d'avis le comité médical, il devra attendre encore. Attendre que quelque chose de grave arrive, tout en sachant que chaque jour qui passe, chaque nouvelle rencontre, rapproche le jeune garçon de la folie et conforte sa sœur dans son sentiment de toute-puissance. En passant devant la salle des visites, il a soudain envie d'y entrer, de s'asseoir près de cette table qui voit se réunir des familles explosées, atomisées par des drames sordides. Assis, seul dans la vaste pièce, Patrick a la conviction qu'il ne faut plus attendre, qu'une seule seconde de plus offerte à ces deux-là est une seconde qui les rapproche d'un nouveau drame. Il en a la certitude et il a une idée pour en convaincre les autres. Une idée qui, au beau milieu de cette décennie soixante-dix, a déjà fait ses preuves en matière de psychiatrie infantile. Une idée qui devrait pouvoir ouvrir les yeux à ses collègues ainsi que l'âme et l'esprit de cet enfant. Et à ce moment précis, assis seul dans cette pièce dans laquelle planent les cris, les pleurs et les souffrances de centaines de familles, le médecin a soudain le cœur glacé à l'idée de ce qu'ils pourront y trouver.

Chapitre 12

Claire a trouvé touchant, bien qu'un peu ridicule, le message qu'il lui a laissé hier soir, et ses réticences naturelles se sont peu à peu effacées pour laisser la place à un enthousiasme de jeune fille. Et puis, après l'épisode de la veille avec Romain, elle a besoin de décrocher un peu du commissariat. De toute façon, elle est attirée par cet homme. Elle a assez de maturité pour l'admettre et elle pense que c'est un signal plutôt positif. Hier, elle avait envie de fumer, aujourd'hui elle a envie de revoir ce toubib. Elle passera peut-être pour une fille facile intoxiquée par le tabac, mais c'est toujours mieux qu'une dépressive chronique enfermée dans son appartement et assommée par les calmants.

Ils se sont rejoints dans un restaurant du centre-ville, assis à une table un peu à l'écart, suffisamment isolée pour offrir un peu d'intimité, mais pas assez pour que cela devienne suspect. L'endroit est charmant, une sorte d'auberge ancienne aux murs couverts de portraits de l'école française du XIXe. Un des tableaux surtout fascine Claire. Il représente un gros bourgeois endimanché à l'air suffisant, presque sévère, un homme dont la réussite pleine et entière est inscrite dans un embonpoint assumé et un demi-sourire grave et méprisant. Ce n'est pas tant la qualité de l'œuvre, très moyenne, qui a attiré le regard de Claire que le cadre du tableau. Tout en dorures lourdes et travaillées, en figures complexes tirant sur le baroque et qui donnent à l'œuvre un aspect curieux, à la fois anachronique et iconoclaste. Elle est perdue dans cette observation quand Sébastien Venetti la sort de son état contemplatif :

— Je suis content que vous ayez accepté cette invitation, Claire. Vous savez, je n'ai pas pour habitude de proposer ce genre de chose à mes patientes, mais je voulais vous revoir pour pouvoir discuter avec vous, de manière moins officielle qu'à mon cabinet et de façon un peu plus apaisée qu'hier soir.

Claire le regarde comme elle le fait toujours, droit dans les yeux. Elle ne sait pas si ce toubib qu'elle n'a vu que deux fois est sérieux ou s'il a juste envie de se taper une patiente un peu paumée mais encore séduisante. Elle a l'habitude de se faire draguer, cette habitude qu'ont les femmes comme elle, celles dont la silhouette attire d'abord les yeux puis dont le visage fixe le regard des hommes. Cela a commencé assez tôt pour Claire. Dès l'âge de 13 ou 14 ans, elle a senti que se portaient sur elle les coups d'œil furtifs et un peu honteux d'amis de son père et parfois même, de certains de ses professeurs. Un peu plus tard, ce sont ses camarades de classe puis d'université qui ne se sont pas gênés, toute honte disparue, pour lui faire part des sentiments – ou plus précisément, des pulsions –, qu'elle faisait naître en eux. Cela avait amené Claire à afficher en toutes circonstances une attitude de distance amusée et à user le plus souvent possible d'humour pour se défaire des fâcheux, des importuns et des lourdauds. Elle ne répondait pas aux sifflets qui parfois – souvent –, retentissaient lorsqu'elle se promenait en été dans Paris, mais gratifiait parfois d'un sourire amusé les hommes qui lui faisaient des clins d'œil discrets en la croisant. Elle avait toutefois cessé de réagir aux signaux plus ou moins faibles qu'elle recevait, lorsque, débutant sa carrière au sein de la police judiciaire, elle s'était mise à recueillir les témoignages de femmes violées, abusées par des hommes qu'elles avaient rencontrés par hasard. Elles avaient juste cru que répondre à leurs sourires ne tenait après tout que du jeu. Un jeu cruel et violent, un jeu criminel qui les avait détruites. Mais elle gardait de ces expériences une connaissance assez aiguë et une très bonne lecture de ce que cachait un regard, une expression. Et aujourd'hui, en observant Sébastien, elle ne voyait que sincérité. Sincérité et intérêt. Elle avait échappé à l'embarras mortel d'avoir à refuser une invitation à dîner et ce déjeuner était un moindre mal. Elle se décida tout de même à prendre la parole, la phase d'observation qu'elle avait menée jusqu'alors devenant un peu embarrassante.

— J'ai aussi accepté cette invitation parce que je tenais à vous remercier pour hier. Je ne pensais pas que venir à cette réunion aurait un tel effet sur moi. Pour tout vous dire, j'étais à deux doigts de m'enfuir aussitôt entrée dans cette pièce. J'avais de ce type de rencontre une idée un peu toute faite. Des soirées pleines de témoignages accablants et de regards affligés, de compassion dégoulinante et d'encouragements extatiques… Bref, je ne m'attendais pas à ça. Mais je dois aussi vous avouer que je me suis bizarrement sentie... soulagée. En entendant l'histoire de cette femme, passé le choc, l'émotion, je me suis sentie vidée puis, peu à peu, plus apaisée, comme si j'avais déversé moi-même un peu de ma douleur au beau milieu de ce salon.

Sébastien la regarde, il a toujours ce demi-sourire qui le rend si touchant, il appelle d'un signe le serveur avant de lui répondre.

— Eh bien en fait, Claire, c'est un peu l'objectif recherché dans ce type d'échanges. Et si cela a fonctionné chez vous avec autant de force, c'est sans doute que vous aviez besoin d'entendre et d'écouter votre histoire, même racontée par une autre... Mais ce n'est qu'un début. Je pense que vous aviez besoin de cet électrochoc pour accepter d'aller un peu plus loin. Je crois que vous devriez rencontrer le Dr Flachat, c'est un excellent psychiatre doublé d'un ami de longue date. Bon, vous verrez, son humour est parfois un peu déroutant, mais je peux vous assurer qu'il a un véritable talent pour vous accompagner dans le long et tortueux cheminement que sont souvent les histoires difficiles. Il est redoutable pour vous soulager des pires fardeaux, même les plus lourds, croyez-moi... Mais nous aurons le temps d'en reparler. Pour l'instant, à table ! Je ne vous oblige pas à prendre la traditionnelle andouillette, spécialité locale, mais si je peux me permettre de vous conseiller quelque chose, foncez sur les ris de veau, ils sont sublimes.

C'est avec enthousiasme que Claire commande les fameux ris de veau, même si, en fait, les seuls « abats » qu'elle apprécie sont plutôt ceux qui, en tenue de cosmonautes, chantent *Dancing Queen*. Elle se maudit alors de ce très mauvais jeu de mots, tout en se félicitant aussitôt de l'avoir juste pensé et de ne pas s'être aventurée à l'exprimer à haute voix. Après tout, si Sébastien Venetti se donne la peine de la revoir, elle s'en voudrait de tout gâcher avec ce genre de vannes moisies. Et puis, il est encore un peu tôt pour dévoiler cette facette si attachante de sa personnalité. Elle trouve déjà qu'il sait beaucoup de choses sur elle. C'est bien le problème quand on accepte de sortir avec son médecin. *Alors un peu à vous de vous raconter, docteur ; et faites-moi confiance*, pense Claire, *je ne suis pas mauvaise pour faire parler les gens.* Elle ne souhaite pas lancer un banal « parlez-moi un peu de vous » ni se mettre à revenir sur sa propre histoire. Il en a déjà bien trop entendu. Alors elle se met à parler de tout, de rien, du tableau qu'elle a remarqué tout à l'heure, de cette ville qui regorge de trésors cachés et de témoignages historiques, des ris de veau qu'elle est en train de déguster. Elle se laisse même aller à la faire, sa blague sur Abba. Mais elle constate que Sébastien ne se livre pas beaucoup. Il faut dire qu'elle ne lui en a pas laissé beaucoup le temps. Pour une enquêtrice de choc, la première partie de l'interrogatoire est plutôt mal barrée. Et puis après deux verres d'un excellent saint-amour, elle revient malgré tout sur une question qui la taraude.

— Mais dites-moi, Sébastien, pourquoi vous investissez-vous avec tant d'énergie dans ces groupes de parole ? Ils ont tous l'air de très bien vous connaître. J'avais l'impression… Ne le prenez pas mal, hein, n'oubliez pas que je suis encore dans un schéma un peu caricatural… Eh bien, j'avais l'impression que vous étiez pour eux une sorte de gourou… Je sais, c'est crétin, mais bon, au point où j'en suis, autant vous dire ce que je pense, non ?

Sébastien ne dit rien, il boit un peu de vin, repose son verre, regarde bien au-delà de l'épaule de Claire, semble chercher quelque chose, ou quelqu'un. *Allô, docteur, je suis là*, pense Claire, *juste devant vous, la blonde qui vient de déclarer un truc pas très sympa à un type par qui elle aimerait être séduite.*

— Eh bien, Claire, c'est parce que je sais à quel point la parole peut être salvatrice et le silence destructeur. J'ai aidé plus de patients grâce à ces réunions qu'avec des antidépresseurs. En tout cas, le plus souvent grâce à un subtil équilibre entre les deux. Et puis on a tous des choses à raconter, on a tous vécu des histoires pas très gaies, des épisodes marquants qui ressurgissent parfois à la faveur d'émotions intenses ou de périodes difficiles... Mais ne gâchons pas notre déjeuner, pour ma part je ne prendrai pas de dessert et je ne saurais pas vous en conseiller (Sébastien sourit), mon rôle de gourou n'allant pas jusqu'à imposer de régime particulier à mes adeptes. Mais si le cœur vous en dit...

Le café s'est éternisé, Claire n'a plus envie de retourner au commissariat. Ils sont à présent seuls dans le restaurant lorsque le serveur apporte la note, presque en s'excusant. Sébastien s'empare d'autorité de l'addition et se lève pour aller payer. En remettant son manteau, Claire sent que le moment va être délicat. Elle vient de vivre les deux heures les plus agréables qu'elle ait passées depuis bien des années, même si elle doit avouer que, côté « instants de bonheur », la concurrence n'était pas très rude ces derniers temps. Elle s'en veut de se sentir aussi mièvre, pire qu'une jeune fille à son premier rendez-vous. Lorsqu'ils sortent du restaurant, Sébastien la raccompagne à sa voiture. Elle lui tend la main tout en se maudissant pour ce geste si distant mais, au même moment, il se penche vers elle pour l'embrasser. Sur la joue ou sur les lèvres, elle ne le saura jamais, car de toute façon, elle vient de décider qu'elle était prête pour une aventure. Qu'importe si elle le connaît à peine, et même si elle a bien conscience qu'en matière de choix des hommes elle serait plutôt à la dérive. Elle l'embrasse tout en se disant qu'elle ne pourra jamais faire pire qu'avec son ex-mari.

Lorsque la voiture de Claire s'éloigne, Sébastien se sent heureux, il y a eu dans ce baiser une intensité incroyable, presque désespérée. Peut-être que cette fois-ci il pourra essayer de construire quelque chose, peut-être que cette fois-ci ce sera possible. Mais le répit ne dure que quelques secondes. Il sent monter, du fond de son âme, un sentiment amer qu'il reconnaît aussitôt et, avec lui, la certitude qu'il ne sera pas en paix.

La créature est à la fois grotesque et terrifiante, ses yeux sont rouges et un rictus en forme de sourire laisse entrevoir des rangées de dents noires et pointues. Elle semble penchée sur le corps d'un enfant, un petit garçon sans doute, car il porte un pantalon et, du flanc de ce monstre s'échappe un flot de sang rouge vif qui macule le visage du garçonnet et semble vouloir le recouvrir.

Le dessin est maladroit, mais l'effet qu'il produit sur le Dr Patrick Wiltzer est d'une force incroyable. Il ne pensait pas qu'en donnant à l'enfant la possibilité de porter sur le papier ses pensées les plus profondes il l'amènerait à un tel débordement de violence. Il l'a installé seul, dans une petite salle, avec un paquet de feuilles blanches et une boîte de crayons de couleur, puis il lui a parlé, doucement, misant sur la confiance que ses multiples entretiens ont pu installer entre eux.

— Voilà, Sébastien, je voudrais que tu dessines quelque chose, je voudrais que tu dessines ce que tu veux, ce dont tu as envie. Si tu es d'accord, je vais te laisser ici pendant le temps que tu voudras et, quand tu auras fini, si tu veux tu pourras me montrer tes dessins. D'accord ?

Sébastien avait acquiescé d'un petit signe de tête, presque imperceptible, et s'était mis à crayonner aussitôt. Le Dr Wiltzer n'était revenu qu'au bout d'une heure, s'inquiétant de ne pas voir réapparaître le jeune garçon. Et lorsqu'il était retourné dans la pièce, Sébastien était parti en laissant trois dessins sur la table. Le premier avait paru assez anodin au médecin. Une maison grise perdue dans une forêt emplie d'arbres aux branches noires comme l'ébène et atrocement tordues, comme brûlées par un feu ardent. Un soleil stylisé, sans couleur, planté dans un petit coin de la feuille. Pas gai, certes, mais pas surprenant quand on connaissait la situation de l'enfant. Mais dès le deuxième dessin, Wiltzer avait su que le petit garçon avait décidé de lever le voile sur une partie de son douloureux traumatisme. On y voyait une grande dame blanche, au visage dénué de regard, qui tendait des bras démesurés vers une porte entrouverte dans l'ombre de laquelle on apercevait deux yeux ronds, comme agrandis par la peur. Derrière la femme, sur le sol, on apercevait une sorte d'épée dont la lame avait été coloriée en rouge avec une rage telle que le papier avait fini par se déchirer. Et puis enfin, il y avait son dernier dessin, celui avec le monstre qui terrorisait un garçonnet et semblait y prendre un plaisir sadique. Plus le médecin regardait cette feuille, plus il avait la certitude que sa théorie était juste. Il devait maintenant en discuter avec Sébastien. Il allait devoir faire preuve de toute la prudence et de toute la douceur dont il se savait capable mais, malgré cela, il savait que le risque de voir à nouveau son jeune patient s'enfermer dans le mutisme était énorme.

En ouvrant la porte de la chambre, il entendit aussitôt les sanglots qui s'échappaient du lit. Sébastien s'était enfoui sous les draps et la couverture s'agitait au rythme des pleurs et des hoquets. Patrick Wiltzer s'approcha du lit, sans bruit, et décida de s'y asseoir. Il posa alors la main sur la couverture et dit, avec une immense bienveillance :

— J'ai vu tes dessins, Sébastien, nous devrions en parler, tous les deux. Tu sais que je suis ton ami et que je peux te protéger. Je peux te protéger des choses que tu as vues. Mais tu dois me dire qui sont les gens que tu as dessinés. Tu dois me le dire pour que je puisse t'aider.

Les pleurs avaient cessé lorsque la voix du médecin s'était élevée. Il y eut d'abord un long silence puis une voix se fit entendre, une voix misérable où se mêlaient de la peur, du désespoir et un chagrin infini :

— Je ne peux pas vous le dire, je ne peux pas. Si je vous le dis ce sera fini, je serai tout seul, pour toujours.

Patrick réfléchit avec intensité. Il ne doit pas rompre le lien, il sait pouvoir arriver à quelque chose mais

*il doit veiller à ce que l'enfant lui fasse confiance.
Il décide de le laisser sous ses couvertures, sachant
que cette protection symbolique l'aidera sans doute à
exprimer ses craintes et, surtout, à lui dire qui était
ce monstre ricanant.*

*— Je sais déjà qui est la dame blanche, Sébastien,
je le sais parce que je connais ton histoire. Je sais
aussi que tu te sens responsable de ce qui est arrivé
à ta maman, mais je veux te dire que rien de tout cela
n'est ta faute. Tu n'es qu'un enfant et tu ne pouvais pas
aider ta maman. Ce qu'elle t'a demandé était bien au-
delà de tes forces, au-delà de ton amour pour elle. Tu
n'es pas responsable de ce qui lui est arrivé... Pas plus
que tu n'es responsable de ce qui est arrivé à ta sœur.*

*Les sanglots ont repris avec plus de force encore,
ce sont maintenant des cris déchirants qui s'échappent
du lit. Le corps du garçon est agité de soubresauts
terribles.*

*— Qui est le monstre que tu as dessiné Sébastien,
qui est cette chose qui te fait tant de mal ? C'est ta
sœur, n'est-ce pas, c'est elle ? Si c'est elle, tu dois
me le dire, Sébastien, tu dois le faire, maintenant !*

*Les soubresauts s'arrêtent, et l'enfant se met alors
à hurler. Un long cri, comme une plainte d'animal
blessé, un hurlement déchirant qui glace le sang du
praticien. Puis soudain, très vite, comme si on lui
arrachait les mots, littéralement, de la gorge :*

*— Oui, c'est Valérie, Valérie ! Elle va me faire du
mal maintenant... Je ne verrai plus ma maman, plus
jamais, elle l'a juré.*

*Sous les draps, le corps de l'enfant s'affaisse
comme s'il avait lâché prise, comme si, d'un seul coup,
il s'était enfoncé dans le matelas. Il n'y a bientôt plus*

dans la chambre qu'un silence de plomb entrecoupé encore de petites plaintes à peine audibles. Le médecin est partagé entre l'excitation d'avoir obtenu ce qu'il cherchait à prouver et la crainte des répercussions que cela pourrait avoir sur son jeune patient. Mais il sait que, en tout état de cause, l'éloigner des perversités de sa sœur ne peut être que bénéfique. Il pose alors avec douceur sa main sur la couverture, puis devinant les épaules de l'enfant, se met à les caresser dans un geste de réconfort. Il sent pourtant toutes les tensions qui raidissent le petit corps, ses épaules, ses bras, tout est dur, comme de l'acier.

Et lorsque le médecin se décide enfin à soulever les draps, il a une vision terrible, suffocante. Il sait, à ce moment précis, qu'il gardera cette image de l'incarnation brute de la douleur et de l'angoisse, gravée au fond de sa mémoire, toute sa vie. Une immense tache de sang rougit les draps blancs sous l'abdomen de Sébastien. L'enfant, terrorisé et haletant, se mord les lèvres afin de contenir la douleur. Il s'est déchiré le ventre avec ses ongles et une plaie profonde laisse échapper un sang écarlate qui se répand autour de lui. Alors qu'il prodigue les premiers soins à l'enfant tout en appelant désespérément les infirmières, Patrick Wiltzer comprend que les ravages psychologiques auxquels a été exposé Sébastien sont encore pires que ce qu'il avait pu imaginer. Tout en comprimant la plaie sur le ventre du petit garçon, il se maudit de n'avoir pas pu, de n'avoir pas su réagir plus tôt.

Chapitre 13

En repassant au bureau dans l'après-midi, Claire a croisé quelques membres de l'équipe. Cette fois encore, tout comme ce matin, elle a eu droit à des sourires, et un ou deux « Bonjour, commissaire » ont même résonné dans le grand hall. Il suffit de bien peu de chose, se dit-elle, amusée. Un dîner, un discours, quelques mots et un peu de proximité... Mais elle sait aussi que tout cela est fragile et que le moindre faux pas peut rompre le nouvel équilibre qu'elle a su trouver avec eux. Dans le couloir qui la mène à son bureau, elle croise Romain et échange avec lui un regard complice. Elle sait que pour l'instant elle peut compter sur sa discrétion concernant son petit numéro de la veille. Elle aimerait bien éviter d'avoir comme surnom la « reine de la gâchette » ou l'« agitée du 9 mm ». Claire s'assoit à son bureau et regarde sur son agenda ses rendez-vous du jour. Mais elle n'arrive pas à fixer son regard, et ses pensées reviennent toujours vers la même chose, et la même personne. Elle n'en revient pas d'avoir embrassé ce toubib ; ce ne sont tout de même pas trois verres de vin, quand bien même serait-ce du « saint-amour »,

121

qui l'ont amenée à se comporter comme une ado.
Certes, Sébastien Venetti est séduisant. OK, elle a
besoin d'une épaule si elle ne veut pas s'effondrer.
D'accord, il lui a démontré qu'il souhaitait et qu'il
pouvait l'aider. Mais ce n'est tout de même pas une
raison pour lui rouler une pelle à la sortie du resto !

Claire a envie de l'appeler pour lui dire qu'elle est
désolée, qu'elle ne sait pas ce qui lui a pris, que tout
cela n'a pas de sens et qu'ils feraient mieux de ne
pas se revoir. Mais elle ne le fait pas. Elle ne le fait
pas parce qu'elle a l'impression qu'ils ont encore des
choses à partager, à s'apporter. Bien sûr, à en juger
par son mariage, ses intuitions en matière d'homme
devraient l'inciter à la plus grande prudence, mais
elle ne veut plus être seule, elle n'en peut plus de
cette froide solitude peuplée de souffrances et baignée
d'amertume, de ces affreuses et interminables soirées à
attendre un sommeil qui ne vient pas et qui trop souvent est remplacé par les douleurs aiguës de migraines
épouvantables. D'ailleurs, elle n'a pas eu de maux
de tête depuis près de trois jours. Elle ne se souvient
plus d'avoir connu un tel répit depuis bien longtemps.
Alors si Sébastien Venetti, à défaut d'être un gourou,
peut la guérir en l'embrassant sur les lèvres, elle ne
voit pas pourquoi elle se passerait de ses services !

Elle revient sur son agenda et parcourt les lignes de
ses journées ordinaires, mornes et scintillants reflets
électroniques de la délinquance quotidienne et de la
violence moderne des cités. Elle ressort le dossier pour
lequel elle veut frapper un grand coup. Son passage
au ministère lui a appris que la presse et l'opinion
publique ne sont sensibles qu'aux affaires qui se voient
et qu'aux choses qui brillent. Elle a donc décidé de

faire cesser un trafic de stupéfiants qui, bien qu'assez humble pour l'instant, ronronne avec un peu trop de tranquillité à son goût. Elle a tout dans ce dossier, les noms, les planques, les clients habitués. Il ne manque que celui du fournisseur mais elle espère que, après avoir embarqué et interrogé tout ce petit monde, elle arrivera bien à en faire craquer un ou deux. Ils interviennent demain à l'aube, heure à laquelle les trafiquants sont censés se reposer d'un labeur acharné. Cela veut dire que demain, à 4 heures, elle réunit tout le monde pour une dernière répétition, et qu'elle va devoir très vite trouver le sommeil ce soir. Et elle ne sait absolument pas comment elle va y arriver avec ce visage au demi-sourire si doux qui flotte devant ses yeux en permanence.

Elle sursaute quand on frappe à la porte de son bureau. Elle se lève pour ouvrir et découvre Maria. Claire la fait entrer et lui propose de s'asseoir.

— Non, non, c'est pas la peine, commissaire, je voulais juste vous voir pour vous dire qu'hier soir au dîner, vous avez hyper assuré. C'était pas gagné pour vous, je veux dire, une femme, une Parisienne, le ministère, votre histoire personnelle... Eh bien tout ça a été balayé par votre discours. Vous avez maintenant une équipe prête à se battre pour vous, moi la première.

Maria repart comme elle est arrivée, sans que Claire puisse répondre quoi que ce soit à cette surprenante déclaration. Pas même la remercier pour ces quelques mots qui ont sur elle un effet presque euphorisant. Elle savait qu'elle avait marqué des points, mais elle ne pensait pas qu'elle pourrait en mesurer l'impact aussi vite. Chère, très chère Maria, voilà une intervention qui tombe à point nommé. À l'heure où Claire doit prendre une décision, ce genre de soutien lui donne l'envie de tenter quelque chose. Alors, quitte à risquer un truc un peu hasardeux, elle décide de continuer l'aventure avec Sébastien Venetti. Elle ne l'appellera pas pour lui dire que tout cela est absurde, inutile. Elle pose son téléphone portable sur le bureau, bien résolue à répondre avec une précipitation mesurée au prochain coup de fil du toubib.

Chapitre 14

La femme en blouse blanche observe l'adolescente alitée dans sa chambre d'hôpital. La jeune malade est très pâle et sa respiration est saccadée. Samantha est arrivée il y a trois jours dans le service. Elle souffre depuis deux ans d'une grave insuffisance rénale et, en attendant une greffe hypothétique, elle trimballe une vie en sursis, entre deux dialyses. Mais depuis quelques jours, elle va encore plus mal. C'est son médecin, le Dr Sébastien Venetti, qui l'a fait hospitaliser en urgence. Il passe la voir chaque jour et ce matin, il a réajusté son traitement. Il fait le maximum pour que son dossier de greffe soit traité avec toute l'urgence nécessaire au regard de l'aggravation de son état. Il est resté longtemps au chevet de la malade, lui a caressé les cheveux, lui a parlé, avec douceur, de tout, de rien, de ce qu'elle fera quand elle sera guérie, de sa nouvelle vie après la greffe, de son petit frère qui va bientôt entrer au collège. Le médecin connaît bien Samantha, elle est dans la même classe que Léa, sa fille aînée. Elles ne sont pas vraiment amies, mais il est arrivé pourtant que la jeune fille passe à la maison avec d'autres copines. Les adolescentes ont pour elle,

125

comme souvent pour les enfants malades, une forme d'attention permanente, mélange de compassion, de pitié et de crainte. Sébastien Venetti en a parlé à ses filles, il a abordé, avec toute la franchise possible mais une nécessaire prudence, la maladie de Samantha, expliquant que son sang n'était plus nettoyé par son organisme, qu'il fallait une machine pour le faire et qu'il faudrait un rein pour que son corps fonctionne à nouveau normalement. Il leur avait aussi dit qu'un rein, c'était difficile à trouver. Léa, avec tout l'enthousiasme et la générosité qui caractérisent les enfants en général et sa fille en particulier, avait proposé d'offrir le sien. Juliette, dans une sorte de surenchère formidable, avait quant à elle proposé d'offrir « tous ses reins » pour sauver la jeune fille. Sébastien avait dû alors leur expliquer que ce n'était pas si simple et que le corps humain n'était pas une voiture. Qu'il fallait aussi que le donneur et le receveur soient « compatibles ». Laissant alors planer le mystère sur ce dernier mot, il avait annoncé avec solennité que l'heure tardive était, quant à elle, tout à fait compatible avec celle d'aller se coucher pour deux jeunes filles ayant école le lendemain.

Il est tard quand la femme en blanc entre et s'assoit près du lit. Maintenant elle regarde la jeune fille, elle chuchote, se penche vers elle, réajuste la perfusion qui distribue, goutte par goutte, les médicaments indispensables à sa survie. Elle attrape le clipboard fixé à la tête du lit et se saisit de la fiche que le médecin a complétée, amendée avec précision de son écriture fine et millimétrée, étonnamment lisible. Elle regarde avec attention la prescription qu'il a indiquée puis elle sort une feuille et un stylo Bic noir, identique à celui qu'utilise Venetti. Elle trace alors sur cette feuille blanche les mêmes mots que ceux qui recouvrent la fiche de Samantha, elle reprend avec méticulosité l'exercice, quatre fois, cinq fois, s'appliquant à donner à ses propres mots la forme singulière de ceux du médecin. Au bout de quinze minutes elle semble satisfaite et se saisit alors de la feuille de la patiente. Elle la regarde encore avec attention et trace sur le document des mots qui s'inscrivent avec harmonie à la suite de ceux qui y sont déjà écrits. Elle scrute la fiche, semble satisfaite et la replace sur le cadre du lit. Elle sort de la poche de sa blouse blanche une ampoule qu'elle pose sur la table. Elle le sait, l'infirmière qui viendra se charger d'appliquer la prescription ne se rendra compte de rien. Elle sait aussi que les modifications qu'elle a apportées n'éveilleront pas la curiosité ni le doute chez la soignante. Il lui a fallu, à elle, beaucoup de recherches sur Internet et de longs échanges avec des pharmaciens pour arriver à obtenir ce qu'elle voulait. C'est fou ce que l'on peut obtenir des gens, par un simple coup de téléphone en se faisant passer pour une journaliste ou une étudiante. Et aujourd'hui, elle est on ne peut plus satisfaite de ce qu'elle a obtenu. Demain matin, la jeune fille aux longs cheveux châtains qui somnole entre ses draps blancs sera morte. Demain, quand le médecin reviendra voir sa patiente, il sera trop tard, bien trop tard. Rien ne pourra la faire revenir à la vie et pourtant l'infirmière n'aura fait que suivre les indications portées sur la fiche.

La femme se lève, son visage est dur, sec, ses cheveux blonds sont tirés en arrière et cela renforce encore sa sévérité. Elle caresse avec douceur le visage de Samantha, remonte le drap sur le corps de l'adolescente et se dirige vers la porte de la chambre. Au moment où sa main se tend vers la poignée, elle se tourne vers le lit et sur ses lèvres se dessine un étrange sourire. Tout le reste de ses traits est figé dans une sorte de masque inquiétant. Seules ses lèvres se sont étirées et ont fini par former ce grotesque et inquiétant rictus. Une grimace qui n'a pour unique raison d'être que la satisfaction de nuire et l'accomplissement de la vengeance. Elle referme la porte sur le silence, l'austérité et la solitude de la chambre d'hôpital, elle la referme sans hésitation sur la fin prochaine et inéluctable d'une vie à peine commencée. Elle la referme sur la mort.

Léa

Papa sifflait à nouveau ce matin quand il s'est levé !
Mais ce n'était pas du Haendel, cette fois c'était du
Bach. C'était plus gai, même si moi je trouve qu'il y
a toujours quelque chose d'infiniment profond, sérieux,
un truc qui touche l'âme et le cœur chez Bach, quelque
chose de mystique, quelque chose de Dieu, quoi… Bon
là, je répète mot pour mot ce que dit mon professeur
de piano, mais je crois que je suis d'accord avec lui.
Cette fois-ci je ne vais pas laisser papa s'en sortir.
J'attaque de front :

— Allez, papa, ça va, la dernière fois que tu t'es mis
à siffler du matin au soir, tu avais rencontré quelqu'un.
Alors cette fois-ci, comment ça s'est passé ? Vous aviez
le même pull ?

Je sais, comme entrée en matière, c'est pas terrible,
mais la tristesse et peut-être même la peur sont là et,
malgré ma volonté d'être le plus ouverte possible, je
sens déjà le spectre de la jalousie et de l'égoïsme
fondre sur moi à bras raccourcis. Papa me regarde avec
un peu de surprise mais sans colère. Il pose son étui
d'ordinateur, s'approche de moi et m'entraîne vers le
canapé, m'embrasse, ébouriffant mes cheveux.

— Mademoiselle Venetti, vous êtes bien curieuse. Et quand bien même aurais-je rencontré quelqu'un, serais-je obligé de vous en reparler ?

Je secoue la tête, de haut en bas, de manière tout à fait sentencieuse et légèrement grandiloquente.

— D'accord, Léa, elle s'appelle Claire, je ne la connais pas depuis très longtemps, mais je crois qu'elle te plairait beaucoup. En tout cas moi, elle me plaît. Tu veux que nous en parlions maintenant ? Mais que fait Juliette ?

OK, il est amoureux. Est-ce que tous les hommes sifflent quand ils sont amoureux ou bien est-ce que c'est réservé aux médecins veufs qui ne veulent pas faire de peine à leurs petites filles ? Et je ne sais pas où est Juliette, la dernière fois que je l'ai vue elle était en train de fouiller les placards de la cuisine pour trouver de quoi donner à manger à Mille Sabords. Je lui ai dit que, *primo*, ce perroquet était un sumo et qu'il fallait arrêter de lui donner à manger toute la journée, et, *secundo*, que les graines étaient comme d'habitude sur l'étagère de l'entrée. Juliette a continué de fouiller dans le placard tout en me répondant quelque chose à propos de la « nullité » des graines. Je m'apprête à répondre à papa lorsque son portable se met à sonner. Il me fait un petit signe du genre « ça ne va pas durer longtemps », avant de porter l'appareil à son oreille. Il dit juste « oui » et puis je vois, peu à peu, son visage s'affaisser, il ferme les yeux et secoue la tête de droite à gauche.

— Oui, j'arrive tout de suite, bien sûr... Mais qu'est-ce qui s'est passé, bon Dieu ? OK, je suis là dans dix minutes !

Il se relève et je vois une tristesse immense dans son

regard. Je voudrais pouvoir le consoler, le serrer contre moi et effacer sa peine, mais je sens qu'il y a quelque chose de définitif dans ce chagrin, que la raison pour laquelle mon père est soudain devenu l'image même du désarroi ne peut être abolie par l'amour que j'ai pour lui, si fort et débordant soit-il. Il part en me disant de ne pas m'inquiéter. Bien sûr, facile à dire... À moi maintenant d'expliquer à Juliette pourquoi, ce matin, ce n'est pas lui qui nous emmène à l'école. Même si l'école et le collège ne sont qu'à dix minutes à pied, c'est toujours papa qui nous emmène, ça fait partie des petits rituels qui soudent notre famille. Je descends d'abord la première de la voiture, j'ouvre la porte à Juliette et m'assure qu'elle ne se précipite pas sur la première voiture qui passe, nous nous regroupons sur le trottoir et l'une après l'autre nous embrassons notre père avant de nous engouffrer sous le vaste porche de l'établissement. Mais ce matin il n'y aura pas de rituel, et la dernière image que j'ai de papa est celle d'un homme perdu qui avance comme un automate vers la porte du garage.

Le garçon a 10 ans maintenant. Il joue dans le jardin avec une curieuse poule naine dont les pattes sont recouvertes de plumes ébouriffées et colorées. On a l'impression que le petit animal a enfilé d'étonnants après-ski. L'enfant a, dans la main droite, une poignée de graines qu'il s'amuse à disperser près de lui pour regarder la poule lui tourner autour, partagée entre sa crainte atavique de l'homme et sa faim irrépressible. Le volatile court, s'arrête, lance une attaque flash contre une graine avant de s'enfuir aussi vite que ses petites pattes emplumées le lui permettent.

Au bout d'une demi-heure, le jeu semble avoir perdu toute forme d'intérêt pour le garçon qui se relève et se précipite vers la maison. C'est une demeure cossue d'une banlieue chic de l'Ouest parisien. Grand jardin, grande allée qui serpente depuis le portail, de la rue jusqu'au parking derrière la villa. Ses parents sont absents, son père et sa mère travaillent beaucoup mais ils entourent leur fils adoptif de toute l'affection et de tout l'amour qu'ils ont mis en réserve pendant ces longues années d'attente, avant de pouvoir, enfin, accueillir un enfant dans leur foyer. Le lourd passé du jeune garçon, les terribles épreuves qu'il a traversées n'ont pas entamé leur envie. Ils aiment cet enfant comme s'ils l'avaient conçu et ont pour lui une adoration absolue. Mais aujourd'hui, en cette chaude journée d'été, en ce début de vacances scolaires, le jeune garçon s'ennuie. Son stage d'équitation ne commence que dans trois jours, et ils ne partiront à Biarritz que dans deux semaines.

Il descend vers la grille du portail, se cache dans les bosquets, sautant d'un abri à l'autre pour ne pas être vu par d'hypothétiques voleurs. Il a développé une aptitude saisissante au camouflage et connaît les moindres recoins et cachettes du parc. Il fait souvent tourner sa mère en bourrique et s'amuse de la voir s'époumoner pour le convier à dîner. Il lui a déjà dit pourtant : « Tu dois regarder attentivement dans le jardin, maman, observer, bien détailler chaque endroit, chaque cachette ; je laisse toujours un indice pour que tu puisses me retrouver. » Mais c'est sans enthousiasme et très agacée que sa mère lui explique qu'elle a autre chose à faire et qu'elle se contenterait assez bien qu'il vienne quand elle l'appelle.

Il est maintenant à une vingtaine de mètres du portail et décide de rejoindre un de ses points d'observation stratégiques, le grand magnolia. Un véritable ami dont le ramassage des feuilles lui permet de gonfler un peu plus son argent de poche et dont les branches solides forment un escalier naturel vers une vue imprenable sur tout le jardin et même au-delà. C'est juste au moment où il s'apprête à bondir qu'il remarque la silhouette adossée à un des piliers du portail. La personne ne bouge pas, elle observe la maison, la tête tournée vers les hautes fenêtres du premier étage. Elle est habillée *d'un long manteau bien peu adapté au chaud soleil d'été et porte des lunettes noires qui lui mangent le visage. Le garçonnet ne distingue pas ses traits à cette distance, mais il se rend compte que l'inconnue est en train de scruter la maison avec attention et constance. Il pense alors qu'il devrait rentrer, appeler ses parents. Il a tous les numéros près du téléphone et papa et maman ont été clairs : « Nous te faisons confiance, à ton âge tu peux rester tout seul un après-midi mais, à la moindre chose inhabituelle, tu n'hésites pas, tu nous appelles immédiatement. Et si tu n'arrives pas à nous joindre, tu laisses un message au bureau et tu contactes M. Cordier, le voisin. C'est le vieux monsieur que tu connais, il viendra tout de suite. »*

Alors oui, bien sûr, il pourrait rentrer et téléphoner, ce serait le plus raisonnable, le plus sage... Mais il peut aussi saisir la formidable opportunité qui lui est offerte de tester pour de vrai sa capacité à se rendre invisible et à voir sans être vu. Et pour un garçon de 10 ans, ce choix n'en est pas un. Il prend une grande inspiration, jette un bref coup d'œil à la silhouette qui n'a pas esquissé le moindre geste depuis quelques minutes et se met à ramper avec l'agilité d'un Sioux vers le large tronc du magnolia. Il n'en est plus qu'à quelques mètres lorsqu'il s'immobilise. Il sait qu'il va devoir opérer la partie la plus risquée de la manœuvre. Rejoindre le tronc en terrain presque découvert et grimper preste-ment sur la première branche de l'arbre. Celle qui se trouve à presque un mètre du sol. Et tout cela dans le silence le plus complet et la discrétion la plus absolue. Il se tourne vers le portail. L'inconnue ne regarde pas dans sa direction. C'est maintenant ou jamais. Il se jette au pied de l'arbre dans une sorte de cabriole qui ressemble un peu à celle que ses héros préférés des dessins animés japonais exécutent avec élégance. Essoufflé, il a encore un regard vers le portail auprès duquel la silhouette est restée immobile. Elle ne semble pas avoir remarqué sa présence. Il se saisit alors avec fermeté de la branche et commence à grimper dans l'arbre.

Il est presque arrivé au sommet, sur sa branche préférée, celle sur laquelle il sait avoir le meilleur poste d'observation. Cette grosse branche si familière depuis laquelle il arrive même à distinguer, se dessinant derrière les rideaux de leur chambre, les silhouettes diaphanes et filiformes des deux petites voisines lorsqu'elles se préparent pour aller se coucher. Il n'a pas encore eu le courage de voler les jumelles de son père pour pousser un peu plus loin ses investigations, mais il sait que ce n'est qu'une question de temps.

Bien installé à son poste d'observation, il se risque à lever la tête pour épier l'étrange visiteuse. Au moment même où son regard se porte sur elle, il s'aperçoit avec effroi que l'inconnue a le visage exactement tourné vers lui. Le pouls de Sébastien s'accélère et il regarde, tétanisé par la peur, la jeune femme ôter ses lunettes, redresser encore son visage vers lui et commencer à lui sourire. Il n'a plus vu ce sourire, ce masque dénué de toute forme de joie ou d'affection, depuis trois longues années, mais il connaît son exacte signification. Tout en continuant à le fixer, la jeune fille ouvre son manteau puis lève un poing fermé vers l'enfant, et le maintient en l'air quelques instants pour être certaine que le jeune garçon puisse le voir, puis soudain, elle abat sa main avec une violence inouïe contre son bas-ventre. Elle baisse la tête sous le choc, reste immobile pendant une dizaine de secondes qui paraissent une éternité, puis relève la tête. Sur son visage s'affiche avec insolence le même sourire froid. Le garçon peut toutefois distinguer, à travers ses propres larmes, celles qui coulent aussi sur le visage de la jeune femme.

Pouvant à peine respirer, le cœur battant comme un tambour de guerre, le garçon saute avec précipitation de branche en branche, manquant dix fois de chuter, puis se rue vers la maison. Il ne se retourne pas avant d'avoir claqué la lourde porte d'entrée puis fermé à double tour et vérifié que tous les accès sont bien verrouillés. Il court de porte en porte, vérifie chaque fenêtre, submergé par une angoisse qui l'empêche presque de penser. Il se dirige ensuite en tremblant vers le téléphone, commence à composer le numéro de son père puis laisse retomber le combiné sur son socle dès la première sonnerie. Il s'assoit par terre et pleure sans pouvoir s'arrêter. Elle l'a retrouvé maintenant, elle l'a retrouvé et il ne peut rien dire. Il ne dira rien parce que sinon ce sera encore pire. Il se tait parce que, sinon, tout le monde saura.

Chapitre 15

La petite fille qui partageait la chambre d'Hassan a quitté l'hôpital ce matin. Mais elle a laissé un dessin à son colocataire. « C'est un portrait de toi, lui a-t-elle dit fièrement, mais c'est toi quand tu ne seras plus malade, hein. » Le garçon regarde le portrait. Elle l'a dessiné souriant, en train d'embrasser ce qu'il croit être tout d'abord un ballon de foot avec des couettes, avant de s'apercevoir qu'il s'agit là d'une tentative d'autoportrait de la jeune artiste. Il laisse retomber la feuille de papier, et un sourire se dessine avec lenteur sur son visage. Il est si fatigué après cette nuit terrible, sans fin, pendant laquelle il a été consciencieusement réveillé, toutes les heures, par l'infirmier qui venait lui administrer ses aérosols. Lorsqu'il ferme les yeux, il a encore l'impression d'entendre le vrombissement caractéristique de la pompe à oxygène qui lui a insufflé, sans relâche, le seul produit capable de le soulager. Ce matin il respire mieux mais il continue à être alimenté en oxygène par deux minuscules tuyaux qui lui entrent dans les narines. Le médecin appelle ça des « lunettes », et Hassan se demande bien pourquoi, parce que, bon, il ne risque pas de mieux voir avec ce

137

drôle d'engin. Mais il pense surtout à sa grande sœur Yasmine. De toute façon ici, seul dans sa chambre, à part regarder la télé, il n'a rien d'autre à faire que penser et penser encore. Il a l'impression de l'avoir perdue ces derniers temps. Il ne la reconnaît pas. Lui, il se souvient des fous rires, des joies intenses qu'ils ressentaient, tout petits, partageant leurs jeux absurdes et leurs jouets cassés. Pourtant aujourd'hui elle ne lui parle plus, d'ailleurs elle ne dit plus rien à personne et Hassan ne sait pas pourquoi. Ce qu'il sait, au fond de lui, c'est qu'elle est très malheureuse et qu'il faut faire quelque chose. Il l'a dit à sa mère mais elle lui a répondu que tout allait bien, qu'il ne fallait pas en parler… Fatigué, il décide de mettre ses neurones au repos et se saisit de la télécommande. Avant de mettre sa chaîne préférée, il se demande si le Dr Venetti va venir le voir aujourd'hui. Normalement il viendra, parce que chaque fois qu'il est allé à l'hôpital le médecin était là tous les jours. Il se demande s'il ne devrait pas lui parler de sa grande sœur. Il allume la télé et aussitôt ses yeux se perdent dans une déferlante d'images colorées qui bientôt l'entraînent dans une torpeur profonde.

La femme regarde l'enfant à travers le petit hublot de la porte de sa chambre. Elle regarde le visage de ce garçon qui s'endort et elle ne ressent rien. Aucune compassion, aucune tendresse, pas même de l'apitoiement, rien. Qui en a eu pour elle d'ailleurs, lorsqu'elle s'est retrouvée seule, virée de toutes les familles d'accueil, errant de foyer en foyer, entourée de gosses complètement paumés, de travailleurs sociaux au mieux débordés, au pire indifférents ? Elle n'aime pas se souvenir de cette période et, lorsqu'elle y pense, elle est envahie par la colère. Lorsqu'elle y pense vraiment, elle revoit de façon systématique le visage de l'homme qui était censé la protéger, l'écouter et soulager sa peine. Elle revoit le bureau dans lequel il recevait les enfants « à problèmes ». Ceux qui comme elle, comme tous les autres n'arrivaient plus à surmonter des traumatismes bien trop lourds à porter pour des adolescents et se réfugiaient dans la violence ou les hurlements. Elle voit avec précision le sourire de cet homme en qui elle avait pu mettre le peu de confiance qui lui restait dans les adultes. Elle l'entend presque encore, l'inviter à venir plus près pour lui confier sa peine et ses secrets, pour partager ce mal-être qu'elle se traîne depuis si longtemps. Elle sent alors ses bras entourer son corps et puis elle se rend compte que les gestes de cet homme n'ont plus rien à voir avec ceux du réconfort. Elle regarde ses grandes mains d'adulte détruire le peu d'amour qui lui restait en réserve. Elle suffoque presque. La peur, une peur indicible l'empêche de crier, de se débattre, elle ne contrôle plus rien, elle est comme une poupée. Comme cette marionnette désarticulée avec laquelle elle jouait, avec son petit frère, et qu'ils s'amusaient à laisser traîner dans des positions absurdes au milieu du salon ou sur la table de la cuisine. Elle n'est plus qu'une pauvre marionnette entre des mains qui lui semblent gigantesques, elle n'a pas plus de volonté ni de résistance que ce morceau de tissu, de plastique et de coton. Et puis soudain, elle ouvre les yeux et regarde la table. Elle décide qu'on ne lui fera plus de mal, plus jamais. C'est à ce moment précis qu'elle sait qu'elle ne laissera plus personne la faire souffrir. Elle aperçoit la paire de ciseaux, juste là, devant elle, de gros ciseaux pointus avec lesquels l'homme à l'habitude de découper les cartons de jouets et de vêtements qu'il reçoit parfois pour les enfants. Il est trop absorbé par ce qu'il est en train de lui faire pour s'apercevoir que la jeune fille s'est emparée des ciseaux. Elle les tient maintenant avec ses deux mains et les lève avec application au-dessus de sa tête dans un geste que son agresseur prend pour un encouragement à aller plus loin. Perdu dans ses pulsions, il ne voit pas le regard étrange de l'adolescente, il ne remarque pas qu'elle ne pleure plus et que l'abandon et la peur ont laissé la place à une froide détermination. Avec une force et une rage incroyables, elle abat les ciseaux sur la cuisse de l'homme et regarde avec stupéfaction la lame s'enfoncer dans la chair sans vraiment se voir offrir de résistance. L'homme hurle avant de s'effondrer sur le sol. Elle a encore son arme improvisée dans les mains et donne un autre coup, encore plus fort. Le sang jaillit sur ses avant-bras, mais elle ne le voit pas, elle ne ressent rien. Elle regarde l'homme dans les yeux et ne dit rien. Elle lève encore les bras pour assener un troisième coup lorsque deux adultes entrent dans la pièce et se saisissent d'elle. Elle laisse tomber l'outil sanglant et se met à hurler à pleins poumons « Je ne suis pas une putain de poupée ! » avant de s'enfermer dans un mutisme dont elle ne sortira pas avant des mois.

La femme en blanc ouvre enfin les yeux et retourne peu à peu à la réalité, au temps présent. Sa respiration retrouve un rythme normal, sa main desserre l'étau dans lequel elle maintenait la poignée de la porte de la chambre d'hôpital, jusqu'à s'en faire blanchir les jointures. Elle regarde à nouveau l'enfant endormi et elle décide qu'il est temps que quelqu'un paie pour tout ça, pour toute sa souffrance. Elle voit une dernière fois la poitrine de l'enfant se soulever à un rythme redevenu régulier et décide que ce soir elle reviendra dans cette chambre.

Chapitre 16

Sébastien a rejoint l'hôpital en quelques minutes, il se gare devant les urgences et laisse les clés sur le tableau de bord. En passant devant Franck, un des urgentistes, il lui fait un petit signe de la main. Il a rencontré à peu près tout le monde dans cet hôpital. Il y a passé tant de temps, tenant à visiter ses patients hospitalisés, surtout lorsqu'il s'agit d'enfants. Il descend aux urgences pédiatriques en dévalant les marches de l'escalier quatre à quatre et manque de percuter une infirmière au détour d'un couloir.

— Hélène, qu'est-ce qui s'est passé bon Dieu ! Je l'ai vue encore hier, elle n'était pas au mieux mais le pronostic n'était pas si catastrophique, qu'est-ce qui a bien pu arriver ?

Hélène est une femme d'une cinquantaine d'années qui a vu, au cours de sa carrière, plus de drames, de morts et de familles déchirées que Sébastien n'a pu en rencontrer depuis qu'il exerce, mais elle reste encore touchée par le sort de ses malades. Et elle l'est bien plus encore par le fait qu'un médecin puisse avoir cette sensibilité. Elle répond donc avec douceur :

— On ne sait pas au juste, mais on pense fortement

à une méningite foudroyante qui aurait été masquée par l'absence de fièvre liée à son traitement… On en saura plus avec les résultats de l'autopsie. On a tout tenté, Sébastien, mais c'était trop tard.

Le médecin essaie de garder son calme et de recomposer point par point sa visite de la veille. Il se remémore avec précision chaque geste, chacun des examens qu'il a pratiqués lorsqu'il a vu Samantha. Il se souvient ou croit se souvenir du protocole qu'il a établi… Rien ne pouvait laisser croire que l'état de sa patiente pouvait se dégrader au point qu'elle meure pendant la nuit. Comment a-t-il pu passer à côté des premiers signes d'une méningite, si fulgurante soit-elle ?

— Quelle est l'infirmière qui a effectué la dernière visite ? Je veux la voir et je souhaite aussi voir la chambre ainsi que les dernières prescriptions. Je ne comprends pas, je l'ai vue encore hier et je n'ai rien détecté, Hélène, rien…

L'infirmière pose sa main sur le bras du médecin, elle connaît la détresse que ressent tout praticien lorsqu'un de ses patients meurt, surtout un aussi jeune, surtout lorsque rien ne laissait présager une fin aussi brutale. Elle conduit Sébastien à la chambre et lui indique que l'infirmière qui a visité Samantha la veille au soir ne sera pas de retour à l'hôpital avant deux heures. Les draps du lit ont déjà été ôtés, la chambre est vide, nue, et sera prête à recevoir un nouveau malade le jour même. Sébastien aperçoit pourtant le clipboard posé sur la table roulante près de la fenêtre. Il s'étonne que l'on n'ait pas pris la peine de le nettoyer et de le raccrocher au pied du lit, mais il est encore plus surpris par le fait que la feuille d'examen y soit encore accrochée. L'urgence et la rapidité avec lesquelles l'état de sa patiente s'est aggravé, les soins qu'il a fallu pratiquer sans délai, la descente au bloc peuvent sans doute expliquer que le clip ait été laissé dans la chambre. Il doit remettre cette dernière prescription au dossier. Sébastien s'approche et se saisit du document. Il y reconnaît son écriture et y retrouve d'abord ses prescriptions et ses derniers ajustements. Puis, soudain, il y voit autre chose. Son regard se trouble un instant puis se perd dans l'alignement de mots et de chiffres notés avec la précision et la clarté qui caractérisent en général ses propres indications. Sauf que cette prescription, il ne l'a jamais faite. Il ne l'a pas faite pour la bonne et simple raison qu'elle lui semble inutile. Il ne l'a pas faite, il en est certain, mais il est pourtant troublé par cette écriture qui s'inscrit dans la continuité de la sienne. Alors, quand il sent qu'Hélène s'approche de lui, en un réflexe absurde, il se saisit du feuillet et le range fébrilement dans sa poche.

— Sébastien, ce n'est pas votre faute. Vous savez bien que ce genre d'infection peut être aussi rapide que fatale. Nous sommes tous désolés. Nous aurons les résultats de l'autopsie dans quelques jours, nous en saurons plus à ce moment-là.

Sébastien se retourne vers elle et tente un pitoyable sourire. Il la remercie vaguement et quitte la chambre avant de se précipiter vers sa voiture. *Vous avez raison, Hélène*, pense-t-il avec effroi, *les résultats de l'autopsie nous apporteront sûrement plus de précisions sur les causes exactes du décès de cette enfant. Et ils apporteront peut-être bien plus que la confirmation d'une mort injuste.* Sébastien en a la terrible intuition.

Le garçon est maintenant un adolescent, il fait moins de cauchemars. Il n'a pas revu la jeune fille depuis l'épisode du portail, il y a plusieurs années maintenant. Ses rêves, d'une intensité déroutante les premières semaines ayant suivi cette rencontre, se sont peu à peu espacés pour finir par disparaître presque complètement. Il n'a rien dit à ses parents, il n'a rien dit à personne. Il sait pourtant qu'il doit prévenir son père et sa mère s'il la voit. Les médecins lui ont dit qu'elle n'avait pas le droit de s'approcher de lui, mais ce qu'il sait surtout, c'est qu'il ne veut pas la dénoncer à nouveau. Il ne veut pas revivre cette douleur atroce qui lui avait tordu le ventre des années plus tôt et qui avait mis fin à cette relation qui le détruisait peu à peu, mais qui avait aussi signifié pour lui un adieu définitif à sa vraie famille. Et puis il ne l'avait plus revue, plus jamais. Pourquoi en aurait-il parlé ? Elle avait voulu lui faire signe, c'est tout, lui dire que, malgré tout, elle était là, sa véritable famille, sa grande sœur.

Il est en retard, il est toujours très en retard pour le cours de philosophie du samedi. Et puis là, il a épuisé toutes les excuses « vraisemblables » auprès de Mme Combaze, son professeur. *Une sorte de demi-folle attachante et fantasque qui aime la philosophie avec une passion enthousiaste, passion qu'elle a beaucoup de difficulté à transmettre à ses élèves. Son problème, c'est qu'elle espère pouvoir partager avec eux des concepts dont la complexité échappe à tous. Certains soupçonnent même que ces théories lui échappent aussi à elle... En fait, le problème de Mme Combaze est le même que celui de la plupart des enseignants de philosophie. Son problème, c'est la philosophie. Et celui du jeune homme qui grimpe quatre à quatre les marches du lycée, son problème urgent, crucial, est de trouver une explication valable pour justifier les vingt minutes de retard qu'il affiche au compteur. Il est en train de passer en revue les motifs qu'il n'a pas épuisés, les classant dans deux grandes catégories ; les improbables et les absurdes. Au moment où il ouvre la porte, il a éliminé le tremblement de terre et s'oriente vers une invasion de fourmis ailées.*

— Ah, c'est vous... Non, non... *inutile de me servir une excuse aussi fragile que bancale, jeune homme. Dépêchez-vous d'aller vous asseoir, essayez de vous cramponner à Nietzsche en cours de route. Il est assez anguleux pour que vous y trouviez un point d'accroche. Et samedi prochain, vous me rendrez un devoir :* « N'y a-t-il aucune vérité dans le mensonge ? »

Il va s'asseoir sans pouvoir ignorer les ricanements de ses camarades. Son pote Régis, qui lui a gardé une place à côté de lui, affiche un sourire goguenard et lève son pouce en signe de victoire. Victoire contre qui, contre quoi ? Seul cet escogriffe à l'humour ravageur le sait. Parce que lui, franchement, il n'a pas l'impression d'avoir réussi une entrée fracassante. Il s'assoit et sort ses affaires tout en essayant de retrouver le fil tortueux de la leçon du jour et le non moins fumeux concept de « surhomme ».

— Laisse tomber, vieux, avant de devenir un surhomme faudrait déjà que tu sois un homme. Et je suis navré de te rappeler que pour l'instant tu n'es encore qu'un minable petit post-ado, encore marqué par les stigmates d'une acné persistante. Un type qui a attendu d'avoir 17 ans pour se faire dépuceler et qui s'est fait lourder comme une daube par sa dernière petite copine.

C'est ça, Régis, pas de pitié mais aussi une sacrée dose d'autodérision car, en vérité, le portrait du type qu'il vient de décrire est aussi le sien. C'est sans doute pour ça qu'ils sont amis. Lorsque l'insupportable sonnerie de vieille caserne retentit pour signifier la libération des otages de Nietzsche, ils se précipitent vers la cour avec une nonchalance étudiée pour rejoindre le reste de la fine équipe et échanger sur des choses définitives et essentielles : le programme du week-end. L'un d'entre eux a une idée. C'est assez poignant quand ça arrive, même si c'est toujours la même idée qui jaillit au même moment.

— Bon, ça gonfle d'aller au cours d'histoire, en plus il paraît que le vieux connard veut nous faire une interro surprise. Moi je dis, un « bab » me paraît une solution tout à fait envisageable.

Les hésitations sont brèves. Chacun compte fébrilement les pièces de monnaie qui auraient échappé au reste de la semaine, à la recherche du Graal : une pièce de deux francs. Deux francs égalent une partie, une partie égale toute la fin de la matinée, tant ils sont devenus habiles à ce jeu. Mais, au-delà des deux francs, il leur faudra aussi réunir la somme colossale de six francs afin de commander deux cafés et deux verres d'eau pour quatre, condition sine qua non *de l'accès au Baby-foot. En quittant le lycée, la petite troupe remonte la rue avec une désinvolture et un engouement typiques de l'insouciance de la jeunesse. Et puis soudain, l'un d'entre eux se met à courir en hurlant : « Le dernier au bab paie les cafés. » Bien entendu, tous se ruent derrière lui. En arrivant au premier croisement, ils ont atteint une vitesse assez raisonnable. Les trois premiers passent en se marrant, obligeant quelques voitures à freiner. C'est Olivier – dont la condition physique n'est pas au top mais qui a pourtant crânement lancé le jeu, par goût du martyre sans doute – qui ferme la course. Il ne voit pas la voiture qui vient de quitter le trottoir et qui démarre en trombe au moment précis où il s'engage comme un dératé sur le croisement. Il n'a pas regardé le miroir qui permet aux automobilistes de vérifier que personne n'arrive sur la droite. La conductrice, en revanche, les observe depuis quelques minutes. Elle ne pensait pas qu'ils sortiraient aussi tôt du lycée mais, après tout, maintenant ou dans une heure, ça ne change rien. Elle a démarré le moteur dès qu'elle les a vus. Elle sait qu'ils vont très souvent dans le bar qui se trouve en haut de la rue, elle le sait et elle les attend avec la patience et la détermination qui sont les siennes depuis déjà tant d'années. Elle percute le jeune garçon avec une violence qui la surprend elle-même. La tête de l'adolescent vient frapper le pare-brise dans un immense bruit de verre cassé, puis c'est tout son* corps qui est projeté, comme un pantin désarticulé, à plus de vingt mètres de la voiture. Son corps retombe lourdement sous le regard stupéfait de ses camarades, que le bruit de frein et le tumulte du choc ont arrêtés dans leur course. Ils regardent, bouche bée, cet ami dont ils savent qu'ils n'entendront plus jamais la voix. Dans le même temps, la voiture qui l'a renversé zigzague quelques instants sur la route avant de s'encastrer avec un bruit épouvantable de tôles froissées et de verre brisé dans l'Abribus. Une personne hurle, une autre se précipite vers le café dont le propriétaire a déjà la main sur le combiné.

C'est Sébastien qui le premier se retrouve au côté de la voiture qui vient de percuter l'arrêt d'autobus. La conductrice a perdu connaissance, sa tête repose sur le volant au milieu d'un océan de petits morceaux de verre. Un petit filet de sang s'écoule de l'oreille de la jeune femme, il n'ose pas la toucher alors il l'appelle, avec insistance :

— Madame, madame, ça va ? Qu'est-ce qui s'est passé, qu'est-ce qui vous est arrivé ? Pourquoi vous n'avez pas freiné... Madame, s'il vous plaît, répondez...

La femme ne bouge pas. Il voudrait pourtant savoir si elle est morte. Il ne veut pas qu'elle meure, pas maintenant, ce serait trop injuste, il veut savoir pourquoi elle a foncé sur Olivier. Alors il cesse de respirer quelques instants, il approche sa main de la conductrice inanimée. Il la saisit et se met à la secouer, doucement, tout en continuant à l'appeler, à demander pourquoi. Soudain, au moment où il va cesser ses tentatives, à l'instant précis où il a décidé de retirer sa main, c'est celle de la conductrice qui lui saisit l'avant-bras. Elle tourne alors vers lui un visage qu'il connaît bien. Un visage qu'il a vu des centaines de fois, en rêve, dans ses cauchemars le réveillant en sursaut au milieu de la nuit, ce même masque, grotesque et souriant, lui hurlant que tout est sa faute.

Cette fois elle ne crie pas, elle le regarde, les yeux tuméfiés, la bouche en sang, elle resserre son étreinte sur son bras et le force à approcher son visage du sien.

— Aujourd'hui c'était le tour de ton ami. Il n'avait rien fait lui non plus, rien... Tout ça à cause de toi (elle trouve la force de crier avant de sombrer dans l'inconscience), DE TOI !

Lorsque la police arrive, les agents retrouvent un jeune homme agenouillé près de la voiture, dans un état de prostration dont il ne sortira pas avant plusieurs heures. Et cette fois-ci, l'adolescent le sait, il ne pourra pas garder le silence.

Chapitre 17

Sébastien est assis dans le salon de la maison. Il a entre les mains la prescription qu'il a retrouvée près du lit de sa jeune patiente décédée dans la nuit, il la relit, peut-être pour la centième fois. Il regarde à nouveau ces mots qui prescrivent, qui ordonnent une injection apparemment anodine, une simple injection de glucose ; il les regarde, il scrute cette écriture si familière et il sait qu'il ne les a pas écrits. Il doit voir l'infirmière qui a administré cette injection et il doit la voir vite, avant que l'on ne s'intéresse à ce cas de trop près. Il veut retourner à l'hôpital, mais avant il aimerait savoir si la mère d'Hassan est allée à la gendarmerie. Il appelle le commandant Crumley. Il l'imagine, sérieux, impassible, la rigueur incarnée. Jamais l'expression « droit dans ses bottes » n'a eu meilleure incarnation que dans le commandant de gendarmerie Jason Crumley. Il sait pourtant que, derrière cette impassibilité quasi génétique, sans doute un héritage de ses origines britanniques, se cache un homme sensible que le spectacle navrant et répété de la criminalité ordinaire mine peu à peu. Le commandant décroche presque immédiatement.

— Bonjour, Sébastien… Oui, elle est venue, elle nous a tout raconté. Une équipe est partie interpeller le père. Nous avons besoin que vous veniez pour une audition… Oui, c'est indispensable… Vous avez bien fait, Sébastien, grâce à votre intervention, le cauchemar de cette petite fille va prendre fin… Oui, à tout à l'heure.

Ce n'est hélas pas si simple, les mauvais rêves de cette enfant ne font que commencer, et il lui faudra des années, avec de la chance et un bon thérapeute, pour tenter de retrouver une vie normale. Sébastien se lève et glisse la prescription dans sa veste. En passant devant la cage de Mille Sabords, il fait un petit salut au perroquet qui, comme à son habitude, jette un œil torve à son maître. L'animal ouvre son large bec et pousse un cri grotesque, une sorte de « uuurgghh » traînant et suraigu suivi d'un affreux chuintement d'air signifiant sans doute qu'il mangerait bien quelque chose. *Tu ne parleras donc jamais, Mille Sabords, malgré tous les efforts des filles pour t'apprendre à dire « Bonjour, Coco », une phrase qu'elles t'ont sûrement répétée un bon millier de fois, assises patiemment devant ta cage, s'appliquant toujours à épeler chaque syllabe et guettant, en vain, un signe quelconque d'intelligence ou pour le moins d'intérêt dans ton regard imbécile. Si tu savais, Mille Sabords, comme aujourd'hui, particulièrement, j'aurais été heureux que tu répondes à mon salut et que tu me signifies, par un simple « Bonjour », que tu étais là, avec moi, dans la maison. Mais il n'y a rien à attendre de toi, tu n'es qu'un misérable volatile.*

En arrivant à l'hôpital, Sébastien demande à s'entretenir avec l'infirmière qui a vu Samantha la veille, pour la dernière fois. Il attend quelques instants dans la salle de repos du personnel médical et son regard se porte sur le lit de camp sur lequel un drap froissé et une couverture orange sont entremêlés dans une sorte d'étreinte confuse. Il regarde les armoires usées, la machine à café autour de laquelle s'éparpillent en désordre des gobelets en plastique et quelques capsules de *ristretto*. Il peut contempler ici, d'un seul regard, toute la rudesse de ce métier et tous les sacrifices que font au quotidien, jour et nuit, les salariés de l'hôpital. Il sait aussi, à cet instant, pourquoi il a quitté l'univers hospitalier pour s'installer « en ville » même s'il continue à venir, régulièrement, pour suivre ses patients.

Une jeune femme métisse fait alors une timide apparition, elle hésite à entrer, reste un peu interdite, sur le seuil, attendant certainement que Sébastien l'invite à le rejoindre. Ses traits sont tirés, ses yeux encore humides, elle a dans le regard une sorte de profonde tristesse mais aussi un peu de crainte.

— Entrez, mademoiselle, entrez, merci d'être venue si vite. Je suis Sébastien Venetti, le médecin traitant de Samantha Marineau. Je voudrais savoir si vous avez remarqué quelque chose d'anormal quand vous l'avez vue cette nuit, après mon passage.

L'infirmière baisse la tête, ses yeux se ferment, elle se concentre avant de répondre d'une voix ferme et posée :

— Non, pas vraiment, j'ai vérifié ses constantes, ajouté à la perfusion la solution que vous aviez prescrite… Tout semblait bien aller, je vous assure, je l'ai trouvée aussi bien que possible, je veux dire, compte tenu des circonstances… Qu'est-ce qui a bien pu se passer, docteur ?

Si seulement je le savais, pense Sébastien. *Qu'a-t-on injecté à cette pauvre fille et surtout qui a bien pu faire un truc pareil ?...* Il va bientôt savoir de quoi Samantha est morte, les résultats de l'autopsie devraient être connus au plus tard demain. Mais la vraie question, celle qui le ronge maintenant qu'il sait que quelque chose a été ajouté à la perfusion de cette enfant, la question primordiale, essentielle, ce n'est pas de quoi elle est morte, mais pourquoi ? Il ne veut pas croire que cela ait un rapport avec ce couteau qu'il a trouvé la nuit dernière, c'est une coïncidence bien sûr, elle ne peut pas être revenue, c'est impossible. Mais il sait désormais ce qu'il doit faire pour s'en assurer, et cela le terrifie.

Chapitre 18

L'enfant est endormi profondément, son visage est apaisé et sa respiration est redevenue normale. Les images qui s'échappent de la télévision viennent percuter les ombres de la chambre et donnent à cet espace aseptisé une inquiétante étrangeté. Comme si les meubles blancs, les appareils complexes, le lavabo au-dessus duquel se trouve une immense glace étaient animés de soubresauts colorés et furtifs. Hassan devrait pouvoir repartir chez lui dans un ou deux jours, sa saturation est redevenue presque normale. Ses crises d'asthme sont violentes mais assez courtes. Ce qu'il ne sait pas encore, c'est que le retour au foyer devrait être une nouvelle épreuve. Ce qu'il ne sait pas non plus à ce moment-là, c'est que sa mère, vaincue par le désespoir et le remords et portée par une colère légitime a, avec le soutien du Dr Venetti, porté plainte contre son mari. Elle ne l'a jamais vraiment pris sur le fait. Il y avait eu bien sûr cette nuit où elle l'avait vu, sortant de la salle de bains dans laquelle elle avait découvert sa petite fille en pleurs. Mais sa propre enfant ne lui avait-elle pas dit que son père l'avait grondée parce qu'elle n'était pas encore couchée ? Qu'elle pleurait parce qu'il l'avait menacée de l'envoyer au bled si elle continuait à leur poser des problèmes ? Bien sûr elle l'avait crue, parce que ça l'arrangeait de pouvoir se saisir d'une explication qui tenait à peu près debout. Elle n'avait pas non plus posé de question à son mari car elle savait qu'elle n'obtiendrait pas de réponse et qu'elle ne voulait pas provoquer un affrontement qui ne mènerait à rien. Mais elle avait par la suite fait preuve d'une vigilance accrue, et il lui était arrivé à plusieurs reprises de retrouver sa fille dans un état de mutisme inquiétant, une colère épouvantable allumant son regard de sombres éclairs. Elle ne pleurait plus mais c'était encore pire. À chaque épisode, sa mère voyait bien que cette rage et cette colère s'ampli-fiaient, que bientôt elle ne pourrait plus la contenir. Et puis chaque fois le père de Yasmine se trouvait à la maison quand elle retrouvait sa fille dans cet état-là. Il s'enfermait dans leur chambre pendant des heures, inatteignable et silencieux. Mais il y avait pourtant des signes irréfutables et puis aussi cet instinct de mère qui lui hurlait à l'intérieur que le propre père de son enfant était en train de commettre un crime épouvan-table, sous ses yeux, sous son propre toit. La venue du médecin avait été un signe, il fallait qu'elle fasse quelque chose, elle n'en pouvait plus et sa fille était en train de sombrer. Et maintenant c'était fait, elle était allée chez les gendarmes, elle avait tout raconté et ils étaient venus le chercher. Cette fois, il ne pourrait plus s'enfermer dans la chambre, aujourd'hui il allait devoir répondre aux questions qu'elle n'avait pas su lui poser.

Tout cela, Hassan ne le savait pas, pas encore. Pour l'instant, il tentait de récupérer de cette énième crise qui l'avait terrassé il y a quatre jours. Et les soins prodigués par les médecins avaient été efficaces, Hassan dormait comme il ne l'avait plus fait depuis longtemps. Ses poumons et ses bronches s'étaient enfin ouverts et son buste se soulevait régulièrement au rythme d'une respiration enfin libérée des souffrances de sa maladie. Le regard de l'infirmière est posé sur la télévision, elle s'est assise dans l'ombre, dans un coin de la chambre, un endroit d'où elle sait que personne ne pourra la voir à travers le hublot de la porte. Elle regarde, sans les voir vraiment, les images crues, violentes, saccadées, qui s'écoulent en flots ininterrompus de l'écran plat accroché à deux mètres au-dessus de leurs têtes. Elle ne les voit pas car elle est ailleurs, loin, enfermée dans un passé dont elle ne parvient pas à s'échapper, un passé qui la ronge, la torture et dont la violence est telle qu'elle en subit le joug jusque dans un quotidien qu'elle exècre. Elle ferme les yeux, elle a 15 ans maintenant. Elle a été placée dans une nouvelle famille d'accueil et on lui a fait comprendre que, après un tel parcours, c'était sa dernière chance de ne pas se retrouver en foyer jusqu'à sa majorité.

Cette famille n'est pas si différente d'une famille « normale », le père travaille dans un garage, la mère, Jeanne, reste à la maison et ils ont deux « vrais » enfants. Leur fils Gilles qui a 18 ans et leur fille Laurence qui vient d'avoir 12 ans. Ce soir ils ont fêté son anniversaire et elle a ensuite accepté d'aller avec Gilles chez des copains pour continuer la soirée. Ça avait bien commencé, ils étaient plutôt sympas et il y avait cette fille dont elle n'arrive plus à se souvenir du prénom, mais avec qui elle avait beaucoup discuté. Et puis un type un peu plus âgé s'était mis à la draguer.

Elle avait appris à ne pas se laisser faire au foyer, et elle avait mis les choses au point dès le début :

— Te fatigue pas, je suis pas le genre de fille que tu crois. Tu vois, même pas en rêve on sort ensemble. Et puis il ne me semble pas que ma copine et moi on t'ait invité à prendre part à notre conversation.

Le type ne s'était pas démonté, il l'avait regardée, de haut en bas, puis s'était tourné vers les autres garçons avant de beugler :

— Eh les gars, vous savez quoi, la petite des foyers se la joue grave. Il paraît que pour lui parler il faut être « invité » à prendre part à sa conversation...

Il avait ri, puis se tournant vers elle et de façon plus agressive :

— Dis donc, ma grande, faudrait pas que tu oublies d'où tu viens, Gilles nous a raconté. Et je sais très bien comment ça se passe dans vos foyers, je suis sorti avec une nana qui en venait, elle se tapait tout ce qui bougeait. Alors arrête ton char et quand je te propose de boire un verre, tu bois.

Il lui avait tendu le verre avec autorité et, voyant qu'elle ne bougeait toujours pas, il lui en avait balancé le contenu sur la tête. Les autres riaient, tous sauf Gilles, qui avait vu dans son regard que quelque chose de grave pouvait maintenant arriver. La jeune fille garde la tête baissée, les rires cessent peu à peu. Elle est complètement immobile et son absence totale de réaction installe une impression de gêne qui se transforme très vite en une attente angoissée et pesante. Le type qui lui a balancé le verre sent bien qu'il est allé, une fois de plus, trop loin. Il s'approche alors de la jeune fille et lui dit :

— Bon excuse-moi, je vais aller te chercher un truc

pour t'essuyer et puis aussi peut-être (il sourit un peu) un autre verre... Allez...

Il tend alors son bras vers elle et, au moment où sa main va toucher l'épaule de la jeune femme, celle-ci redresse brusquement la tête, lui saisit l'avant-bras, sort un couteau du sac qu'elle a gardé sur ses genoux et, tout en fixant le garçon dans les yeux, le lui plante dans la main. Elle le fait avec une force telle qu'elle cloue littéralement sa main sur la table basse. Le type se met aussitôt à hurler et il beugle encore quand elle se lève, se penche vers lui et lui chuchote à l'oreille : « La prochaine fois que tu veux jouer avec une fille des foyers, vérifie qu'elle n'est pas armée parce que tu vois, là-bas, on apprend un tas de choses utiles pour se débarrasser des gros cons comme toi. » Elle se tourne alors vers Gilles et lui demande de la ramener. Elle sait qu'elle va devoir repartir et elle veut préparer ses affaires dès ce soir. Dans la voiture ils ne se disent rien, son regard se perd à travers la vitre, dans les lumières changeantes de la nuit. Le même genre de lumière que celles qui naissent et meurent devant ses yeux dans la chambre d'hôpital.

La femme en blanc se lève brusquement, comme sortie d'un rêve. Elle regarde le jeune garçon endormi, s'approche sans bruit du lit et désactive les alarmes du monitoring. Elle attrape alors l'oreiller supplémentaire qui se trouve sous le sommier. Elle le serre contre elle, comme un bébé, le berçant presque. Et puis, d'un coup, elle le plaque sur le visage d'Hassan. Et lorsqu'elle quitte la chambre, l'enfant a cessé de respirer.

Chapitre 19

L'opération de ce matin a été un fiasco total. Les suspects qu'ils pensaient serrer n'étaient pour la plupart pas chez eux et les deux seuls qu'ils ont réveillés n'avaient à cacher que de misérables morceaux de cannabis et quelques billets de vingt euros. Un bien pauvre coup de filet. Elle a refait le point en milieu de matinée avec les équipes, expliquant que de la qualité des informations et de l'acuité de la surveillance dépendait le succès d'une telle opération. Des choses évidentes mais qui, au regard des piètres résultats de leur petite opération matinale, lui semblaient indispensables à rappeler. Les visages sont fermés, les traits sont tirés, et Claire sent bien que son petit discours ne fait que renforcer l'amertume de ses hommes. Eux aussi auraient bien aimé partager un premier succès avec elle mais, au lieu de ça, ils ont l'impression d'entendre une maîtresse distribuer les mauvais points. Inutile d'épiloguer, elle reviendra plus tard sur ce dossier, elle ne veut pas déjà gâcher tous les bons points qu'elle a engrangés avec ce fameux dîner d'équipe. Elle décide de retourner chez elle pour enfiler une autre tenue, encore une subtile modification

160

de comportement qu'elle interprète comme un signe positif de changement chez elle. Il y a encore quelques jours, elle serait restée en tenue d'intervention toute la journée, indifférente aux regards des autres, étrangère aux jugements.

En sortant de sa douche elle se sent bien. Elle s'observe dans la glace, elle se trouve plus sereine. Malgré cette matinée, son visage est plus reposé. Elle décide de mettre une jupe, un cardigan Gérard Darel et une paire de Repetto qu'elle a exhumée de son « cimetière des fringues ». Un carton qu'elle pensait ne plus devoir ouvrir avant longtemps, plus jamais peut-être. Elle jette un dernier coup d'œil au miroir et se décide enfin à rallumer son téléphone portable. Le temps qu'il se connecte, elle se sert un café ; elle ne veut pas regarder si elle a un message, pas tout de suite. Et si elle n'en avait pas, s'il ne l'avait pas rappelée ?… Si le bon docteur n'était après tout pas si gentleman que ça ? Elle regarde l'écran de son smartphone, elle ne sait pas exactement ce qu'il doit se passer si elle a reçu un message, mais comme rien ne s'affiche elle se dit que sa petite idylle ne commence pas si bien que ça. Et puis elle se dit qu'elle est vieux jeu. Après tout, pourquoi ce serait à lui de la rappeler ? Elle est encore farcie de réflexes de petite-bourgeoise éduquée dans une école catholique. Tellement *old school*, Claire… Elle se saisit de son téléphone, décide de jeter aux orties ce qui reste chez elle de la jeune fille de bonne famille et compose le numéro de Sébastien. Au bout de trois sonneries elle entend une voix, qui lui semble étrangère, répondre d'un « allô » à la fois neutre et infiniment lointain.

— Bonjour, Sébastien, c'est Claire, je vous dérange… Je peux vous rappeler, si vous voulez.

Un long silence répond à sa première phrase. Puis il répond d'une voix blanche :

— Non, non, Claire, pas du tout… Enfin… C'est très compliqué, une de mes patientes, une enfant, a trouvé la mort cette nuit et je suis bouleversé mais…

Claire ne dit rien, vraiment pas de bol, premier coup de fil, et il faut qu'elle tombe sur un drame. *Maudite*, se dit-elle, *je suis maudite*. Elle encourage pourtant Sébastien d'un petit . « C'est terrible ! »

— Écoutez, vous savez quand je vous ai dit hier que nous avions tous des histoires difficiles, des secrets que nous devions surmonter. Eh bien, ces secrets vous rattrapent parfois. Je suis désolé de ne pas vous avoir rappelée, mais je dois vérifier certaines choses. C'est très important, Claire, très important. Je vous en parlerai plus tard, peut-être.

Quand Claire raccroche à son tour, elle a la très désagréable impression de s'être fait éconduire, avec douceur certes, mais éconduire quand même. « Éconduire », encore une scorie de son éducation classique. *Lourder, ma fille, appelle les choses par leur nom, quoi… Bon, eh bien tant pis*, se dit-elle, *autant que ça se fasse maintenant. Après tout, ils se sont juste embrassés, pas de quoi casser trois pattes à un canard…* La vache ! Encore une expression complètement désuète. Elle n'est pas de son époque, c'est son problème. En refermant la porte de son appartement, Claire ne peut pourtant s'empêcher d'avoir un pincement au cœur et puis aussi cette question qui ne cesse de revenir à la charge : de quoi donc parle-t-il lorsqu'il évoque ses « secrets » ? Elle décide qu'il est temps de faire des recherches sur ce médecin et elle a soudain la terrible intuition qu'elle aurait mieux fait de les faire avant de s'embarquer dans une « aventure » avec ce type, aussi furtive soit-elle.

Léa

Lorsque je regarde par la fenêtre, je suis fascinée par la beauté du ciel, plus particulièrement par ce drôle de nuage qui ressemble à s'y méprendre à un canard cotonneux et obèse. Je suis bien plus intéressée par le lent parcours de cet animal géant que par ce cours de mathématiques qui n'en finit pas. Notre professeur, Mme Lava, n'a jamais réussi à faire naître chez moi le moindre intérêt pour les équations. Retrouver la valeur de ce « x » mystérieux qui se balade d'un côté et de l'autre du signe égal n'éveillant en moi qu'ennui et somnolence. De toute façon, ce matin tous les cours me semblent interminables. Et puis je pense à papa qui est parti tôt et que nous n'avons pas embrassé. Je revois son regard, cette tristesse immense qui l'a submergé et je sais que quelque chose de grave est arrivé. La mort de maman a sans doute été l'événement le plus terrible qu'il nous soit arrivé et je ne vois pas ce qui pourrait encore nous tomber dessus. J'avais l'âge de Juliette quand c'est arrivé, elle n'était qu'un tout petit bébé. J'étais trop petite pour que l'on me parle de ce qui s'était passé, mais j'ai entendu des choses. Un jour je trouverai peut-être la force ou le courage d'en parler avec papa, mais pour l'instant le bon moment n'est pas arrivé. Pour être exacte je n'ai pas voulu qu'il arrive, car au fond je sais bien qu'il n'y aura jamais de bon moment et que c'est à moi de créer cet instant, de faire naître l'échange avec lui. J'ai tant de questions à lui poser…

Pour les autres élèves, je suis une orpheline. Je n'ai plus de maman, c'est comme ça. Cela me donne un statut assez particulier, une sorte d'aura faite de crainte, de respect et de mystère. Parce que bien sûr, pour eux, le fait que j'arrive encore à vivre, à rire, à respirer, alors même que je n'ai plus de mère, reste une énigme. Mais je n'abuse pas de ce statut. Évidemment, lorsque Bastien, le plus beau des garçons de l'univers qui, par chance, est aussi le type le plus cool de la quatrième B, me demande si ce n'est pas trop dur de vivre ça, je prends un air très adulte et je réponds avec sérieux :

— Non tu vois, bien sûr cela a été très difficile au début, mais j'ai juste l'impression d'avoir grandi plus vite, d'être un peu… différente, peut-être plus sensible, plus fragile aussi.

Elle est top, cette phrase, surtout que je me suis entraînée à la dire devant la glace et qu'à la fin j'ai travaillé un regard grave et profond que je balance juste avant de me retourner et de partir. Mais ne croyez pas que je joue avec la mort de maman, c'est sans doute une chose dont un enfant ne se remet jamais, mais j'essaie aussi d'être cool avec ça. Si je ne le suis pas, qui le sera ? Pas papa, c'est un sujet qu'il n'aborde que quand il est amoureux, c'est-à-dire deux fois depuis sa mort. Je pense maintenant que c'est à moi de lui en parler. Je voudrais qu'il me « raconte » maman, qu'il m'aide à me souvenir. Parce que le pire, c'est que les images s'effacent avec le temps, c'est comme si je la perdais une deuxième fois. Je regarde à nouveau par la fenêtre, le gros canard a disparu, à sa place il y a un nouveau nuage, qui dessine peu à peu dans le ciel une forme qui devient familière. C'est incroyable, mais j'arrive à voir dans ce magma de coton un visage apparaître. Il y a dans la commode de la chambre de papa une photo que je contemple souvent. Pas en cachette, mais bon, je n'en fais pas non plus une très grande publicité. Sur ce cliché maman ne sourit pas, elle a les cheveux détachés et fait une sorte de moue boudeuse, comme si elle n'avait pas voulu qu'on prenne ce cliché. J'adore cette photo, j'adore son regard mi-agacé, mi-amusé et puis je n'ai pas de chagrin quand je la regarde, juste des questions. Pourquoi fais-tu cette tête, que t'a dit papa avant de prendre cette photo, à quoi pensais-tu à ce moment-là ? Alors, en observant ce nuage j'ai vraiment l'impression que c'est son visage qui flotte maintenant au-dessus du collège. Un immense visage qui se déplace avec lenteur et qui semble peu à peu s'animer, se transformer, vivre. Je distingue très bien ses yeux, son nez, sa bouche. Oui, je sais. Je sais bien que l'on peut voir ce que l'on veut dans ces stupides nuages, mais pour moi, c'est elle. Soudain, le vent se lève, je vois le sommet des arbres dehors, dans le parc, qui s'agitent en cadence. Les feuilles forment des tourbillons qui se soulèvent et s'éparpillent sur le gazon. Je regarde en l'air et je vois les traits de maman qui commencent à se déformer, ce sont d'abord ses cheveux qui s'allongent démesurément, pour finir par disparaître en fins lambeaux de coton. Et puis ses traits se modifient, ses yeux rétrécissent pour ne plus être que deux longs traits fins qui s'abîment et se noient dans le bleu du ciel. Seule sa bouche est encore visible mais elle change terriblement. Elle s'ouvre, de plus en plus grand, et n'est bientôt plus qu'un gigantesque cri. Il y a presque de la souffrance dans ce tableau. Je suis fascinée, comme hypnotisée par ce terrible hurlement. Comme si c'était à moi que s'adressait cette supplique, comme si j'allais bientôt entendre sa voix. Je commence à avoir des picotements sur les bras, de plus en plus nombreux, douloureux, comme si des centaines d'aiguilles s'enfonçaient en cadence dans mes chairs. J'ai la tête qui tourne et mon regard vient se perdre à nouveau dans le trou béant qui était, il y a quelques instants encore, le sourire de maman. Je suis comme absorbée par lui, je ne vois plus la classe, les autres élèves ont disparu dans un halo de lumière blanche. C'est à ce moment-là que je commence à entendre sa voix… C'est elle, j'en suis certaine. Je ne comprends pas encore ce qu'elle veut me dire, mais je peux percevoir une immense douleur, comme des pleurs. Je dois me rapprocher encore, je dois être plus près d'elle pour pouvoir l'entendre. Je pourrais presque la toucher, m'accrocher à ce qu'il reste de ses lèvres. Je me concentre pour essayer d'entendre, mais il y a un vent terrible qui balaie mon visage et emporte les sons. Pourtant, un mot vient me percuter avec une telle force que je sombre presque dans l'inconscience. Juste avant que ses derniers traits ne disparaissent dans le néant, j'entends très distinctement ce mot qui me pétrifie. Et puis soudain, d'autres se font entendre, de plus en plus fort, de plus en plus intelligibles. Cette fois-ci ce n'est plus maman, c'est une voix que je connais et qui me ramène d'un seul coup à une réalité tout aussi effrayante.

— Eh bien, mademoiselle Venetti, auriez-vous la bonté de bien vouloir expliquer à vos camarades pourquoi ce quadrilatère est bien un carré ?

Je regarde, abasourdie, mes camarades hilares. Le retour au monde est brutal et je ne peux que balbutier des propos incompréhensibles qui achèvent de plonger toute la classe dans un brouhaha de rires et de moqueries. Lorsque Mme Lava m'envoie chez le principal, je me retrouve seule dans le couloir. Je dois m'adosser au mur, entre deux portemanteaux, pour essayer de retrouver mes esprits. Mais le mot que maman a crié résonne encore dans tout mon corps, il revient comme une vague et je dois me retenir pour ne pas me laisser tomber sur le sol, emportée par ces trois syllabes qui viennent se graver, comme au fer rouge, dans mon esprit.

Chapitre 20

À peine entrée dans le commissariat, Claire est interpellée par un de ses lieutenants de police, Thierry Desombre, un vieux de la vieille à qui on ne la fait plus. Une sorte de caricature de flic, avec des poches gigantesques sous les yeux, fruits de tous les excès, de toutes les fatigues. C'est la lassitude d'un combat vain contre la délinquance et le crime que porte ce visage, comme les stigmates d'une résignation inéluctable. Mais c'est un bon flic, Claire a vu dans ses états de service que sa carrière était ponctuée d'une majorité de points positifs, ce qui n'est pas le cas de tous les policiers qu'elle a croisés, loin de là. Il lui demande s'il peut la voir tout de suite pour parler d'une affaire qu'il hésite un peu à évoquer, avant de la qualifier, à voix basse, de « compliquée ». *Ça me changera de l'incroyable « affaire des canaris »*, songe-t-elle en invitant Thierry à l'accompagner dans son bureau. Lorsqu'ils sont assis tous les deux, il lui révèle sans attendre :

— On a été prévenus ce matin, un jeune garçon, Hassan Boubaker, est mort cette nuit à l'hôpital Poincarré.

C'est bien triste, pense Claire. *Mais bon, des gens qui meurent à l'hôpital, ça arrive tout le temps, ce serait même plutôt un lieu assez tendance pour ce genre de choses.*

— Évidemment, des gens qui meurent à l'hôpital ça arrive, mais dans ce cas précis ils nous ont appelés parce qu'ils pensent que ce n'est pas un accident, ils en sont même à peu près certains, pour ainsi dire. Ils pensent qu'on l'a étouffé, mais on doit attendre les résultats de l'autopsie pour le confirmer.

Claire commence à trouver que cette affaire prend une tournure singulière, elle a soudain comme une sorte de sombre prémonition.

— OK, vous vous mettez sur l'affaire avec Romain, vous filez à l'hosto, vous faites les premières constatations, vous interrogez, vous relevez et puis vous m'appelez dès que l'on a les résultats de l'autopsie.

Thierry attend un peu, puis au moment où il se lève, il ajoute :

— Oui bien sûr, mais ce que je voulais vous dire, c'est que ce jeune garçon, Hassan, eh bien c'était le patient du même médecin qu'une autre petite fille, Samantha Marineau, qui est morte avant-hier, dans le même hôpital. Alors, même toubib, même hosto, deux mômes qui n'étaient pas à l'agonie, ça fait quand même beaucoup de coïncidences, non ? C'est pour ça que je voulais vous en parler tout de suite.

Claire regarde l'inspecteur, elle sent que cette affaire a quelque chose d'étrange mais elle ne veut pas se précipiter dans l'évidence.

— Oui, il y a des liens étranges entre ces décès, mais vous le savez autant que moi, il faut se méfier des conclusions hâtives, le hasard peut se révéler diabolique. Bon... et comment s'appelle le gagnant de ce triste jeu de la mort ?

Thierry regarde Claire sans bien comprendre le sens de sa question. Claire sait qu'elle doit revoir cette posture un peu distanciée, les périphrases et les oxymores, ça faisait sourire les conseillers du cabinet mais là, il est grand temps qu'elle soit plus directe.

— Comment s'appelle le médecin, le toubib dont les patients sont morts ?

Thierry sourit un peu. Il est un peu gêné, non pas de n'avoir pas compris la demande initiale de sa patronne, mais surtout parce qu'elle ne sait pas poser des questions aussi simples à la première tentative.

— C'est un toubib connu ici, connu et respecté. Il s'appelle Sébastien Venetti, 42 ans, veuf, deux filles, Léa 13 ans et Juliette 7 ans. Il s'occupe beaucoup d'enfants, plutôt issus de milieux défavorisés. Son cabinet ne désemplit pas, mais il trouve encore le temps de se rendre régulièrement à l'hôpital pour y visiter ses patients. Un saint, quoi...

Claire n'a rien laissé paraître. Elle a reçu en plein visage, comme un coup de poing, le nom de Sébastien. Elle comprend mieux maintenant pourquoi il ne l'a pas rappelée. *Un « saint » ? Oui peut-être, Thierry, mais qui, s'il faut l'en croire, a vécu sa part d'enfer. Je le connais votre toubib, il se trouve que c'est aussi le mien et même un peu plus que ça. Et franchement, je le vois mal aller débrancher ses patients.* Même si les parts d'ombre, les mystères qui entourent chaque personnalité, les pulsions qui vous déchirent et vous font plonger dans des situations de non-retour, elle les connaît. Elle les a vécues, à travers les affaires qu'elle a traitées, mais aussi par sa propre histoire.

171

Elle ne veut pas faire de lui un suspect, elle ne le veut pas, mais elle sait qu'elle va devoir le faire, qu'elle va devoir maintenant enquêter sur lui, disséquer son histoire, sa vie. De toute façon, c'est ce qu'elle avait décidé de faire, non ? Mais entre fouiller un peu et enquêter dans le cadre d'une affaire criminelle, il y a un pas qu'elle aurait aimé ne pas franchir.

— Bon eh bien, on a déjà un suspect même si on n'est pas sûrs d'avoir un meurtre… Je vais demander à ce que l'on fasse des recherches sur ce Dr Venetti pendant que vous, vous filez à l'hosto avec Romain.

Dès que son collaborateur a quitté son bureau, Claire se branche sur la banque de données Périclès. Ce qu'elle va découvrir va soulever bien plus de questions qu'apporter de réponses. Ce que va découvrir Claire sur le passé de Sébastien Venetti va devenir, au fur et à mesure de ses investigations, une plongée dans le pire des cauchemars.

Chapitre 21

Décès dû à un choc endotoxinique ayant entraîné une défaillance hémodynamique et polyviscérale critique, caractéristique d'une méningococcémie fulminante. L'agent pathogène responsable est Neisseria meningitidis, *agent dont on a retrouvé la trace dans les liquides biologiques (sang et liquide céphalorachidien).*

Assis dans le grand fauteuil, Sébastien relit encore le rapport. Il n'a pas été surpris, au même titre que le reste du corps médical de l'hôpital, par les résultats de l'autopsie de Samantha. Il n'est pas étonné, il est juste pétrifié, totalement paralysé. Il n'arrive presque plus à respirer, assis, seul, dans son cabinet. Les lettres du rapport, ces petites lettres noires qui s'affichent avec constance, presque avec élégance, sur l'écran de son ordinateur, ces mots complexes, ce charabia médical derrière lequel les légistes se drapent pour mieux se détacher des corps sans vie qui reposent sur leurs tables d'acier, ces mots ne signifient qu'une seule chose pour Sébastien Venetti. Quelqu'un a délibérément injecté à sa patiente cette saloperie de germe, et elle en est morte. Et la seule personne capable de commettre un

173

acte aussi atroce, la seule capable de lui en vouloir à ce point, cette personne-là est censée être enfermée, hors de portée des autres et du monde, des gens normaux. Il faut qu'il s'en assure tout de suite. Il doit appeler l'institution, il doit savoir. Il s'empare alors avec frénésie du téléphone et compose, un numéro qu'il connaît par cœur mais qu'il aurait aimé ne jamais avoir à refaire.

— Sébastien Venetti à l'appareil, je souhaiterais parler au Dr Fleurier, s'il vous plaît… Oui, bonjour, docteur… Je sais, oui, bien longtemps. Comment va-t-elle ?… Comment ça ! Mais depuis quand ? Pourquoi ?

Le visage de Sébastien est devenu blanc, son sang a soudain reflué vers son cœur avec une violence indicible.

— Mais c'est impossible ! Comment avez-vous pu laisser faire une chose pareille ?… Vous n'aviez pas le choix ?! Comment ça pas le choix ?… Qui ? Mais c'est impossible, impossible… Oui, faxez-moi les papiers de sortie, immédiatement !

Sébastien raccroche et attend avec impatience que le fax confirme l'impossible nouvelle. Il est là, les yeux fixes, le regard comme vissé à l'appareil. Mais ce n'est pas le petit bip caractéristique annonçant la réception d'un document qui l'arrache à son état de stupeur. C'est le vrombissement de son téléphone portable qui l'oblige à revenir à l'instant présent.

— Oui c'est moi… Eh bien oui, quoi, Hassan Boubaker…

Le téléphone tombe de la main de Sébastien. Il semble suffoquer quelques instants avant de s'écrouler sur le sol. On entend une voix affolée qui appelle

174

en vain le médecin à l'autre bout de la ligne, mais Sébastien n'entend plus rien.

Il gît sur le sol, ses bras et ses jambes se rejoignent peu à peu pour former une figure terrible de prostration et de terreur. Ses paupières se sont refermées et puis, soudain, ses yeux se rouvrent sur une réalité différente. Il est à nouveau sur le carrelage de la cuisine, mais cette fois il est seul au milieu de la pièce. Il ne peut plus bouger, ses bras, ses jambes sont de plomb et son cœur bat si fort qu'il semble prêt à exploser. Il entend maintenant une femme ou une jeune fille qui crie. Un long hurlement où se mêlent à l'unisson la haine et la douleur. Il ne sait pas d'où vient ce cri, il ne peut pas tourner la tête. De toute façon, c'est comme si cette voix avait envahi toute la pièce, qu'elle provenait de tous les recoins, de chaque dalle de carrelage, qu'elle était devenue consubstantielle à l'air qui emplit la cuisine. Et puis, d'un seul coup, le cri s'arrête, comme il avait commencé. Sébastien fixe le carrelage sur lequel il est étendu, il a alors l'impression que les joints commencent à changer de couleur. D'un blanc sali par le temps, ils deviennent peu à peu ocre, puis ocre-rouge. Sébastien est d'abord fasciné par cette modification si subtile puis, peu à peu, la teinte devient plus sombre, plus rouge aussi. C'est lorsque les premières gouttes se mettent à perler, lorsqu'une mare écarlate se forme sur le sol, que Sébastien se met à hurler. La flaque s'étend avec une célérité incroyable. Ce qui n'était au début qu'un suintement devient un flot puissant qui jaillit des interstices du sol. Le niveau monte à une vitesse effrayante. Sébastien sent une odeur âcre et caractéristique envahir la pièce. Cette odeur, il la reconnaît pour l'avoir croisée si souvent dans les salles d'opération. C'est celle du sang. Au bout de quelques instants, il beigne dans le liquide rouge et épais. Il ne peut toujours pas bouger et le niveau monte, inexorablement. Le sang se met alors à envahir sa gorge, son nez, il respire ses flots écarlates et écœurants auxquels se mélangent bientôt des larmes.

C'est le bip persistant du fax qui arrache Sébastien à son hallucination. Il se redresse soudain, s'étonnant de ne pas voir ses vêtements, ses mains, son visage souillés par tout ce sang. Mais tout semble normal dans son vaste bureau. Les larmes qui coulent encore le long de son visage sont les seuls signes qu'il conserve de cet effroyable voyage dans le temps et dans les méandres de son cerveau. Il se redresse alors avec lenteur, se dirige vers le fax pour récupérer la feuille qui lui est parvenue de la clinique Léman. C'est à ce moment-là qu'il aperçoit Léa. Elle se tient debout devant la porte du cabinet, et il y a dans son regard une sorte de stupeur qui provoque chez Sébastien une inquiétude sans limites.

— Léa, ma chérie, depuis combien de temps es-tu là ? Que se passe-t-il, qu'est-ce que tu as ?

Sa fille le regarde, elle semble réfléchir intensément avant de lui répondre et puis soudain son visage se détend et un mince sourire commence à se dessiner sur ses lèvres. Comme si elle venait de prendre la décision de ne pas ajouter à la tension palpable qui règne dans la pièce.

— Je viens juste d'arriver... Je t'avais dit que je venais déjeuner avec toi, papa, tu as encore oublié ? On est mercredi, et tu sais bien que le mercredi après-midi je n'ai pas de cours, je vais au piano. Tout va bien, papa ?

Sébastien imagine qu'il doit y avoir sur son visage les signes persistants d'une angoisse insurmontable et il ne peut décemment pas lui dire que tout va bien. Il ne veut pas non plus lui expliquer ce qui se passe. Il doit essayer d'épargner ses filles, elles ont déjà trop souffert de son histoire personnelle, de ses égarements, de ses terreurs. Il doit les protéger, les tenir éloignées le plus possible de ce qui va arriver.

— Non, je ne vais pas très bien à vrai dire, ma puce, il y a des choses compliquées qui viennent d'arriver. Mais ne t'inquiète pas, je vais régler ça. Tu sais que je suis le plus fort, n'est-ce pas ? Je ne vais hélas pas pouvoir déjeuner avec toi, je suis désolé. Mais je veux que tu rentres à la maison. Nous nous verrons ce soir… Tu me prépares un truc dont tu as le secret pour le dîner, hein ?

Il s'approche de Léa et la serre dans ses bras, elle se dégage avec douceur de son étreinte et le regarde droit dans les yeux.

— D'accord, papa, je vais rentrer à la maison, mais tu me promets de revenir pas trop tard ce soir, tu me le promets ?

Lorsque Sébastien lui jure de revenir tôt, ils savent l'un et l'autre que cet engagement ne sera pas tenu. Et quand Léa quitte son père, elle ne peut s'empêcher de se mettre à courir. Elle sait que quelque chose de grave est en train de se passer, elle a vu tout à l'heure dans son cabinet des choses terribles et elle n'a pas trouvé la force d'en parler avec lui. Alors, en courant sur le trottoir, elle ne peut s'arrêter de pleurer. Sébastien, lui, est resté seul, il ramasse le fax que l'arrivée de sa fille

177

ne lui a pas laissé le temps de lire. Et en parcourant les quelques lignes qui se dessinent avec netteté sur le feuillet, Sébastien a la conviction que ce qu'il vient de vivre dans la solitude de son cabinet n'est rien au regard de la terrible promesse contenue par cette simple feuille de papier.

La musique est assourdie par les murs capitonnés. Les notes, égrenées avec un soin mathématique par le pianiste virtuose, viennent doucement percuter les parois et y mourir en silence. La femme est allongée sur des draps blancs immaculés dans son lit métallique, elle n'est plus attachée mais ses membres sont immobiles. Seule sa bouche est agitée de mouvements presque imperceptibles. Le reste de son visage est figé, mais si on s'approche assez près on peut entendre comme une mélopée. Elle chante. Elle accompagne la musique d'une litanie monocorde, offrant aux inventions du compositeur de nouvelles notes, de nouvelles voix, dissonantes et étranges. De temps en temps, sa main droite se soulève comme si elle voulait marquer un tempo délirant, imprimer une cadence. Mais tout comme son chant, sa mesure est désincarnée, indifférente à la mécanique de précision de la partition originale. Soudain la musique s'arrête. Elle ne réagit pas, les minutes passent puis elle commence à se relever, comme réveillée d'un long et profond sommeil. Elle est maintenant assise sur son lit, elle sait que la porte va s'ouvrir et qu'il faudra alors supporter les mots, entendre les diagnostics, tirer à nouveau sur les laisses de sa colère et de sa rage pour ne pas les laisser mordre. Le médecin entre en souriant, il est petit, presque chauve et ses lunettes rondes cerclées d'or lui donnent un air un peu inquiétant. Il se frotte les mains avec entrain, il a l'air tout à fait satisfait, presque heureux.

— Eh bien, chère madame, je crois que c'est avec les Variations Golberg, admirablement transcendées par l'inimitable génie de Gould – mais que seraient-ils l'un sans l'autre ? –, que nous obtenons les résultats les plus satisfaisants. Voilà maintenant trois ans que nous travaillons ensemble, et je crois pouvoir affirmer que vous allez bien mieux que quand vous êtes arrivée. Plus aucun signe d'agressivité avec le personnel, des échanges courtois, presque polis. Il paraît même que vous avez souhaité travailler à la cantine de notre établissement. Bien entendu, c'est une possibilité que nous allons étudier avec la plus grande attention.

La femme redresse la tête vers le médecin, elle voudrait sourire mais seul un triste rictus déforme un peu ses lèvres. Les années d'hôpital psychiatrique ont été aussi des années de camisole chimique qui ont peu à peu annihilé chez elle toute capacité à exprimer la moindre forme de satisfaction, de colère ou de joie. Des années à tenter de dominer sa peine, sa rage, des nuits à hurler jusqu'à ce que les gardiens viennent lui faire une injection ou la tabasser. Personne n'était venu la voir pendant toutes ces années, ni lui ni elle et elle avait cultivé sa solitude dans le terreau fertile de son dégoût pour les autres et de son indifférence au monde. Lorsqu'elle avait pu enfin sortir, ils étaient venus la chercher pour l'emmener dans cette clinique.

Elle ne savait pas exactement où elle était, mais alors que les drogues finissaient de quitter son corps et qu'elle retrouvait un peu de sa lucidité, elle avait compris qu'elle n'était plus en France, que quelqu'un avait souhaité qu'elle puisse être recueillie dans cet endroit, pour y être soignée. Maintenant elle savait bien que c'était surtout pour être éloignée, pour être maintenue sous contrôle. Un contrôle moins rude, moins sévère que la dureté de l'unité pour malades psychiatriques mais une surveillance étroite quand même. Elle prenait encore des médicaments, beaucoup moins. Certains soirs elle arrivait même à ne pas prendre les somnifères qu'elle cachait sous son matelas avant de les jeter dans les toilettes. Bien sûr, ces soirs-là elle demandait plus de musique, plus longtemps, plus fort...

— Vous savez, madame, je ne suis pas le premier à croire en les vertus de la musique chez les patients psychotiques, mais à côté de moi, voyez-vous, les autres médecins sont des amateurs. Je suis le seul à pouvoir démontrer la corrélation entre une musique précise et le comportement particulier qu'elle induit. Vous en êtes la preuve éclatante. Je vous félicite pour vos progrès.

Au prix d'un effort intense elle le regarde, se lève puis lui tend la main. Le médecin, emporté par son émotion, se met à la serrer dans ses bras. C'est une telle souffrance pour cette femme qu'elle ne sait même pas si elle ne va pas lui arracher les yeux, car à cet instant elle entend sa haine et sa colère qui hurlent dans son cœur, elle les sent prêtes à jaillir et à faire cesser cette torture. Lorsque le médecin la relâche enfin et quitte sa chambre, elle retourne vers son lavabo. Elle regarde son visage dans la glace, elle est pâle et ses yeux sont mouillés de larmes ; un mince filet de sang s'écoule de la commissure de ses lèvres. Quelques secondes de plus auraient suffi pour qu'elle explose. Elle pense qu'elle doit augmenter un peu ses doses. Après toutes ces années de délires et de pulsions, ces longs mois de traitements, elle a appris à se faire ses propres prescriptions, elle sait où est la limite entre l'emmurement catatonique et le déchaînement meurtrier. Entre les deux il existe une zone dans laquelle elle sait qu'elle peut évoluer près des autres, au milieu du monde. Ce territoire, elle vient d'en toucher les frontières mais elle a aussi bien failli les franchir, aller bien au-delà. Elle se regarde encore quelques instants dans la glace puis, se penchant en avant, comme dans un spasme, elle crache un flot de sang dans l'évier. Ce sang, c'est celui de sa langue. Elle a dû la mordre pour rester encore un peu dans cette zone de normalité qui, bientôt, lui permettra de revenir vers eux.

Léa

Je lis ces mots absurdes sur la feuille que je viens de trouver sur le bureau de papa. Je ne comprends rien, mais le mot « *Décès* » précédé du nom de Samantha n'appelle pas d'explication détaillée. J'aimerais laisser libre cours à mon chagrin, je voudrais pleurer mais je ne peux pas. Je suis arrivée au cabinet il y a quelques minutes, il n'y avait personne dans la salle d'attente, alors j'ai appelé papa et comme il ne répondait pas, j'ai entrebâillé la porte. Je ne voulais pas le déranger si il était avec un patient. Et puis je l'ai vu, par terre. Lui, ne semblait pas me voir, ses yeux étaient ouverts, il fixait quelque chose sur le sol, devant lui. Je l'ai appelé mais il ne m'entendait toujours pas. C'était tellement bizarre d'être là, à côté de lui et pourtant ailleurs, si loin, comme si je regardais un écran de télé. Je ne pouvais plus communiquer avec lui. Je n'ai même pas osé le toucher. Sur le bureau, j'ai vu un papier avec le nom de Samantha dessus. J'ai lu le début et j'ai compris tout de suite qu'elle était morte. C'est pour ça qu'il est parti si vite, c'est pour ça qu'il avait l'air si abattu, si triste. Je repose le papier et je le dévisage avec un mélange de crainte et de pitié.

Il se roule par terre, on dirait qu'il essaie d'échapper à quelque chose, il se frotte le visage. À un moment, j'ai l'impression qu'il me regarde alors je me mets à crier :

— Papa, papa, c'est moi, arrête ça, tu me fais peur ! Il n'y a rien dans la pièce, juste toi et moi !

Mais en fait je comprends qu'il ne me voit pas, son regard est au-delà de moi, bien plus loin. À cet instant précis, je suis transparente et je peux voir une peur abyssale, comme celle d'un petit enfant qui viendrait de se réveiller d'un profond cauchemar, comme Juliette parfois le fait. C'est comme la fois où nous nous étions cachées dans le placard et qu'il ne nous avait pas trouvées. Il transpire et ses vêtements commencent à être tachés. Je ne sais pas quoi faire. Quand j'étais petite, un peu avant la mort de maman, je me souvenais que cela lui arrivait parfois. Bien sûr à l'époque, je ne comprenais rien, mais je me souvenais très bien de l'une de ces crises, à Noël. Je devais avoir 6 ans.

Quand je suis entrée dans le salon, il y avait un grand feu. Papa et maman avaient préparé le sapin. Je vois encore les angelots, les traîneaux et les énormes boules rouges qu'ils avaient trouvées au marché de Noël. Il y en avait des dizaines, il y en avait tant que le petit sapin semblait prêt à ployer sous leur poids et que les pauvres branches pliaient jusqu'au sol tant elles étaient alourdies par cette overdose de décorations. J'espérais qu'il tiendrait au moins jusqu'à l'arrivée du Père Noël avant de s'effondrer au milieu du salon. Et puis je l'avais vu. J'ai d'abord cru qu'il installait quelque chose au pied du sapin. Il était allongé et sa tête plongeait à la base de l'arbre. Et puis j'ai entendu comme des cris. Je n'avais jamais vu papa pleurer, j'ai cru qu'il s'était fait mal. Alors je me suis approchée de lui, j'ai secoué son épaule et je l'ai appelé, très fort. Et puis il avait tourné vers moi un visage que je ne lui avais jamais connu. Il avait l'air perdu, comme s'il ne me voyait pas. Je me suis jetée sur lui et je l'ai serré très fort en disant « papa, papa, je suis là ». Et puis il a hurlé.

Quand maman est arrivée, elle m'a trouvée, prostrée, près du canapé. Je n'avais même pas pleuré, j'étais en état de choc. Elle m'a prise dans ses bras et m'a dit de ne pas m'inquiéter. Je me rappelle très bien ses mots, ce qu'elle m'avait dit à ce moment-là : « Ce n'est rien ma chérie, rien du tout, papa a fait un cauchemar, toi aussi tu en fais, n'est-ce pas ! » Oui, moi aussi j'en faisais, mais rarement les yeux ouverts et les bras tendus vers des choses invisibles. J'avais vu tout ça, mais peu après tout était rentré dans l'ordre. Papa était venu me faire un câlin et s'était excusé de m'avoir fait peur. Et puis nous avions passé le plus merveilleux des Noël. Même si ce devait être le dernier avec maman. J'ai surpris pourtant, dans les semaines qui ont suivi cet incident, des inquiétudes dans les regards échangés entre eux. Parfois même je les entendais se disputer et bien sûr, comme tous les enfants, j'espérais que ce n'était pas à cause de moi. Je sais aujourd'hui qu'il n'en était rien.

Quand papa revient à lui, quand peu à peu je vois son regard se porter à nouveau sur les choses qui l'entourent puis sur moi, alors que ce fax débile n'arrête pas de couiner, je décide de mentir. Et quand il me demande depuis combien de temps je suis dans la pièce, je préfère lui dire que je viens d'arriver. Je ne veux pas d'explications, pas encore… Ou peut-être jamais. Mais ce que je sais avec certitude, au moment où je quitte le cabinet, c'est que mon père va très mal et que je ne sais pas quoi faire pour l'aider. Et c'est un aveu si terrible pour une petite fille de 13 ans que je ne peux m'empêcher, tout en courant pour rejoindre la maison, de me mordre la main jusqu'au sang.

Chapitre 22

Claire n'a d'abord rien trouvé en tapant le nom de Sébastien Venetti dans le fichier central et rien, c'est déjà suspect... Bien qu'elle eût préféré n'avoir jamais à le faire, elle a dû se résoudre à renouer avec son ancien réseau. De tous les contacts qu'elle a gardés au ministère, c'est Charles qui pourra certainement faire quelque chose... Si tant est qu'il y ait quelque chose à faire. Elle se dit qu'au fond elle ne pourra jamais vivre une vie normale, juste normale. Pourquoi fallait-il que l'homme qu'elle avait rencontré dans cette ville – celui qui avait su, en si peu de temps, lui redonner un peu de confiance, un peu de foi en l'avenir, en son pouvoir de séduction, en sa capacité à vivre une relation – devienne aujourd'hui le suspect numéro un de sa première affaire criminelle ?

— Bonjour, Charles, c'est Claire... Oui, ça va, aussi bien que possible. Écoute j'ai besoin que tu me rendes un service. Je cherche des informations sur le Dr Sébastien Venetti. Il exerce dans la commune de Despluzin, depuis plusieurs années. À part quelques amendes, je ne trouve rien sur lui... Oui, il est possible qu'il ait changé d'identité, je ne sais pas... Ce pourrait être une explication… Avec les outils dont je dispose je ne peux pas aller plus loin, mais toi… Oui bien sûr, à ce numéro. Merci, Charles. Au fait… Je te remercie pour ton témoignage… Je sais, mais je n'avais pas eu l'occasion de te le dire alors voilà, simplement, merci.

Il avait été un de ses rares collègues à venir raconter à la barre une scène dont il avait été témoin. Il était pourtant un ami de longue date de Rodolphe. C'est peut-être aussi pour cette raison qu'il avait trouvé la force de venir témoigner. Il devait savoir depuis longtemps de quoi était capable son cher vieux « camarade ». Peut-être avait-il enfin décidé que cette vieille amitié était un rempart bien fragile comparé à la souffrance que son ami imposait à Claire en particulier et, peut-être même, aux femmes en général. Claire le soupçonnait de connaître depuis longtemps les aspects les plus pervers de son ex-mari. Mais peu importaient les motivations profondes qui avaient poussé Charles à apporter son témoignage. Il avait été déterminant et Claire lui en était reconnaissante.

Elle se saisit du rapport sur les premiers éléments concernant la mort du petit Hassan, ceux que le lieutenant Desombre avait laissés à son intention. Il n'y a pas grand-chose dedans, si ce n'est une simple retranscription des informations transmises par l'hôpital. L'heure du décès, les premières constatations, le nom du médecin qui l'avait fait admettre aux urgences pédiatriques. L'enfant était hospitalisé depuis quatre jours pour une crise d'asthme… Claire avait lu quelque part que l'on pouvait mourir de cette maladie mais, concernant ce garçon, il semblait que la crise avait été maîtrisée et que la cause du décès ait une autre origine. Elle ne pouvait guère en savoir plus à la lecture de ces quelques lignes et devrait attendre que ses deux collègues lui fournissent plus d'informations. Attendre… Attendre que Charles la recontacte, attendre que Romain et Thierry la rappellent pour lui donner plus d'éléments, attendre que les années finissent d'enfouir un passé trop lourd, attendre que son ex-mari ait fini de la tabasser pour se traîner dans la salle de bains… Claire n'en pouvait plus de ces attentes. Elles lui rappelaient trop les années de passivité, ces années gâchées de résignation prostrée. Elle allait se rendre à l'hôpital, tout de suite. Si elle restait ici, à relire des rapports sans intérêt sur des vols avec violences et des cambriolages, elle allait devenir folle. Elle savait pourtant que, ce matin, elle devait encore entendre deux petits voyous qui avaient été placés cette nuit en garde à vue après avoir arraché un collier en or à une veille dame. Ils l'avaient laissée sur le sol, avec ses dernières illusions sur la belle jeunesse de son pays et son col du fémur brisé en tout petits morceaux. Le « rendez-vous » clignotait et s'affichait, accompagné d'une petite sonnerie obsédante, sur l'écran de son ordinateur. Cela aurait au moins le mérite de la faire patienter en attendant d'avoir des nouvelles de ses collègues, anciens et nouveaux.

— Oui, amenez-moi les deux jeunes types que l'on a collés en garde à vue hier… Oui je sais qu'ils ont un avocat.

Cinq minutes plus tard, on lui présentait les deux criminels. Ou plutôt deux gamins, suivis de près par une troisième « enfant ». Une avocate commise d'office à peine sortie du centre de formation des avocats.

— Bon, messieurs, maître, ce que je vous propose, c'est de ne pas perdre de temps. On a retrouvé sur vous lors de votre arrestation le collier de Mme Cogneau et des témoins ont reconnu votre scooter sur photo. La victime n'est malheureusement pas en état de témoigner, mais je pense qu'il est préférable pour vous de reconnaître les faits. Le juge y sera sensible, croyez-moi.

Les deux petites frappes ont une attitude étrange, mélange de défi, de peur et de rage contenue. Ils ne veulent pas perdre la face surtout l'un devant l'autre. Pourtant Claire sent bien que cette fois-ci ils ont compris qu'ils ont dépassé le stade du petit larcin et que les choses pourraient très vite se compliquer. Alors elle en rajoute une couche :

— Votre victime est hospitalisée. Vu son âge, j'espère pour vous qu'elle s'en sortira… Parce que sinon c'est un homicide et là, vous allez prendre cher. Même vous, Benjamin, votre excuse de minorité ne vous fera pas échapper à la prison.

Le mot « prison », bien qu'auréolé de promesse de respect dans les cités, a tout de même un impact certain sur le plus jeune des prévenus.

— Je m'appelle Ben, plutôt, madame le juge, parce que la vérité, Benjamin, c'est naze quoi… Et moi, je voulais pas le faire, c'est l'autre tête de mort là, c'est lui, madame, c'est Aziz qu'a voulu qu'on se fasse la vieille. Vas-y putain, dis-lui toi à la juge que c'est ton idée, enculé !

La jeune avocate est effondrée, son client vient d'admettre tout ce qu'on lui reprochait, ce que de toute façon, elle se voyait mal contester. Mais surtout il ne fait preuve d'aucun remords, n'a pas un mot de compassion pour sa victime. Au cours du peu de temps qu'elle avait pu consacrer à ses clients, elle avait été pourtant claire. « Bon, pour vous, j'ai bien peur que vous soyez placés en détention provisoire. Peut-être pas les deux. Vous monsieur Tanguy, vous êtes encore mineur, faite preuve de compassion pour votre victime… Oui, bon… Dites juste que vous êtes désolés, que vous regrettez, que vous ne vouliez pas faire ça, que vous avez été dépassés par la tournure des événements, quoi… Bon, OK, OK… Dites juste que vous êtes désolés, ça ira. » Mais, il venait plutôt de choisir de charger son complice, ce qui, après tout, était une stratégie comme une autre.

Claire allait reprendre la parole, afin d'expliquer aux deux suspects qu'elle n'était pas juge et que ce serait quelqu'un d'autre qui allait décider si on les plaçait en détention, mais aussi que de leur attitude et de leur éventuelle collaboration dépendrait la manière dont elle présenterait les choses au « vrai » juge. Mais elle n'en eut pas le loisir. En une seconde, le plus âgé des suspects s'était jeté sur Ben et s'était mis à lui balancer de grands coups de boule. Le temps que l'on vienne séparer les deux suspects et prendre en charge la jeune avocate – qui, au passage, avait pris elle aussi un mauvais coup –, Claire avait décidé de tout faire pour que ces deux phénomènes restent en prison. Le dossier qu'elle allait présenter au juge serait fort précis sur ce point.

Le calme revenu dans son bureau ne dura pas et fut interrompu à nouveau par la sonnerie de son téléphone. Claire décrocha aussitôt, c'était Charles.

— Oui, c'est moi, alors… Non… Mon Dieu, et comment tu as trouvé tout ça ? Oui je sais, vous avez des moyens que je n'ai pas, moi, pauvre petit commissaire de province que je suis… Peux-tu m'envoyer ça ?

Bien sûr que j'ai un mail, imbécile. Merci, Charles, merci pour tout.

Ce que Claire venait d'apprendre faisait naître chez elle des sentiments très particuliers, mélange complexe de compassion, d'interrogations et aussi d'inquiétudes. Elle attendait maintenant de recevoir la totalité du dossier, mais elle savait dorénavant que le passé de Sébastien ne serait pas de nature à éloigner les soupçons qui l'entouraient déjà, bien au contraire.

Chapitre 23

Dès qu'il arrive à l'hôpital, Sébastien se précipite vers le bureau du chef de service pédiatrie, Guillaume Larauze, un médecin rigolard et affable, un grand gaillard dont les grosses pattes velues ont, pour les enfants malades, une douceur et une sensibilité surprenantes. Il ouvre sans frapper, se précipitant dans le bureau, mais trois hommes sont déjà en grande conversation.

— Tenez, messieurs les policiers, le voilà, Sébastien Venetti ! Vous allez pouvoir lui poser vous-mêmes les questions dont vous ne cessez de me rebattre les oreilles depuis une heure. Figurez-vous que j'ai autre chose à foutre que de perdre mon temps à vous dire que vous faites fausse route. J'ai deux gamins atteints d'une tumeur au cerveau à voir ce matin et pour l'un d'eux j'ai bien peur que ce soit la dernière fois que je puisse écouter les battements de son cœur… Salut, Sébastien, je te laisse entre leurs mains, nous aurons le rapport d'autopsie ce soir. Et je suis désolé pour Hassan, d'autant plus désolé que, si tu veux mon avis et comme je l'ai dit à ces messieurs, il est probable que ce ne soit pas une crise d'asthme qui l'ait emporté. Allez, on se voit après.

Romain et Thierry restent un peu interdits et ne font rien pour retenir le médecin qui a déjà franchi la porte. Ce ne sont pas les personnes auditionnées qui, en général, mettent fin à l'entretien, mais le petit couplet du docteur sur cet enfant en fin de vie ne laisse pas vraiment de place à la discussion. C'était par ailleurs le but recherché par Guillaume Larauze. Les deux policiers se tournent vers Sébastien et c'est Romain qui, le premier, s'avance vers lui.

— Bonjour, docteur, je suis le lieutenant Romain Goupil et voici mon collègue Thierry Desombre, nous enquêtons sur la mort d'Hassan Boubaker.

Sébastien les salue d'un vague mouvement de la main, il enrage de n'avoir pas pu échanger, même un bref instant, avec son confrère. Il sait bien que l'hôpital est obligé de déclarer les décès, mais pour que les flics soient là aussi vite, il faut que la mort d'Hassan soit jugée bien suspecte.

— Docteur Venetti, je ne vous cache pas que si nous sommes venus si rapidement c'est parce que, en deux jours, ce sont deux de vos patients, deux enfants, qui sont décédés dans cet hôpital. Et nous trouvons que ça fait beaucoup, surtout pour deux malades dont l'état n'était pas si préoccupant que ça, n'est-ce pas ?

Eh bien voilà, pense Sébastien *je sais maintenant pourquoi ils sont arrivés aussi vite*. Il se félicite aussitôt, avec en même temps un serrement de cœur coupable, d'avoir fait disparaître l'ordonnance sur laquelle il aurait prescrit une inutile injection à Samantha. Il sait pourtant pertinemment, et il le ressent avec d'autant plus de force devant ces deux policiers, que ne pas avoir fait tout de suite état de cette prescription fantôme le condamne à ne plus en parler. À moins de vouloir se retrouver en garde à vue. Alors, il décide de continuer à mentir, avec la force et la conviction de celui qui sait qu'il n'a plus le choix.

— Ces deux décès n'ont rien à voir entre eux. Nous devons attendre encore concernant Hassan Boubaker pour connaître les causes exactes de sa mort, mais pour Samantha, les choses sont hélas dramatiquement simples. Nous avons reçu le rapport d'autopsie, elle est morte de ce que l'on appelle un *Purpura fulminans*, une méningite foudroyante. Et le coupable s'appelle *Neisseria meningitidis*... Il est très petit et par conséquent vous aurez du mal à lui passer des menottes mais, si vous le croisez, croyez moi, vous n'aurez pas de mal à le reconnaître.

Le plus jeune des deux policiers reprend la parole d'un ton neutre :

— Écoutez, à votre place, je ne jouerais pas à ce petit jeu. Nous, on enquête sur ce qui a tout l'air d'être un meurtre et, croyez-moi, s'il s'avère qu'il y a eu d'autres morts inexpliquées dans votre entourage au cours de votre carrière, il vaut mieux nous le dire tout de suite. Parce que vous voyez, docteur, si c'est nous qui découvrons ce genre d'informations, eh bien c'est contre vous que cela se retournera.

Et voilà, tout ce que j'ai réussi à faire, pense Sébastien, *c'est de me foutre ces deux flics à dos*. Dans sa situation, c'était à coup sûr la pire des stratégies à adopter. Parce que lui le sait mieux que quiconque, s'ils se mettent à fouiller dans son passé, des morts suspectes, ils vont en trouver, et pas seulement chez ses patients.

En sortant du bureau après avoir assuré aux policiers qu'il se tiendrait à leur disposition et qu'il ne comptait pas quitter Despluzin, il décide de rejoindre Guillaume Larauze.

— Qu'est-ce que tu en penses, toi, Guillaume ? Tu as vu le corps d'Hassan avant qu'on l'emmène ?

Guillaume hésite quelques instants sur la manière dont il va lui répondre, puis finit par laisser sa nature entière et spontanée l'emporter :

— On l'a étouffé, Sébastien, sans hésiter. L'autopsie nous le confirmera c'est probable, je suis désolé. Bien sûr, j'ai dit la même chose aux flics, mais je leur ai aussi précisé que j'étais persuadé que tu n'avais rien à voir dans cette histoire. Mais enfin, ils font leur boulot... Et puis juste après le décès de la petite Marineau, ça tombe plutôt mal. Mais tu sais je leur ai précisé que n'importe qui pouvait, avec un peu de détermination et de culot, rentrer dans la chambre d'un patient. De toute façon, tu peux compter sur moi, Sébastien, mais à mon avis, prépare-toi à ce qu'ils ne te lâchent pas.

C'est bien ce qui m'inquiète, Guillaume, c'est bien ce qui m'inquiète... Dans le grand hall de l'hôpital, Sébastien croise Mme Boubaker, soutenue par ses deux fils aînés. Elle est anéantie, son visage est comme mort, vide de toute expression. Sébastien hésite puis se dirige vers elle, d'un pas rapide. Lorsqu'il n'est plus qu'à un ou deux mètres, un des fils, le plus âgé, s'interpose et le saisit par le col.

— Toi le toubib, tu te casses ! Tu laisses ma mère tranquille ! Tu crois pas que tu lui as déjà pas assez pourri la vie comme ça ? Et puis tu t'es bien occupé de mon frère aussi, pas vrai ? Tellement bien qu'il est mort, maintenant ! À cause de toi ma mère elle est comme veuve, plus personne lui parle dans le quartier et maintenant elle a perdu un fils. Alors casse-toi !

Il repousse, avec brutalité, Sébastien qui vacille un peu. Plus sous le choc des mots qu'a employés le grand frère d'Hassan que sous la rude poussée qu'il a reçue. Autour de lui, les murs de l'hôpital commencent à s'effacer peu à peu et il sait que s'il reste ici, il retournera là-bas, à l'endroit où tout a commencé. Une immense peur l'envahit, la peur ultime, celle qui le ronge depuis qu'il est victime de ces hallucinations, la crainte de rester coincé dans cette pièce, avec tout ce sang, d'y rester à jamais. Alors il se reprend, il se concentre sur une seule chose, être ancré dans le réel. Il se pince le bras avec la force du désespoir. Puis il se précipite vers le parking alors que la réalité qui l'entoure devient d'une fragilité extrême. Il court vers sa voiture, s'y engouffre et, posant ses mains sur le volant, il se met à respirer calmement, par le ventre. Il pense à ses filles, il pense à ses patients, il les visualise. Il pense à n'importe quoi pourvu que ce soient des choses et des gens faisant partie de ce monde, de son monde. C'est un toubib qui lui a appris ça, il y a très longtemps, lorsqu'il était encore enfant. Il se souvient presque de son nom. Et à ce moment précis, il sait que s'il arrive à se souvenir de ce nom il pourra garder le contrôle. Il doit se rappeler ce médecin, tout de suite ! Il doit parcourir les méandres de sa mémoire en évitant de s'y perdre trop loin, il doit visualiser les lettres qui forment ce nom... Et il les voit se dessiner, peu à peu. Patrick, Patrick Wiltzer ! Il l'a hurlé dans la solitude de sa voiture, il l'a crié et, au même moment, il a su que cette fois-ci, il ne sombrerait pas... Pas aujourd'hui.

Chapitre 24

Claire n'a pas longtemps à chercher. Les deux hommes sont dans le hall de l'hôpital, ils ont acheté des sandwichs et sont en train de les engloutir sans passion mais avec méthode.

— Bon appétit, messieurs !

Ô ministres intègres ! Conseillers vertueux ! ajoute-t-elle *in petto*, rejointe soudain par son goût immodéré pour les lettres classiques. Romain se tourne vers elle puis, avalant avec hâte l'énorme morceau qu'il vient d'enfourner dans sa bouche, il balbutie :

— Bonjour, commissaire, vous avez raté de peu le Dr Venetti, il vient de partir. Nous l'avons entendu mais il n'avait pas grand-chose à nous dire. On l'a trouvé un peu agressif mais pas vraiment inquiet. De toute façon, on va attendre les résultats de l'autopsie du petit Hassan, les toubibs nous ont dit que l'on devrait les avoir d'ici une heure mais, pour eux, c'est clair, c'est un homicide. Vous voulez qu'on le convoque tout de suite au commissariat ?

Claire ne souhaite pas entamer cette discussion ici, au milieu de ce hall d'accueil. La première vraie affaire criminelle qu'elle avait à traiter, et il fallait que ce soit avec ce suspect-là.

— Non, pas pour l'instant mais ça pourrait venir assez vite... Et non, je ne l'ai pas croisé, mais j'ai appris des choses intéressantes sur lui... Venez, allons nous asseoir, je vais vous en dire un peu plus.

Ils se dirigent vers la cafétéria de l'hôpital et s'assoient à une table après avoir pris trois cafés. Le lieu est désert, et Claire se demande si c'est à cause de la froideur sinistre de l'endroit ou de la pauvreté de la carte, mais ces deux facteurs, à son avis, se combinent avec une belle synergie pour faire de l'endroit un parfait mouroir.

— Je me suis fait envoyer le dossier de Venetti, tout n'y est pas, je pense, mais ce que j'ai obtenu est déjà inquiétant. Sébastien Venetti s'appelle en vérité Sébastien Vergne, Venetti est le nom de ses parents adoptifs. Quand il avait 7 ans sa mère a poignardé sa grande sœur, Valérie, âgée elle de 13 ans. Et le plus sordide de l'histoire, c'est que la mère de Sébastien lui a demandé de s'accuser à sa place, pour éviter la prison.

Thierry, qui a terminé son café et son sandwich, et est donc de nouveau opérationnel, lève la tête et s'agite soudain.

— Ah oui, je me souviens d'un truc comme ça. Je me suis dit, la vache, le pauvre môme, il part pas dans la vie avec que des bonnes cartes...

Et pourtant... pense Claire, pourtant cela ne l'avait pas empêché de faire médecine, de se marier, d'avoir des enfants et de piloter sa vie avec une apparente normalité. Elle qui, pour filer la métaphore de son collègue, avait reçu à la naissance une main plutôt heureuse, une sorte de « quinte flush royale », avait pourtant bien massacré sa chance et se retrouvait aujourd'hui avec ce parcours sinistre. Mais bon, sa vie à elle avait été clairement foirée aux yeux de tous, alors qu'il restait chez Sébastien Venetti, derrière les apparences, des zones d'ombre qui allaient devoir être éclaircies.

— Sa mère a été condamnée à cinq ans de prison et, lorsqu'elle est sortie, on n'a plus jamais entendu parler d'elle. Les deux enfants ont été placés et seule la sœur, qui avait survécu aux délicates attentions de sa maman, a continué à voir son frère. Jusqu'au jour où les médecins ont décidé qu'il valait mieux qu'ils suivent des chemins différents. Valérie a continué un parcours de dérive, de foyer en foyer, alors que Sébastien, lui, a eu la chance d'être adopté. On retrouvera la sœur, dix ans plus tard. Elle a volontairement écrasé un camarade de Sébastien à la sortie de son lycée. Elle a été reconnue irresponsable, a fait quelques années d'HP et coule maintenant des jours paisibles, entourée de l'affection de tout un tas d'« amis » psychotropes de toutes les couleurs, dans une discrète clinique suisse payée par son frère. Et l'histoire du Dr Venetti ne se termine pas là. Il y a six ans, alors que la famille louait une maison dans le sud de la France pendant les vacances, on a retrouvé un beau matin sa femme au fond de la piscine. Avec une dose d'anxiolytiques suffisante pour assommer un ours. La police a conclu à un suicide, et toute la famille est retournée à Despluzin. Fin de l'histoire. Jusqu'à maintenant.

Romain prend des notes sur son petit calepin. Lui qui a, à peine une heure plus tôt, rencontré le médecin, se demande bien comment il peut encore tenir le coup.

— On peut dire qu'il a vraiment pas de bol, hein ? Pas la peine qu'il se mette à jouer à l'Euromillions, ce type. Du coup, commissaire, il faut peut-être qu'on lui demande de venir nous raconter son histoire. Je ne suis pas psy, mais une vie pareille ça doit vous marquer un homme, non ?

De là à en faire un tueur d'enfants, il y a quand même un fossé, pense Claire, et puis pour le convoquer il faudrait que l'on ait quelque chose de tangible. Et ce quelque chose, c'est Guillaume Larauze qui le leur apporte. Il entre dans la cafétéria, tenant une feuille dans la main et, se dirigeant vers eux sans aucune hésitation, il dépose le document sur la table.

— Voilà, madame et messieurs les policiers, maintenant c'est à vous de jouer, mais par pitié n'en tirez pas de conclusions trop rapides.

Chapitre 25

La femme regarde la jeune fille qui se dirige vers le conservatoire. Elle est jolie, elle ressemble un peu à son père, sûrement plus encore à sa mère. Elle s'appelle Léa, la femme le sait, elle a vu les noms sur la boîte aux lettres, des prénoms tracés avec hésitation par des mains d'enfants, « Maison de Juliette, Léa et Sébastien Venetti », accompagnés d'un dessin grotesque de fleurs et de papillons. Et puis elle a aussi vu leurs chambres quand elle est entrée dans cette maison. De jolies chambres de petites filles, pleines de rêves, de fées, de princesses et d'illusions… Elle avait dû se retenir pour ne pas déchiqueter tous ces dessins, pour ne pas détruire cette image insupportable d'un bonheur trop injuste. Pour l'autre chose par contre, elle n'avait pas pu se retenir. Tant pis, de toute façon c'était bien trop tard… Juliette et Léa, deux jolies jeunes filles, une jolie maison… Tu auras au moins réussi ça, Sébastien.

Elle démarre sa voiture et avance lentement vers Léa. La jeune fille doit aller suivre son cours de piano avec Mme Fleuri, mais avant il y a le solfège, une heure de souffrance et d'incompréhension mutuelle avec ce professeur. Alors elle y va, mais d'un pas traînant, sans enthousiasme ni précipitation. Dans la voiture la femme en blanc garde une distance prudente, elle observe, elle scrute, mais son visage ne montre aucun signe d'excitation, de colère ou de stress. C'est un visage vide, lisse, une sorte de masque de cire sans vie. Elle ne l'a pas toujours eu, ce masque. À un moment donné de sa vie, il y a bien longtemps, elle a été vivante. Mais c'était avant, avant l'enfermement, avant les traitements, les camisoles physiques et chimiques. Elle monte le son de son autoradio, les notes s'égrènent avec la précision mathématique que seul Bach peut offrir à un clavier. Elle bat la mesure, sans émotion, tapotant le volant du bout de ses doigts secs. Elle pourrait chantonner, elle connaît ce morceau, de la première à la dernière note, mais la musique ne lui offre plus de joie, juste de l'apaisement, juste un peu plus de contrôle. Avant elle le perdait ce contrôle, avant le traitement elle se laissait encore emporter par le ressentiment, par la haine, et elle n'agissait plus de manière rationnelle. Cela avait causé sa perte. Maintenant la haine et la colère étaient encore là bien sûr, tapies au fond de son âme, elles restaient deux bêtes sauvages. Deux louves enragées prêtes à mordre, mais aujourd'hui elle savait ne pas les libérer complètement. Elle avait perdu son visage, mais le jeu en valait la chandelle. Elle a maintenant rejoint Léa et, arrivée à la hauteur de la jeune fille, elle baisse sa fenêtre.

— Bonjour, Léa, je travaille à l'hôpital, c'est ton papa qui m'envoie pour te ramener là-bas, il veut te voir. Ta petite sœur Juliette y est déjà. Rien de grave, rassure-toi, grimpe vite.

La femme ouvre la portière passager. La jeune fille recule, la conductrice voit clairement sur son visage qu'elle ne montera pas si elle ne revient pas tout de suite à la charge.

— Allez, Léa, monte, ton papa m'a dit qu'il ne fallait pas que tu t'inquiètes mais qu'il avait vraiment besoin que tu le rejoignes au plus vite… Je ne devrais pas te le dire, mais je crois qu'il a quelque chose de très important à t'annoncer.

Elle sent maintenant le regard de la jeune fille qui la fixe, d'abord étonnée, puis avec, de plus en plus de méfiance. Léa la regarde comme souvent ils la regardent tous. Léa ne sait pas que les antipsychotiques à haute dose peuvent produire ce genre de symptômes et donner aux malades ce visage si caractéristique, cette sorte de masque mortuaire, cette impassibilité morbide qui ne laisse rien voir des sentiments qui les animent. La femme sait que cette méfiance se transformera en peur puis, plus tard, en terreur. Elle a l'habitude de ce type de regard, les gens ne comprennent pas cette impassibilité, cette froideur. S'ils savaient à quel point son indifférence aux autres, au monde, à la douleur et à la compassion lui permet d'accomplir son projet sans que ce genre de sentiments viennent perturber ses élans. Cela la rend plus forte, beaucoup plus forte.

— Très bien, Léa, puisque tu ne veux pas monter, je vais retourner toute seule là-bas. Qu'est-ce que je dis à ton père ? Il risque d'être déçu.

Cela a été suffisant pour vaincre les dernières résistances de Léa qui finit par monter dans sa voiture. La femme commence à rouler, elle ne dit rien, ne répond plus aux questions. Elle s'amuserait presque de voir l'éclair de stupeur incrédule de la jeune fille quand elle s'aperçoit qu'elles ne prennent pas le chemin de l'hôpital. Mais l'amusement est une folie qu'elle ne souhaite pas s'autoriser. Il y a peut-être juste une forme de réjouissance, de sourde satisfaction à sentir Léa sombrer dans un abîme de peur. Elle pourrait faire durer encore ces instants délicieux de vengeance, cette souffrance qu'elle ressent presque physiquement. Combien de fois l'a-t-elle elle-même ressentie avant d'apprendre à s'en détacher et à l'ignorer, combien de fois a-t-elle sangloté de terreur au fond des lits froids d'un foyer sans âme ? Elle pourrait mais elle décide qu'il est temps de maîtriser le processus, elle doit rendre l'enfant inoffensive avant que la panique ne vienne lui donner de nouvelles ressources et ne la rende incontrôlable. Et c'est presque à regret qu'elle se saisit de la seringue et que sa main se dirige vers la cuisse de Léa. Et lorsqu'elle enfonce l'aiguille d'un geste sec, elle ne ressent déjà plus aucune excitation.

Léa

Je ne peux m'empêcher de me demander pourquoi il n'est pas venu lui-même, pourquoi il veut que je le rejoigne maintenant, pourquoi Juliette serait avec papa… Bien trop de « pourquoi » pour moi, trop de questions qui appellent des réponses immédiates et attisent finalement ma curiosité mais aussi mon inquiétude. L'uniforme d'infirmière que porte cette femme d'une cinquantaine d'années achève de me convaincre et je monte dans la voiture. Je sais bien que je ne dois pas suivre des inconnus, encore moins monter dans leur véhicule, que je ne dois pas faire confiance aux gens que je ne connais pas… Mais tout ça c'était avant, quand j'étais petite, maintenant je me sens tout à fait capable de me défendre. C'est maman qui me disait toujours ça, avant que je ne parte à l'école, toujours. Tu parles, tout ça pour nous laisser tomber, sans rien nous dire. Personne ne m'a expliqué ce qui s'était réellement passé ce soir-là. Pourtant j'ai tout deviné. Enfin pas vraiment deviné. J'ai écouté les conversations des adultes, je me suis même cachée, plusieurs fois, quand mes grands-parents sont venus à la maison pour s'occuper de moi et de Juliette. Je me suis cachée dans l'escalier, le soir, quand ils pensaient que j'étais couchée et que je dormais. Je redescendais à pas de loup, me postais en bas, près de la grande porte du salon, sans bruit. Parfois je pleurais en silence c'est vrai, je me mordais les lèvres pour ne pas faire de bruit et puis j'écoutais, j'écoutais mon grand-père qui parlait à papa.

— Mais enfin, Sébastien, vous n'avez rien vu ? Merde, vous êtes médecin... Il devait y avoir des signes, on ne sombre pas comme ça, aussi rapidement, dans une dépression si profonde. On ne décide pas comme ça, du jour au lendemain de se donner la mort... C'est impossible et puis, elle était, elle... Elle avait l'air si heureuse.

Parfois la voix de papi se brisait et un lourd silence s'installait entre les deux hommes. C'est pendant ces instants-là qu'il était le plus difficile pour moi de ne pas pleurer. Je revoyais alors maman, pendant nos dernières vacances. Elle riait et jouait avec nous, elle s'occupait de Juliette qui était bébé, elle embrassait papa, ils étaient tous si heureux. Nous faisions des promenades et j'avais même le droit d'aller toute seule autour de la grande maison. Je regardais le ciel bleu, me laissais griser par le soleil et essayais de trouver où se cachaient ces satanées cigales qui, à les entendre, semblaient pourtant si proches. C'est la dernière fois que maman m'avait dit ça : « Je veux bien que tu ailles te promener autour de la maison mais tu ne parles pas aux gens que tu ne connais pas et, si on t'embête, tu cries très fort. »

Si elle avait voulu me protéger vraiment, elle ne serait pas partie comme ça, elle ne nous aurait pas abandonnés. Maintenant c'est à moi de m'occuper de ma petite sœur et aussi de papa parfois. Je dois faire comme si, comme si je n'étais plus une enfant, comme si je n'avais plus envie de pleurer le soir en pensant à ma mère, comme si la vie m'avait épargnée.

Alors je décide de monter dans cette voiture parce que je sais que je suis assez grande pour me défendre et que, de toute façon, je ne peux pas laisser papa et Juliette tout seuls. S'il m'a demandé de venir c'est que papa a besoin de moi, non ? Parfois il a besoin que je sois là, à ses côtés. Et la dernière fois, dans son cabinet, j'ai eu si peur, si mal pour lui... Il ressemblait à un enfant, il pleurait. Et malgré les paroles rassurantes qu'il prononce, chaque fois je sais bien que quelque chose ne va pas. Je décide aussi de monter parce que je ne veux pas que cette femme retourne à l'hôpital et dise à mon père que je n'ai pas voulu le rejoindre, que j'ai eu peur.

J'observe maintenant la femme assise à côté de moi, elle conduit avec calme. Son visage a quelque chose de familier, c'est peut-être ses yeux. Mais il y a aussi une dureté, une froideur un peu intimidante dans ses traits. Sans doute le métier d'infirmière est-il très dur, si dur qu'il vous rend aussi parfois un peu distant, c'est une sorte de blindage, comme dit souvent papa.

— Pourquoi mon père veut me voir, madame ? Vous travaillez où à l'hôpital, dans quel service, vous connaissez le Dr Larauze ? C'est un ami de papa, vous devez forcément le connaître.

La femme ne me répond pas, elle a les yeux fixés sur la route, elle ne me regarde même pas. En observant le paysage autour de moi, j'ai un choc. Je viens de m'apercevoir que nous ne prenons pas du tout le chemin de l'hôpital. Nous venons de passer devant le grand centre commercial et il est à la sortie de la ville, dans la direction opposée. Je ne suis pas encore très inquiète, pas complètement, même si une sourde angoisse me serre le ventre. Je me tourne vers la femme et tente de conserver une voix posée, calme.

— Madame, ce n'est pas par là l'hôpital, vous vous êtes trompée de chemin… Laissez-moi descendre s'il vous plaît, laissez-moi descendre, maintenant.

L'infirmière n'a pas un regard pour moi, elle n'a pas même tourné la tête. Je ne veux pas crier, pas encore et lorsque que nous nous arrêtons à un feu rouge, je rassemble mes forces et tente d'ouvrir la porte avec toute la détermination que me permet la peur et que m'autorise la colère. Colère contre cette femme qui refuse de me répondre, colère contre moi-même de m'être laissé embarquer avec autant de facilité. Mais lorsque ma main se dirige vers la porte je réalise soudain avec horreur qu'à la place de la poignée il n'y a rien, juste un trou dans le revêtement en plastique. J'ai à peine le temps de commencer à hurler quand je sens une piqûre en haut de ma cuisse. En me retournant j'aperçois la silhouette penchée vers moi et je vois la seringue dans sa main. Je voudrais crier mais je ne peux bientôt même plus parler. Ma bouche devient pâteuse, j'ai envie de vomir et je ne sens plus ni mes bras ni mes jambes. La dernière chose que j'arrive à entendre, juste avant de sombrer dans l'inconscience, c'est une voix dure qui semble nourrir contre moi une haine profonde :

— Ne me pose plus de questions, jamais ! Tu crois que ton père s'en est posé, des questions, avant de faire ce qu'il a fait, ce qu'il nous a fait ?!

Chapitre 26

Sébastien est assis dans le salon, il sait que, bientôt, il n'aura plus la possibilité d'aller et venir comme bon lui semble. La conversation qu'il a eue avec les policiers et les mises en garde qui lui ont été adressées ne laissent pas beaucoup de place à l'incertitude. Aussitôt qu'ils auront le rapport d'autopsie d'Hassan Boubaker, ils viendront l'embarquer. Pour peu qu'ils aient eu le temps d'exhumer du passé l'histoire de son enfance et celle, plus récente de Sarah, il fera figure de parfait suspect. Après tout, un homme qui a vécu ce genre d'épreuves ne peut pas être complètement normal, un homme comme ça est très probablement perturbé, brisé par ce parcours de vie chaotique. Et après tout, peut-être n'ont-ils pas tort. Depuis combien de temps maintenant est-il victime de ces absences, de ces cauchemars éveillés ? Lui-même ne le sait plus vraiment, mais ce qui est certain, c'est que, depuis quelque temps, ils reviennent de plus en plus souvent, avec plus de force. Ce dont il est sûr, c'est qu'il doit d'abord prendre des dispositions pour Léa et Juliette. Il se saisit du téléphone et appelle la seule personne qui ne le jugera pas et qui viendra sans poser de question, pour l'instant en tout cas.

— Allô, papa, c'est Sébastien... Écoute, je n'ai pas beaucoup de temps, il faut que tu viennes le plus vite possible. Les filles vont avoir besoin de toi... Je t'expliquerai plus tard, je dois faire tellement de choses... Il faut que tu partes, tout de suite. De Paris tu peux être là dans trois heures, tu pourras même aller chercher Juliette à la sortie de l'école... Oui merci, papa... Moi aussi je t'aime. Attends ! Attends... il faut que je te dise, elle est ressortie... Je ne sais pas encore... Sois prudent.

Sébastien raccroche puis compose un nouveau numéro, plus long.

— Dr Venetti à l'appareil, passez-moi le Dr Fleurier, s'il vous plaît... Oui, docteur, j'ai bien reçu votre fax. Vous êtes certain de l'identité de la personne qui a fait sortir ma sœur... Oui j'imagine que vous vous assurez de leur identité mais c'est que... Oui, très bien... Tout est en règle de votre côté, je comprends... Mais vous, ce que vous ne comprenez pas, docteur, ce sont les conséquences de ce que vous avez fait.

Les cliniques suisses sont comme leurs banques, pense Sébastien avec amertume, avec la bonne signature, le bon numéro et le bon code vous pouvez faire sortir n'importe quoi d'un coffre... Ou n'importe qui d'une chambre capitonnée. Il sait qu'il n'a plus beaucoup de choix, ni beaucoup de temps. Il monte dans sa chambre, prend son sac de voyage, le grand sac Hermès, l'un des derniers cadeaux de Sarah. Elle lui avait dit en le lui offrant : « Comme ça, chaque fois que tu partiras en voyage je serai un peu avec toi... Et je pourrai te surveiller », avait-elle ajouté en riant.

En redescendant, il se dirige vers le salon et passe devant la cage de Mille Sabords. En quelques secondes, il comprend que quelque chose ne va pas. Il n'a pas entendu les cris grotesques de l'animal. La porte de la grande cage est ouverte et le perroquet n'y est plus. Sébastien sait bien que cette bête est incapable d'en sortir seule, quand bien même on aurait oublié de la refermer. Si elle n'est plus là, c'est que quelqu'un l'en a sortie. Sébastien sent une angoisse terrible s'abattre sur lui. Il connaît cette maison dans ses moindres recoins et pourtant, soudain, elle lui semble étrangère, presque hostile. Son regard se pose sur la porte de la cuisine et il a une terrible intuition. Il s'approche doucement, tout doucement de la pièce. Il pense alors avec stupeur que, la dernière fois qu'il s'est approché de cette manière de la porte d'une cuisine, il a été terrassé par l'horreur. Et les images reviennent alors avec force, comme des vagues qui le submergent… Le sang, le couteau… Le seul moyen pour arrêter ça, il le sait, c'est d'ouvrir cette porte, tout de suite. Alors il entre dans la cuisine en poussant un cri afin de chasser ses souvenirs, et plus certainement ses peurs. Il n'y a personne, rien ne semble avoir été déplacé. Il s'approche de l'évier et, au moment où il se décide à regarder à l'intérieur, il entend un bruit qui lui semble familier. Ce bruit, il le connaît, même s'il n'arrive pas à l'identifier. Comme si quelque chose de mou, de vivant, tapait contre un meuble. Il arrête de respirer pour tenter de percevoir d'où il vient… Cela vient de derrière lui, tout près. Il ne veut pas se retourner, il ne le veut pas mais il sait que ce qu'il va trouver sera sans doute moins effrayant que ce qu'il est capable d'imaginer. Alors, prenant une grande inspiration, il se tourne vers la porte qui s'est maintenant refermée. Il ne comprend tout d'abord pas ce qu'il voit. C'est à la fois trop évident et trop effrayant pour qu'il puisse en percevoir sur-le-champ toute la cruauté.

Mille Sabords est littéralement cloué à la porte de la cuisine. La personne qui a fait ça a utilisé les longues pointes de menuiserie dont Sébastien se sert pour retaper et consolider de vieux meubles. La malheureuse bête pend la tête en bas, une de ses ailes est déployée et a été fixée à la porte à l'aide de plusieurs clous. L'autre aile pend, misérable, et c'est elle qui tape de temps en temps sur le panneau de bois, produisant ce bruit écœurant, mouillé et chuintant de plume, de sang et de chair. L'animal a les yeux clos, et Sébastien pense tout d'abord qu'il est mort et que le mouvement de l'aile est une sorte de réflexe *post mortem*. Il s'approche du perroquet, bien décidé, malgré son effroi, à décrocher le cadavre de l'animal. Il ne peut pas le laisser comme ça. Même s'il sait bien qu'il ne devrait toucher à rien, il ne peut pas laisser cette bête se vider de son sang. Il tente d'abord de retirer les clous qui entravent l'aile, mais ils ont été enfoncés avec une telle force que, même avec l'aide d'un couteau, il n'arrive pas à les retirer. C'est au moment où il se décide à aller chercher un outil plus adapté que l'animal est pris de tremblements, de spasmes violents, et se met à pousser des cris terribles. Sébastien est tétanisé, il sent la souffrance épouvantable de l'animal, il la ressent presque physiquement tant les cris lui déchirent les tympans. Alors, comme un automate, il se saisit du marteau qui est resté sur le sol et en assène un coup violent sur la tête du perroquet.

Quand Claire et Romain arrivent dans la maison, les cris ont cessé. Sébastien est assis dans la cuisine, le marteau ensanglanté entre les mains. Romain dégaine son arme. Il lui demande de lâcher l'outil tout en le mettant en joue. Claire pose sa main sur le bras de son collègue et s'avance vers le médecin. Sébastien tourne ses yeux vers elle, son regard est hagard, mais il trouve tout de même les ressources nécessaires pour jeter le marteau au loin et, se redressant, il se met à crier :

— Mes filles, Claire, va chercher mes filles avant qu'elle ne les trouve !

Léa

C'est d'abord le froid qui me réveille. Les yeux fermés, je tente de saisir la couette pour la ramener sur moi. Ma main se tend le long de mon corps mais elle ne rencontre qu'une surface dure et glacée. J'entrouvre les yeux, comme si je me laissais encore une chance de me réveiller dans le confort et la sécurité de ma chambre. Mais je sais déjà que c'est trop tard. Au moment même où je suis montée dans cette voiture, il était déjà trop tard, je le sais. Ma gorge me brûle atrocement, j'ai soif comme jamais je ne le pensais possible. Même la fois où on était partis à vélo avec papa pendant les vacances, il y a deux ans, faire notre « grande balade ». La fois où il avait oublié de prendre les bouteilles d'eau et où on avait été obligés de frapper chez des fermiers pour demander à boire. Je me souviens, je l'avais menacé à plusieurs reprises de mourir de soif. Pendant des kilomètres j'avais râlé, au sens propre du terme, poussant des sortes de cris déchirants depuis mon vélo. Bien sûr il y avait là une énorme part de comédie et une volonté un peu sadique de le faire culpabiliser, même si j'avais franchement très soif, sous le soleil de Provence, en plein mois d'août.

Mais ce n'était rien, comparé à l'affreuse sensation de sécheresse que je ressens à cet instant. Je me souviens qu'il existe un truc pour produire de la salive alors je me mords les joues, mais rien ne se passe. Même l'air que je respire maintenant semble attiser encore un peu plus le feu intense qui me déchire la bouche, jusqu'aux entrailles. Il faut que je boive, tout de suite. Je me redresse un peu pour crier, pour demander de l'aide, pour que quelqu'un m'apporte de l'eau, qui que ce soit. Mais je ne peux d'abord produire qu'un faible petit croassement, le même petit bruit que fait Mille Sabords quand il dort et que, sûrement, il rêve qu'il est entouré de vieilles tranches d'ananas, son plat préféré. Mes yeux s'habituent peu à peu à la pénombre et j'arrive maintenant à distinguer les contours de la vaste pièce dans laquelle je me trouve. Il ne semble pas y avoir de fenêtre et la seule lueur qui parvient à irradier un peu la noirceur de charbon qui m'entoure provient du haut de ce qui semble être un escalier. J'ai froid et j'ai envie de vomir. Je promène mon regard sur la sombre étendue et essaie de deviner, derrière les ombres imprécises, des objets qui me rattacheraient au réel, me donneraient plus d'indications sur l'endroit où je me trouve. Mais au bout de quelques minutes, je me rends bien compte que je ne reconnais rien de familier, que je ne sais pas du tout où je suis. J'ai très envie de pleurer, pleurer sur mon sort, sur ma stupidité, sur mon inconscience aussi. Mais je n'ai pas le temps pour ça car je viens de m'apercevoir que tout n'est pas immobile dans cette pièce.

Il y a des choses sombres qui bougent très lentement là-bas, au fond. Et la sécheresse que je ressens si durement dans presque tout le corps est alors renforcée par une autre cause que la soif. C'est la peur qui m'envahit maintenant, une peur atroce, omniprésente qui avait d'abord été masquée par ce besoin vital de boire, mais qui reprend sa place avec une force et une puissance terribles. J'en ai presque des tremblements… De véritables frissons commencent alors à me parcourir, comme des décharges électriques. Les petites ombres mouvantes du fond de la pièce se déplacent avec d'infinies précautions, s'avançant doucement puis soudain, reculant avec frénésie dans une sorte de ballet grotesque dirigé par un fou. Je suis à la fois terrifiée et fascinée, comme hypnotisée par cet obscur flux et ce reflux. Je dois aussi être encore un peu sous les effets des drogues que cette femme m'a administrées et ma conscience s'abandonne parfois à ce spectacle, me plongeant dans une sorte de torpeur.

Mais lorsque je sens que quelque chose me frôle la jambe, je reviens à la terrible réalité de la situation et je pousse un hurlement qui n'a plus rien à voir avec le pitoyable croassement de tout à l'heure. Cette fois, c'est bien ma voix suraigüe de petite fille qui s'élève dans une longue plainte, entrecoupée de sanglots. C'est toute ma peur qui passe dans l'appel au secours que je pousse et qui déchire les ténèbres de la pièce, faisant reculer la chose qui m'a touchée. Soudain, la faible lueur qui provenait du haut de l'escalier se transforme en une puissante onde de lumière qui se propage dans toute la pièce. Je cesse d'un seul coup de crier. J'ai tout juste le temps d'apercevoir avec dégoût un rat qui se précipite sous un des vieux meubles alignés le long des murs de ce qui semble être une cave. Quelqu'un descend maintenant l'escalier, avec lenteur, une sorte de théâtralité qui confine au ridicule mais qui renforce encore mes craintes.

— On est réveillée, c'est bien. Et on doit avoir soif, n'est-ce pas ? On a toujours soif après ça. Je t'ai apporté de l'eau, pas trop sinon tu vas être malade. Et tu ne veux pas avoir mal, n'est-ce pas ?

La femme n'est plus habillée comme une infirmière, elle a troqué sa tenue blanche contre une sorte de grand manteau sombre, mais ses cheveux sont encore tirés en arrière et son visage est toujours aussi inexpressif. Ni joie ni haine, juste un masque de dureté qui rend difficile voire impossible de deviner le moindre sentiment chez elle. Je recule un peu alors que la femme s'approche de moi. Je recule jusqu'au moment où mon dos rencontre un mur. Maintenant je suis coincée.

— N'aie pas peur, je t'apporte de l'eau. Pour l'instant, c'est la seule chose dont tu aies besoin.

Pour l'instant, j'ai juste besoin de ne pas être là, avec vous. J'ai besoin de mon père, de ma sœur... J'aurais tellement besoin de ma mère... J'ai besoin de me réveiller de ce cauchemar, de partir d'ici, de ne plus vous voir.

— Qu'est-ce que vous voulez, madame ? Laissez-moi partir, s'il vous plaît, je ne dirai rien, vous savez, je ne dirai rien du tout.

J'essaie de retenir mes larmes, la femme s'est penchée vers moi, elle s'est agenouillée à mes côtés et me tend la bouteille d'eau. Je voudrais pouvoir refuser, je ne sais même pas ce que contient cette bouteille, mais ma soif est si intense, si impérieuse, que je saisis avec avidité le goulot et bois de longues gorgées, pleines, intenses. Je pourrais boire ainsi pendant des heures tant cette sensation est agréable, mais soudain la bouteille m'est arrachée des mains.

— Ça suffit maintenant, arrête ! Tu vas te rendre malade. Tu en auras encore, tout à l'heure quand je reviendrai te voir. Mais d'abord, je veux que tu fasses quelque chose pour moi. Je t'ai apporté une feuille et un crayon, regarde… Je veux que tu écrives ça (elle lui tend un mot) et quand tu auras fini tu auras de l'eau. Autant que tu veux.

Je tends une main tremblante et je saisis la feuille sur laquelle sont écrites quelques lignes. Je les regarde sans en saisir d'abord le sens puis, peu à peu, j'en comprends la portée. Je ne peux pas écrire ça, je ne le peux pas parce que je comprends, à cet instant, que si je le fais je ne sortirai jamais de cet endroit. Je comprends aussi avec horreur qu'en signant ce mot ce n'est pas seulement ma fin que je scelle, mais aussi celle de mon père. Alors, je froisse le mot et le jette au fond de la pièce, le plus loin possible. La femme n'a rien dit, elle m'observe en secouant la tête, le visage toujours aussi inexpressif.

— Tu le feras, Léa, bientôt tu me supplieras de te redonner ce papier et je n'aurai rien à faire pour ça. Le noir, Léa, la soif… Le noir, la soif et les rats seront bien plus convaincants que je ne pourrai jamais l'être.

Dès que l'obscurité se referme sur moi, je devine les petites ombres qui commencent à nouveau à se mouvoir. C'est d'abord une, puis deux, puis trois et bientôt une dizaine de silhouettes agiles et frémissantes qui sortent de sous les meubles. Et alors que tout mon corps se met à trembler, je les devine qui s'approchent doucement, tout doucement de moi.

Chapitre 27

Claire vient de raccrocher le téléphone. Elle se tourne vers Sébastien. Il est assis, menotté, dans son bureau. Ils sont allés au commissariat après l'épisode de la maison. Elle a envoyé une équipe pour faire les premiers relevés. Elle ne sait pas comment lui annoncer ce qu'elle vient d'apprendre. Elle n'a pas reconnu tout à l'heure l'homme avec qui elle a déjeuné, l'homme qu'elle a embrassé hier, il y a un siècle. L'homme brisé qu'elle a retrouvé tout à l'heure prostré dans cette cuisine, cette sorte d'affreux tableau morbide, cet oiseau mort au crâne défoncé, ce marteau ensanglanté… Cet homme-là, elle ne sait pas qui il est, pour autant qu'elle l'ait jamais su. Elle a dû expliquer à Romain qu'elle le connaissait, personnellement. Elle n'a pas envie de jouer la comédie du vouvoiement et puis, après tout, ils ne se sont vus que trois fois. Ça ne change rien à son jugement, elle le sait.

— C'était ton père, Sébastien, il a récupéré Juliette à la sortie de l'école. Mais nous ne savons pas où se trouve Léa. Elle n'est pas allée à son cours de solfège, pas plus qu'au piano. Si tu as des choses à nous dire, si tu sais quelque chose d'important, c'est maintenant qu'il faut le faire.

Sébastien a les traits tirés, il vient d'encaisser la nouvelle sans broncher, il en avait de toute façon le sinistre pressentiment. Il lève la tête vers Claire puis se met à parler d'une voix blanche :

— C'est ma sœur, Valérie Vergne, Vergne, c'est mon vrai nom, enfin mon nom d'avant. Je l'avais confiée à des médecins, dans une clinique, en Suisse, il y a si longtemps. Et je viens d'apprendre qu'elle est sortie depuis des semaines… Quelqu'un a demandé à la faire sortir… C'est incompréhensible, ce serait ma propre mère que je n'ai plus vue depuis trente-cinq ans. Le psy a jugé que ma sœur était apte à quitter l'établissement. Ils l'ont laissée partir, comme ça… Elle est dangereuse, Claire, d'une extrême dangerosité… complètement folle. Il faut que tu la retrouves, le plus vite possible.

Claire fixe l'homme qui vient de la supplier, le même à qui, il y a quelques jours, elle était venue demander un soutien médical, le même avec qui elle avait recommencé à construire un espoir de normalité. Mais cette fois-ci, il faudra bien plus que de la tendresse et de la complicité pour lui venir en aide. Elle lui demande des précisions sur cette clinique, le nom du médecin, elle va faire vérifier tout ça, tout de suite.

— Écoute-moi, Sébastien, je connais ton histoire, j'ai reçu ton dossier et je sais ce qui vous est arrivé. Mais si tu es ici aujourd'hui, c'est parce que cet enfant, Hassan Boubaker, a été assassiné. Bien sûr nous faisons rechercher Léa, mais elle a peut-être juste séché ses cours. On va vite avoir de ses nouvelles. Ce que je veux savoir moi, c'est pourquoi ce jeune garçon a été tué, pourquoi et par qui. Si tu sais quelque chose, tu dois nous le dire, Sébastien, maintenant.

Elle lui tend alors le rapport d'autopsie que le Dr Larauze leur a remis. Sébastien s'en saisit et le parcourt : « *Importante congestion viscérale... présence de pétéchies sur la peau du visage et sous les membranes séreuses thoraciques... suffocation par étouffement externe...* »

— C'est elle, Claire, crois-moi, c'est elle ! Elle est revenue... J'ai trouvé, chez moi, dans l'appenti, un couteau de cuisine. Je suis certain qu'il n'est pas à moi, c'est un message qu'elle a voulu me laisser. Et puis, Mille Sabords... Cette cruauté, ce sadisme, qui d'autre qu'elle, Claire, qui d'autre ?!

Bien sûr, Sébastien possède à cet instant des accents d'absolue sincérité, bien sûr il doit leur dire une partie de la vérité. Claire est même persuadée qu'ils vont apprendre très bientôt que sa sœur a bien quitté la clinique dans laquelle elle était enfermée. Mais, même si elle a envie de le croire, elle en a vu tant, des suspects qui mélangeaient avec une habileté diabolique mensonge et demi-vérités, des types prêts à tout pour gagner du temps, pour éviter la garde à vue. Et la proximité qui la lie à Sébastien ne peut lui faire oublier toute la perversité dont sont capables les criminels.

— Nous vérifierons pour Valérie mais... Mais je dois te poser quelques questions sur une autre de tes patientes, Samantha Marineau. Elle aussi est décédée dans ce même hôpital. Elle aussi a été hospitalisée à ta demande et tu l'avais vue, juste quelques heures avant sa mort. Ça fait beaucoup, Sébastien...

Sébastien soupire, il savait bien que Samantha allait arriver tôt ou tard dans la discussion. Il a, à ce moment-là, encore le choix. Il a même la tentation de révéler qu'il a trouvé, sur sa propre ordonnance, une prescription qu'il n'a aucun souvenir d'avoir rédigée. Mais que lui dire ? Qu'il a fait disparaître une pièce à conviction essentielle parce qu'il a eu peur ? Qu'il a paniqué parce qu'il a reconnu sa propre écriture mais qu'il pense ne pas avoir écrit ces quelques mots ? Il le pense, mais peut-il en être certain ?... Il n'y avait rien de médicalement logique dans cette prescription... Et puis dire la vérité à Claire maintenant, c'est aussi lui avouer un nouveau mensonge, un de plus. Alors finalement, il maintient sa position, avec toutefois moins d'ironie et de détachement que ceux dont il a fait preuve avec les collègues de Claire et avec, au fond de lui, la sourde certitude qu'il ne fait pas le bon choix.

— Samantha est morte d'une méningite foudroyante, nous avons retrouvé l'agent infectieux au cours de l'autopsie, c'est dramatiquement simple, cela arrive, c'est tout...

C'est sans aucun plaisir que Claire joue la carte qu'elle réservait pour ce moment, celui où elle devrait confronter Sébastien à un premier mensonge. Mais maintenant elle n'a plus d'états d'âme, peut-être s'est-elle à nouveau trompée. Les choix vers lesquels son instinct la porte se révèlent de bien mauvaises options.

— Nous avons interrogé l'infirmière qui a vu Samantha pour la dernière fois. Elle nous a dit une chose qui me trouble. Elle nous a affirmé que tu avais prescrit une injection de glucose à ta patiente, injection qu'elle a faite puisque tu avais laissé un flacon à son intention. Elle s'en souvient très bien, il s'agissait d'une solution indiquée en cas de… déshydratation ou de traitement de l'hypoglycémie. Ce dont ne souffrait pas cette enfant. Alors ma question est simple, pourquoi ne retrouvons-nous pas la trace de cette prescription et pourquoi diable as-tu prescrit cette injection ?

Sébastien sait maintenant que chacun des mots qu'il va prononcer va devoir être pesé avec un soin millimétrique. Il a peu de temps pour convaincre Claire et peut-être encore moins pour sauver Léa.

Léa

Ma jambe saigne, juste à l'endroit de la morsure, en haut du mollet, presque à la jointure du genou… J'ai hurlé quand le rat a planté ses petites dents acérées comme des lames de rasoir dans ma chair. J'ai crié si fort que tous les autres se sont sauvés en désordre et sont retournés se cacher. Mais je sais bien que le répit sera de courte durée. Je respire très fort, je me demande d'abord d'où vient ce bruit assourdissant avant de me rendre compte que c'est mon propre souffle que j'entends. Je laisse parfois échapper un gémissement, mais ce n'est pas la douleur qui provoque mes cris, ce sont des plaintes de peur, de désespoir. Même dans mes pires cauchemars je n'ai jamais été aussi terrifiée. Je n'ai pas revu la femme et la soif atroce a recommencé à m'assécher la gorge. J'ai reculé contre le mur, je ne veux plus être surprise. Mes yeux se sont habitués à l'obscurité de la pièce et je parviens maintenant à distinguer un peu les contours des vieux meubles qui sont rangés, comme dans une sorte de brocante, le long du grand mur. D'ici je verrai les rats s'approcher, c'est sûr. J'entends déjà leurs petits cris, le bruit de leurs pattes griffues qui crissent contre le sol et grattent le bois vermoulu des vieilles commodes. Je les verrai, c'est sûr, mais je ne sais pas ce que je pourrai faire. Je n'ai rien, pas de feu, pas de bâton, rien pour repousser les attaques de ces ignobles bêtes. Je sais que je suis complètement à leur merci et j'ai conscience que personne ne sait que je suis là. Je pense à ma mère. Pourquoi nous a-t-elle abandonnées ? Et si je suis montée dans cette voiture, c'est aussi un peu pour la défier. Quelle imbécile je fais !

Maintenant, je les vois à nouveau, les petites ombres grouillantes qui s'approchent. Leurs yeux rouges qui brillent parfois dans le noir comme de petits éclats de rubis, un rouge qui répond à celui du sang qui s'écoule sur ma jambe. Je me mords la main, me retenant de hurler, et mes larmes inondent mon visage. Mais lorsqu'un d'entre eux s'enhardit à venir renifler mon pied, je lui donne un coup violent, je me lève d'un bond et me mets à crier.

— Venez, madame, par pitié, revenez, faites-les partir pour l'amour de Dieu, faites-les partir !

Un rai de lumière éclaire soudain la pièce, la porte en haut de l'escalier s'est ouverte et l'ombre de la femme me domine à nouveau. Elle ne dit rien d'abord, elle regarde elle aussi les rats qui s'enfuient. Puis elle jette près de moi un petit calepin sur lequel est accroché un stylo.

— Je vais laisser allumé, ils ne reviendront pas, pas pour l'instant. Je veux que tu écrives le mot, celui qui est dans le calepin, sur la première page. Je veux que tu t'appliques, Léa. J'ai vu ta jolie écriture sur les lettres que tu gardes dans le bureau de ta chambre. Alors fais vite et puis après, tu auras de l'eau.

La femme repart, elle s'éloigne dans un halo de

lumière. Quand elle m'a parlé, ses traits étaient figés, comme si ses muscles étaient paralysés. Mais je suis sûre que ce visage ne m'est pas inconnu. D'ailleurs comment connaît-elle mon prénom et pourquoi crie-t-elle quand elle parle de papa ? Les traits si familiers, si chaleureux de mon père m'apparaissent soudain. J'ai besoin de toi, tant besoin de toi. Tu as toujours été présent, enfin, aussi souvent que j'en ai eu besoin, alors maintenant montre-toi, s'il te plaît… Je sais que tu es malheureux depuis la mort de maman, je sais que tu as traversé des épreuves indicibles quand tu étais un enfant. Tu ne me l'as jamais dit mais une fois mamie l'a évoqué. Un soir où j'étais si triste, où je restais inconsolable, peu après la mort de maman. Toi tu avais tellement de chagrin que tu ne pouvais plus me réconforter. Alors mamie m'avait dit, de sa petite voix de vraie grand-mère, tout en me caressant les cheveux avec infiniment de tendresse :

— Tu sais, ma chérie, ma Lounette, ton papa est très, très courageux, mais ce soir il est trop triste pour te faire un câlin. Mais moi je sais qu'il est le plus fort des hommes. Quand il était petit – peut-être qu'un jour il te le racontera lui-même –, ton papa a eu besoin d'affronter des choses très difficiles, très dures pour un petit garçon. Et il a toujours relevé la tête, il s'est battu, à l'école il voulait toujours être le premier. Et quand il a fait médecine c'était le plus brillant. La plupart des gens, après ce qu'il a traversé, auraient baissé les bras. Eh bien ton papa s'est battu, il s'est battu pour avoir cette vie, pour pouvoir vous offrir la plus merveilleuse des enfances. Il s'est battu et puis (la voix de sa grand-mère s'était brisée comme si quelque chose s'était soudain cassé)… et puis ta maman est partie… Mais il se battra encore, pour elle, pour vous, ma chérie…

Si je m'en sors, je jure que je lui demanderai ce qui s'est passé et, pour donner plus de force à mon serment, je crache par terre, comme une imbécile, dans la solitude glacée de ma prison. Et puis, je m'empare du calepin, je relis les mots qui ont été tracés par la femme et je commence à écrire, d'une écriture appliquée. Je les écris avec une peine immense mais j'ai compris que si je ne le faisais pas je ne sortirais jamais de cet endroit.

Papa m'emmène dans un endroit que je ne connais pas. Il est si étrange. Il s'est mis à crier si fort, il m'a fait mal. Si vous trouvez ce mot donnez-le à la police pour que l'on puisse me retrouver, je m'appelle Léa Venetti, j'ai 13 ans, je n'ai rien fait, j'ai peur, qui que vous soyez, aidez-moi s'il vous plaît.

J'ai fini d'écrire et je crie, je hurle que j'ai soif, que je veux de l'eau. La peur a été remplacée par la colère, par la frustration, je ne peux plus rien faire maintenant. La femme apparaît de nouveau en haut de l'escalier, elle descend, se saisit du calepin et relit les mots que je viens d'écrire sur ce morceau de papier.

— Tu n'as pas écrit exactement ce que j'avais demandé, Léa. Pourquoi tu ne fais pas ce que je te demande, pourquoi veux-tu me contrarier ?

Je sais que je n'ai pas écrit ce qu'elle demandait, mais j'ai une bonne raison pour l'avoir fait. Et j'ai préparé une excuse. Je prie pour que cette femme me croie et je supplie Dieu, et même maman, pour qu'elle se contente de ce mot.

— Oui je sais, mais je n'écris pas comme vous. Ce sont mes mots, j'écris comme ça quand je laisse des messages à la maison. Si vous voulez que l'on y croie, il faut prendre ce mot… Donnez-moi de l'eau maintenant par pitié, j'ai tellement soif.

La femme relit le mot, elle souffle, secoue la tête puis me tend une bouteille d'eau sur laquelle je me jette et me mets à boire avec une telle avidité que l'eau ruisselle sur mon visage. À l'eau se mêlent bientôt des larmes de tristesse et d'amertume. La femme repart du même pas d'automate, elle n'a pas un regard pour moi et j'ai cru voir se dessiner l'ombre d'un sourire sur son visage de cire. Arrivée en haut de l'escalier, elle referme la porte et plonge la pièce dans une obscurité profonde. Mes cris déchirent aussitôt les ténèbres de la cave. Pour l'instant, je sais qu'ils tiendront les rats éloignés. Jusqu'au moment où je n'aurai plus assez de force pour crier, jusqu'à ce que je m'effondre et qu'ils s'approchent à nouveau.

Chapitre 28

Sébastien a regardé pendant de longues secondes à travers la grande baie vitrée qui s'ouvre sur un parc, derrière le bureau de Claire Abecassis. Il a vu les branches d'un grand cèdre s'agiter sous les assauts d'un vent de plus en plus violent, il a vu le ciel s'obscurcir pour devenir cette masse sombre et pesante où de lourds nuages noirs se sont regroupés peu à peu comme de grands pachydermes le feraient autour d'un lac. Les premières gouttes de pluie sont lourdes comme des pierres et claquent comme autant de coups de feu sur la large vitre, arrachant Sébastien à son état de contemplation silencieuse. Il adresse à Claire un regard où passe, en un instant, toute la détresse d'un homme perdu qui va pourtant devoir convaincre pour sauver son enfant. Et pour être persuasif, il sait qu'il ne doit plus cacher la vérité.

— Oui, c'est vrai… J'ai pris la feuille de soins, elle avait été oubliée au pied du lit de Samantha. Je l'ai fait parce qu'il y avait cette prescription, ces mots qui semblaient avoir été écrits de ma main, cette injection imbécile… J'ai paniqué, je n'ai pas mesuré toutes les conséquences de ce geste et puis après, il était trop tard. Mais maintenant je sais. Je sais qui a fait ça. Et c'est elle aussi qui a tué Hassan, vous devez me croire. Elle ne s'est jamais remise de ce qui nous est arrivé enfants, et d'ailleurs qui le pourrait... Lorsque votre propre mère vous plante un couteau de cuisine dans le ventre, vous n'êtes plus jamais comme les autres... Et puis après, sa vie a été faite de violence et d'errance pour n'être plus guidée que par un seul objectif, la vengeance. Elle est persuadée que je suis responsable de ce qui s'est passé. Elle est détruite, Claire, détruite et infiniment dangereuse... Vous devez la retrouver, le plus vite possible.

Et lorsque votre propre mère vous demande de vous accuser du pire des crimes, quel adulte peut-on bien devenir, Sébastien ? Claire note mentalement de contacter, en espérant qu'il soit encore en vie, le médecin qui a suivi Sébastien quand il était enfant. Il lui expliquera peut-être ce qui s'est passé entre ce frère et cette sœur et quelles peuvent être les conséquences d'un tel traumatisme.

— Et on peut injecter quelque chose qui pourrait provoquer ce qui est arrivé à cette jeune fille, cette méningite foudroyante, c'est possible, ça ?

Claire veut revenir sur les faits, elle ne veut pas, pour l'instant, lui laisser croire que la piste de sa sœur soit la seule qui puisse être retenue. D'ailleurs pour sa part, elle n'en écarte plus aucune.

— C'est non seulement possible, mais c'est aussi probable... Le seul problème, c'est qu'il est difficile d'en être certain ! Cet agent infectieux a dû être injecté à Samantha mais il aurait pu la contaminer par d'autres voies... La seule preuve, c'est cette prescription qui ne pouvait avoir d'autre but que de provoquer cette méningite. Je l'ai conservée, vous la trouverez chez moi, dans mon secrétaire, dans ma chambre. Mais vous n'avez pas besoin de ça ! Nous perdons du temps ! Hassan, lui, n'a pas été tué par un putain de bacille microscopique, on lui a posé un oreiller sur le visage et on l'y a maintenu jusqu'à ce qu'il meure, c'est écrit noir sur blanc sur le rapport d'autopsie... Et maintenant c'est ma fille qu'elle détient, ma fille, tu dois la retrouver !

Sébastien a presque hurlé cette dernière phrase, mais Claire n'est pas impressionnée, cela fait bien longtemps que les cris et l'agitation n'ont plus d'emprise sur elle. Elle a pourtant, au fond d'elle-même, cette petite intuition, cette petite voix qui lui murmure que tout cela est un peu trop simple et que Sébastien fait un coupable bien trop évident. Mais là encore son expérience lui a appris que les affaires criminelles sont la plupart du temps logiques et qu'il n'y a pas besoin de la puissance de déduction de Sherlock Holmes, ni de la batterie d'ordinateurs des experts pour confondre un coupable. Elle doit pourtant vérifier un certain nombre de choses et puis il y a Léa, aussi. Certes, sa disparition n'est pas encore complètement avérée, mais au vu des circonstances, elle est déjà inquiétante. Claire a pourtant besoin d'un tout petit peu de temps. Elle veut d'abord appeler cette clinique en Suisse, retrouver le premier médecin de Sébastien, faire vérifier son emploi du temps... Mais avant ça, elle veut tenter quelque chose, c'est un truc qui parfois fonctionne avec des suspects même si elle doute fort que cela puisse marcher avec Sébastien. Pourtant elle s'en voudrait de ne pas essayer, même si elle le fait à contrecœur. Alors elle se lève, contourne son bureau, s'approche et pointe son doigt sur l'homme qui est assis en face d'elle.

— Et moi je pense que tu es coupable, Sébastien. J'en suis infiniment désolée, mais je pense que tu as assassiné ces deux enfants même si le mobile nous échappe, pour l'instant. Mais peut-être n'en as-tu pas conscience, peut-être obéis-tu à des messages, des ordres, des pulsions impérieuses. Et je suis sûre qu'en fouillant un peu ton passé nous allons découvrir d'autres morts suspectes, d'autres drames. Alors si jamais tu sais où est Léa, il faut nous le dire tout de suite. Chaque seconde où tu gardes le silence est une seconde de plus qui t'accable. Il faut parler, Sébastien, maintenant !

La réaction du médecin n'est pas immédiate, il a d'abord regardé Claire s'approcher de lui et a eu un mouvement de recul, presque de crainte, quasi imperceptible. Puis au fur et à mesure que les mots sont martelés par Claire, Sébastien sent qu'il perd pied, cette femme qui se dresse devant lui, ses cris, cette accusation assenée avec une telle force, une telle évidence, sont des choses à la fois trop familières et trop effrayantes pour qu'il puisse garder le contrôle. Et puis, au-delà des mots, il y a cette certitude qui le broie. Claire ne le croit pas, et si elle ne le croit pas, Léa est perdue. Alors il baisse la tête et c'est dans un cri qu'il répond à l'injonction impérieuse de Claire.

— Ce n'est pas moi... Tu ne me crois pas... Ils ne m'ont jamais cru... jamais... Mais toi, Claire, tu dois me croire sinon elle la tuera, je t'en prie...

Claire s'attendait à une réaction mais pas à celle-là. Le médecin reste prostré sur sa chaise, elle lui parle mais il ne semble plus l'entendre. Il a l'air totalement perdu, ailleurs. La seule certitude qu'elle ait maintenant, c'est que Sébastien Venetti a été marqué, au plus profond de son esprit, par les terribles épreuves qu'il a traversées. Cela, elle s'en doutait déjà, mais elle n'avait pas mesuré à quel point ce souvenir était encore si présent. Et ce qu'elle ne sait pas encore, c'est que personne ne pourra jamais mesurer toute la profondeur de la blessure qui hante cet homme assis devant elle.

Chapitre 29

Romain a composé le numéro du Dr Patrick Wiltzer. Il n'a pas à attendre très longtemps, et c'est d'une voix ferme que le médecin encourage le lieutenant de police à lui poser toutes les questions qu'il souhaite.

— Bien entendu je me souviens de Sébastien Vergne ! Figurez-vous que j'ai même écrit plusieurs articles sur cet enfant. Une histoire épouvantable, tout est effrayant dans ce drame. La mère, la sœur… Chacune plus épouvantable l'une que l'autre. À l'époque, j'avais réussi à le soustraire aux terribles influences de sa sœur, grâce à des dessins… Vous auriez vu la tête de mes confrères quand j'ai balancé le dessin de ce môme sur la table… Cette espèce de créature épouvantable, dégoulinante d'un sang qui recouvrait presque entièrement un petit garçon terrorisé. Et quand je leur ai dit que l'enfant lui-même m'avait avoué que ce monstre était sa sœur… On a donc décidé de les séparer. Il a été adopté et puis je l'ai perdu de vue. Quant à la sœur, si vous voulez mon avis, j'espère qu'elle se repose dans un endroit très bien fermé… Qu'est-ce qui s'est passé ? Si vous me demandez ça, c'est que quelque chose est arrivé, non ?

Romain aime bien ce médecin, franc, direct. Il a déjà perdu tant de temps avec des témoins au cours de sa jeune carrière. Des gens effrayés ou méfiants, ou tout simplement un peu cons, ou bien les trois à la fois. Ceux qui se perdent dans des explications incompréhensibles, dont les emplois du temps ressemblent aux horaires de sortie d'un port de plaisance et dont la seule obsession est de ne pas être mis en garde à vue alors qu'ils n'ont strictement rien fait. Alors il explique la situation à ce toubib, il n'omet rien. De toute façon, il sait déjà qu'il va lui demander de venir. Mais il veut d'abord entendre ce qu'il a à lui raconter.

— C'est bien triste, un enfant qui meurt c'est toujours un drame et un échec très rude pour les médecins. Moi, je ne l'ai jamais supporté, c'est sans doute pour ça que je me suis dirigé vers la psychiatrie plutôt que l'oncologie... Bon, ça ne m'a pas empêché d'avoir mon lot d'adolescents suicidés et d'enfants martyrs. Je ne l'ai jamais très bien géré, jamais... Mais un meurtre, à l'hôpital... Bon, je vais vous dire tout de suite, je ne crois pas à la culpabilité de Sébastien Vergne, ça ne colle pas. Bien sûr il a subi un traumatisme très violent, sa propre sœur a renforcé chez lui un sentiment de culpabilité épouvantable mais non, je n'y crois pas... Surtout avec la suite de son parcours, médecine, un mariage, des enfants. Franchement, je n'aurais pas parié sur ce genre de vie quand il est arrivé dans mon service il y a trente-quatre ans. Comme quoi on peut surmonter les pires épreuves. Il faut juste que l'on puisse enrayer à temps les mécanismes pervers...

Romain n'a pas parlé encore de l'accident du lycée. Et il n'est pas certain, justement, que tous les mécanismes aient été « enrayés à temps ». Alors il expose les faits, simplement, avec la précision d'un homme habitué aux rapports de police.

— Le problème voyez-vous, c'est qu'il y a vingt-cinq ans, la sœur de Sébastien Vergne a écrasé volontairement un de ses camarades de lycée, à la sortie des cours. Et nous ne savons pas s'ils s'étaient revus avant ce drame, après l'adoption de Sébastien Vergne. Nous ne le savons pas, mais nous pensons qu'elle a pu prendre contact avec lui... Elle a peut-être pu continuer à exercer une influence sur son frère, à lui nuire et pourquoi pas, à le manipuler ? Lorsqu'elle est sortie de son unité psychiatrique, son frère a réussi à la faire interner, dans une clinique spécialisée, en Suisse. Mais il affirme qu'elle a quitté cet endroit il y a peu, ce que nous sommes en train de vérifier. Aujourd'hui, il accuse sa sœur d'avoir une responsabilité dans le décès de ses patients. Pour vous dire mon sentiment, docteur, il semble encore extrêmement perturbé quand il évoque cette femme. Il fait parfois preuve d'une grande confusion, il y a de la peur chez lui, de la peur et du désespoir.

Romain perçoit une sorte d'agitation à l'autre bout du fil, il entend des bruits de tiroirs, des chocs mats, comme si l'on posait de lourds ouvrages sur un bureau. Et puis la voix du médecin se fait soudain entendre :

— Il y a de quoi être perturbé, croyez-moi, vous ne la connaissez pas, cette fille. Moi, la dernière fois que je l'ai vue, elle devait avoir 14 ans. Cela fait plus d'une trentaine d'années, mais je peux vous assurer que j'en garde un souvenir très précis. J'ai vu dans ma carrière un certain nombre de psychopathes en tout genre, mais j'ai rarement eu l'occasion de croiser un patient doté d'une telle volonté de nuire et capable d'autant de duplicité et de manipulation. J'ai sous les yeux son dossier et si elle a bien quitté son établissement psychiatrique et que la moitié de ce que je décris dans ce rapport est vraie, vous avez intérêt à la retrouver, et vite.

Romain raccroche en ayant remercié le médecin et en lui ayant demandé s'il accepterait de venir déposer au commissariat. Le Dr Wiltzer n'a pas hésité une seule seconde, il a promis d'être là le lendemain même.

Romain rentre dans le bureau de Claire, celle-ci est face à la baie vitrée, elle ne se retourne pas, même quand il commence à lui parler de son échange avec Wiltzer. Elle écoute, ne dit rien pendant quelques instants, puis s'adresse à lui :

— Très bien, vous avez bien fait de lui demander de venir au plus vite… De mon côté je viens de discuter longuement avec le Dr Fleurier, le toubib responsable de cette clinique en Suisse. Il n'a pas tout à fait le même avis que votre interlocuteur. Pour lui les traitements et l'accompagnement dont a bénéficié Valérie Vergne ont profondément amélioré son état. Il m'a assuré qu'elle ne représentait plus aucun danger ni pour elle ni pour les autres. Il ne voit donc pas pourquoi il n'aurait pas autorisé sa sortie. D'autant plus que c'est sa propre mère qui a fait la demande.

Romain est abasourdi par cette information. La mère de Sébastien Vergne avait disparu après avoir purgé sa peine. Plus personne n'avait entendu parler d'elle et elle n'avait pas cherché à reprendre contact avec ses propres enfants. Et voilà qu'elle avait effectué l'ensemble des démarches nécessaires pour faire sortir sa fille de sa clinique. Claire le ramène alors aux réalités du moment.

— Pour l'instant, Romain, nous avons une urgence et cette urgence vient de devenir vitale ! Nous devons retrouver au plus vite Léa. Plus personne ne l'a revue depuis qu'elle a quitté son collège. Nous avons interrogé tout le monde, ses professeurs, ses camarades, personne ne l'a vue et elle n'a contacté personne... Mais le pire, Romain, c'est ça (elle lui tend un papier froissé). Ce message vient d'être retrouvé dans la voiture de Sébastien Vergne.

Romain se saisit de la feuille de cahier d'écolier que lui tend Claire.

Papa m'emmène dans un endroit que je ne connais pas. Il est si étrange. Il s'est mis à crier si fort, il m'a fait mal. Si vous trouvez ce mot donnez-le à la police pour que l'on puisse me retrouver, je m'appelle Léa Venetti, j'ai 13 ans, je n'ai rien fait, j'ai peur, qui que vous soyez, aidez-moi s'il vous plaît.

Claire a les traits tirés, elle commence à ressentir des douleurs qui ne présagent rien de bon. La découverte de ce message ne lui laisse plus beaucoup de marge de manœuvre, et elle sait que la confrontation va être difficile.

— Je fais remonter tout de suite Sébastien Venetti et il va falloir qu'il nous donne des explications. Mais cette fois-ci, je ne vois pas très bien comment il va pouvoir se justifier.

Léa

Je me suis arrêtée de crier. Je tente de me raisonner malgré la peur, malgré le froid. Je sais que mes cris peuvent repousser les rats, mais j'ai aussi conscience que je ne pourrai pas hurler indéfiniment ma peur et ma frustration au milieu de cette froide obscurité. Alors je réfléchis avec toute la force et toute la détermination dont je suis capable. Je réfléchis parce que je sais que personne ne pourra venir à mon aide et que j'ai décidé de ne pas sombrer. Et une orpheline, quand ça a décidé quelque chose, ça s'accroche, croyez-moi. J'ai compris que si je suis en mouvement, les rongeurs n'oseront pas m'attaquer, alors je me redresse, le dos collé au mur, très lentement. Je ne vois presque rien, la seule chose que j'arrive à distinguer c'est la blancheur de mes mains. Et encore, il faut que je les colle à cinq centimètres de mes yeux. Je m'entends respirer et ce bruit résonne dans tout mon corps comme le souffle d'un animal blessé. J'ai l'impression que le bruit est énorme, gigantesque, même si je sais que lorsqu'un de vos sens est supprimé, les autres deviennent plus aiguisés. J'ai perdu la vue, mon ouïe est donc devenue une sorte de boussole qui doit me permettre de m'orienter. Alors j'écoute et j'essaie de calmer ma respiration, de ne pas penser à la douleur qui irradie ma jambe, aux rats qui doivent déjà commencer à se regrouper pour venir me mordre, à cette femme qui n'a pas hésité à refermer cette porte, m'abandonnant à mon sort. Je ne pense plus qu'à une chose, sortir de cet endroit et, pour cela, dans un premier temps, grimper en haut de l'escalier pour mettre le plus de distance possible entre moi et ces abominables bêtes.

Ma respiration apaisée, dans le silence enfin retrouvé, entrecoupé parfois de sinistres crissements produits par les griffes des rongeurs sur le sol, je me concentre sur les autres bruits, moins nets, plus lointains, venant d'en haut… Je ferme les yeux, désormais inutiles, lève la tête et écoute, avec une acuité incroyable. Je fais abstraction des sons nets, trop proches, trop présents et puis soudain, dans cet abîme de silence, je commence à percevoir quelque chose. Ce n'est d'abord rien, juste une anomalie, comme une onde à peine éclose et morte aussitôt. Mais je la traque maintenant, je sais qu'elle est là, qu'elle existe et je ne veux pas la perdre. Ça y est… Je l'ai retrouvée et je commence à pouvoir l'identifier. C'est de la musique, une musique que je connais, que je connais très bien… Je perçois les notes, je peux même les identifier, chacune d'entre elles. Ce sont les *Variations sur le thème d'« Ah ! vous dirai-je, maman »* de Wolfgang Amadeus Mozart. Et si je les connais, ces notes, c'est parce que j'ai travaillé cette partition, avec enthousiasme, avec envie. J'ai même réussi, au prix d'efforts continus et répétés, à jouer correctement le thème et à ne pas trop massacrer la première variation… Par un nouvel effort de concentration, je commence à me diriger vers l'origine de cette musique, j'avance mon pied droit, osant à peine le détacher du sol, comme si je tentais de glisser sur le gravier qui le recouvre, comme une sorte de patineuse, sans glace ni patins. J'ai les bras tendus, les mains en avant. Au fur et à mesure de ma progression, cette musique si familière se fait plus distincte, je sais alors que je suis dans la bonne direction et une vague de joie m'envahit. J'ai dû faire trois ou quatre mètres, impossible de le savoir avec précision dans cet abîme de néant, lorsque mon pied rencontre une masse molle que je reconnais immédiatement. Avant même que l'animal n'ait poussé un petit cri. J'ai comme premier réflexe de m'écarter brutalement du rat et je me jette sur la droite, oubliant toute forme de prudence. Ma tête heurte quelque chose, un choc terrible qui déclenche une douleur suffocante, explosive. Je tombe à genoux et porte la main à mon front. Je sens tout de suite que mes doigts sont humides, qu'ils se couvrent d'un liquide qui ne peut être que mon propre sang. Je ne dois pas paniquer, je le sais, mais je ne peux empêcher les larmes de couler le long de mes joues. Je ne peux me retenir de me mordre les lèvres pour ne pas exploser en sanglots. Une douleur lancinante pulse avec obstination, comme des vagues de souffrance qui inonderaient l'intérieur de mon crâne, se retirant quelques instants pour revenir avec plus de force encore. Je dois me relever, à tout prix. Si je reste ici, sur le sol, je vais mourir. À ce moment précis, à genoux sur le gravier, le sang et les larmes s'écoulant sur mon visage, j'ai soudain pleinement conscience de l'absurdité et de la dangerosité de ma situation. Je me relève donc, sans hâte, posant d'abord un pied et puis, m'appuyant sur un mur, sur ma droite, je finis par me redresser.

Je ressens alors de violents vertiges, je n'arrive plus à savoir si je me tiens vraiment debout, le sol tangue, et ajouté à l'obscurité, ce phénomène achève de me désorienter. Je dois à nouveau m'asseoir, mais ce simple mouvement provoque de violentes nausées. Je ne me suis jamais sentie aussi misérable, aussi impuissante, aussi seule. Après avoir rendu toute l'eau que j'avais réussi à boire tout à l'heure, je vomis maintenant de la bile, dans des spasmes d'une violence terrible. J'ai le visage à même le sol, je respire les poussières accumulées au long de dizaines et de dizaines d'années, la surface rugueuse écorche ma joue. Je sais que je suis au bord de l'inconscience, proche de m'abandonner pour de bon à cette solitude glacée, pour oublier la douleur.

Pourtant, au même moment, la musique de Mozart recommence à atteindre mon esprit, puis mon corps. Je retrouve peu à peu, à travers la virtuosité de l'interprète et la magie des phrases musicales du compositeur, la force de revenir au monde. Je me redresse alors et les nausées commencent à m'abandonner. J'arrive à maîtriser la douleur et je reprends ma lente progression, toujours guidée par les notes. Enfin, au bout de longues minutes qui m'ont semblé des heures, mes pieds rencontrent ce que j'identifie tout de suite comme des marches. J'y suis arrivée ! Un immense soulagement me traverse, me transporte. Je commence à monter l'escalier, avec prudence, refrénant l'envie de grimper les marches quatre à quatre. Je sais que je ne peux plus chuter, que je ne le dois plus, sous aucun prétexte. Un autre choc, une autre vague de douleur serait fatale, je ne pourrais plus trouver la force de repartir. Alors je monte avec une infinie prudence, marche après marche, vérifiant chacune d'entre elles avant d'y porter le poids entier de mon corps. Il me faut peut-être dix longues minutes pour atteindre le haut de l'escalier. Une faible lueur, presque imperceptible, s'échappe de l'interstice qui sépare le bas de la porte du plancher. Je m'effondre contre le vieux battant, je me blottis contre lui, épuisée. Je savoure cet instant de répit, à l'abri de l'obscurité et des rongeurs. Je colle mon oreille contre le panneau de bois et ce contact, presque charnel, me fait un bien fou.

J'entends maintenant la pianiste, les notes s'enchaînent à une vitesse ahurissante, donnant à ce qui n'était qu'un exercice de style toute l'ampleur d'une œuvre majeure. C'est ça, le génie. Et puis, d'un seul coup, la musique s'arrête. Je peux percevoir des voix, des voix de femmes, l'une plus forte que l'autre, peut-être plus jeune aussi. Soudain une porte claque, les cris sont assourdis, presque imperceptibles, cela dure encore quelques minutes puis il y a un long silence, suivi de gémissements. La voix s'élève à nouveau et je reconnais tout de suite le timbre froid de l'impassible visage.

— Et c'est toi qui oses dire ça ! Tu as fait pire, bien pire. Ne crois pas un instant que je puisse oublier un jour. Et maintenant ils doivent payer et cette fille doit aussi payer le prix. Le prix de ces années de douleur, de solitude, d'enfermement. Crois-tu un seul moment qu'il a pensé à toi, à moi, pendant toutes ces années ?... Bien sûr que non ! Mais à partir d'aujourd'hui il n'y aura pas une seule minute sans qu'il se souvienne de ce qu'il a fait... Et cela lui fera mal, à chaque instant, et il souffrira comme moi j'ai souffert.

Je suis pétrifiée... Toute cette haine, toute cette rancœur, ces promesses de souffrance me terrifient et je me colle encore plus contre le battant, essayant de m'y fondre totalement. J'ai entendu de nouveau une porte claquer et ce sont les pas réguliers, trop réguliers, de cette femme, qui résonnent maintenant, de plus en plus proches. Chaque claquement me rapproche un peu plus de mon destin. Ma respiration s'accélère et je sens mon cœur battre si fort dans ma poitrine que j'ai peur qu'il éclate. Ces pulsations démentes ravivent soudain mon horrible mal de tête. Il n'y a plus de répit, je sais que dans quelques secondes elle sera là et que si je veux m'en sortir, j'ai intérêt à trouver une idée lumineuse, dans la seconde… Je me redresse, quittant à regret la solidité protectrice de la porte. Il me reste à peine un instant et quelques dizaines de centimètres carrés pour me trouver une place entre l'espace que la porte occupera, une fois ouverte, et cette femme.

Je réunis toute l'énergie qu'il me reste vers un seul but. Dès que le corps massif de l'infirmière s'inscrira en haut de l'escalier, je devrai la pousser. Et je le ferai avec toute la rage et toute la colère accumulées pendant ces longues heures de souffrances.

Chapitre 30

Claire a tendu à Sébastien le morceau de papier sur lequel Léa a écrit les quelques mots qui semblent l'accabler. Il s'est assis et a lu. Il a d'abord l'air tout à fait indifférent, il ne semble pas réaliser, et puis en l'espace d'un instant, son regard s'est illuminé. Claire croit même avoir vu l'ombre d'un sourire sur le visage fatigué du médecin et puis, de nouveau, il s'est refermé, et une immense tristesse s'est abattue sur lui.

— Vous savez ce qu'est un acrostiche ?

Elle le regarde avec curiosité, intriguée par cette question qui lui semble, dans les circonstances actuelles, on ne peut plus incongrue.

— Oui je sais, c'est prendre la première lettre ou parfois le premier mot de chaque vers dans un poème pour que, en les lisant de haut en bas, on fasse apparaître une nouvelle phrase ou un nouveau mot. Mais je ne suis pas certaine que ce soit le moment de tester ma culture générale.

Sébastien lui tend le mot de sa fille.

— Nous faisons de temps en temps avec Léa des jeux littéraires, ça l'amuse beaucoup et elle a même commencé à initier sa sœur aux joies de la contre-pèterie… Lisez les mots que Léa a écrits, lisez-les et reportez-vous à votre définition.

Claire relit avec attention le petit mot de Léa, cet appel au secours où l'on sentait toute la détresse de la petite fille.

*« **Papa** m'emmène dans un endroit que je ne connais pas. Il est si étrange. Il s'*
est mis à crier si fort, il m'a fait mal. Si vous trouvez ce mot donnez-le à la police
pour que l'on puisse me retrouver, je m'appelle Léa Venetti, j'ai 13 ans, je n'ai
rien fait, j'ai peur, qui que vous soyez, aidez-moi s'il vous plaît. »

Claire laisse tomber le mot sur son bureau. Comment a-t-elle pu laisser passer ça ? Certes la syntaxe n'est pas parfaite, mais la probabilité pour que ce soit un hasard est faible, voire nulle. « Papa est pour rien. » Cette jeune fille a donc réussi, malgré le stress et la peur qui doivent la ronger, malgré le risque qu'elle n'a peut-être pas pleinement mesuré, à faire passer un message pour disculper son père.

— Oui c'est… c'est troublant. Mais nous n'avons même pas la certitude que ce soit elle qui l'ait écrit, je ne peux pas me fier à ce qui n'est peut-être qu'un hasard.

Le médecin lève les yeux vers elle. C'est d'abord de la stupeur qui se lit sur son visage, une stupeur qui se transforme en colère. Il se lève et se précipitant vers le bureau, se saisit du morceau de papier et le tend vers Claire.

— Mais bon Dieu, qu'est-ce qu'il vous faut de plus ?! C'est l'écriture de ma fille, j'en suis certain, un seul coup d'œil sur ses cahiers de classe suffira à vous en convaincre. Qu'est-ce qu'il vous faut de plus ?… Qu'on vous la renvoie coupée en petits morceaux ?

Sa voix s'est brisée sur ces derniers mots, il sait de quoi elle est capable, peut-être mieux que quiconque. Il le sait parce qu'il l'a appris, au fil d'années de souffrances et de craintes. Une angoisse épouvantable lui serre le cœur, comme un étau chauffé à blanc, il a conscience que chaque minute qui passe est un moment de plus qui rapproche Léa de la folie et de la démence. Il connaît les accès de violence dont est capable cette sœur qui n'a jamais été, même avant le drame, ce qu'il espérait, ce qu'il pouvait légitimement attendre d'elle. Le seul espoir qui lui permette de ne pas sombrer, de ne pas à nouveau glisser dans cet espace-temps étrange et terrifiant qui parfois vient envahir son réel, c'est qu'il sent qu'il peut convaincre Claire qu'il n'est pour rien dans la disparition de Léa. Et puis il sait aussi que Léa est une petite fille d'une intelligence et d'un courage rares. Elle l'a prouvé pendant toutes ces années, exposée aux fragilités et aux absences de son père. Sébastien veut croire que quelles que soient les circonstances, elle trouvera la force de se battre et le courage de s'en sortir. Mais, à cet instant précis, il ne peut imaginer, et c'est certainement une chance pour lui, à quel cauchemar sa fille est confrontée.

Léa

Je respire de plus en plus vite. Je dois me calmer, je dois être prête. Lorsque la porte s'ouvrira je sais que je n'aurai que quelques secondes pour pousser cette femme et refermer la porte sur cet escalier qui s'enfonce dans le noir absolu. Mais j'ai aussi entendu une autre voix, une autre femme. Quand bien même j'arriverais à me débarrasser de l'infirmière, je ne sais pas ce que je vais trouver derrière cette porte. Qui va m'attendre ? Je n'ai plus le temps de réfléchir, de toute façon je n'ai pas le choix. Ma survie passe d'abord par une première étape, essentielle. Sortir de cette cave. À tout prix. Je ne veux plus passer un seul instant dans le noir et le souvenir des rats me redonne de l'énergie. Je n'avais jamais eu peur des rats, jusqu'à présent. Je les trouvais même plutôt mignons, comme des sortes de grosses souris. Linda en avait un chez elle, comme un hamster, en beaucoup plus original. Quand je l'avais dit à papa il m'avait évidemment parlé de la très effrayante leptospirose, des terribles jaunisses et des douleurs multiples et diffuses que cette maladie, transmise par les rats, pouvait provoquer chez l'homme… Et chez la jeune fille. Je l'avais vite interrompu alors qu'il se lançait dans une description clinique des ravages des grandes pestes noires du Moyen Âge. Je me souvenais très bien de ce que je lui avais répondu.

— Le perroquet aussi peut refiler des maladies à l'homme, papa ! La psittacose, c'est pas de la gnognotte, ça peut vous refiler une pneumonie ! Et ça ne t'a pas empêché de nous acheter Mille Sabords.

Papa m'avait alors regardée avec ce sourire imbécile qu'il a toujours avant de répondre une bêtise.

— Encore faudrait-il que cet animal soit réellement un perroquet... C'est évident, le vendeur s'est moqué de nous, Léa. Il a dû nous refiler un vieux pigeon obèse. Lui coller un faux bec et le rebaptiser *gros gris* d'Afrique, ni vu ni connu. Et puis il nous a vus arriver et nous l'a vendu à prix d'or. Et là eh ben, les gros pigeons pour le coup, c'est nous ! C'est pour cela qu'il ne parle pas bien sûr, c'est évident.

J'avais laissé tomber, sachant qu'il ne démordrait pas de son abracadabrante histoire et qu'il était capable de la servir pendant des heures. Mais à cet instant, alors qu'une douleur lancinante se diffuse dans toute ma jambe à partir de la morsure du rat, je ne suis plus surprise que cet ignoble rongeur ait pu faire des millions de morts dans l'histoire de l'humanité. Ma tête aussi me fait souffrir. J'ai presque envie de lâcher prise, je pourrais m'allonger derrière cette porte en bois et m'endormir aussitôt, j'en suis certaine. Je repense alors à Juliette, je ne peux pas l'abandonner, après maman ce sera trop dur, « trop nul » comme elle le dirait. Alors je me force à canaliser mon énergie vers un seul objectif, à ne penser qu'à un seul but : m'enfuir.

L'ombre de la femme se dessine sous le pas de

la porte, je retiens ma respiration, je reste immobile, je ne cille même pas... Le bruit d'une clé... la poignée s'abaisse avec lenteur. Lorsqu'elle s'ouvre, je suis presque aveuglée par la lumière qui s'engouffre dans l'entrée. J'ai juste le réflexe de me reculer et de me coller contre le mur, essayant de n'offrir aucune résistance. La femme qui s'avance m'offre la vision de son dos massif. Elle se met à descendre une marche, s'arrêtant soudain. Je sais que si cette femme tourne la tête, elle me verra : c'est inéluctable. C'est au moment où je sens qu'elle commence à pivoter que je me précipite sur elle.

Le choc est violent, j'ai mis toute ma force et tous mes misérables trente kilos au service de ma libération. La femme a poussé un cri, elle a, pendant quelques instants, presque réussi à ne pas perdre l'équilibre, me jetant un regard de surprise et de haine. Seule sa bouche s'est ouverte, le reste de son visage demeurant impassible. Et puis, soudain, elle a basculé et est tombée lourdement dans l'escalier. Je vois le corps massif s'enfoncer dans le noir mais je ne perds pas de temps à contempler sa chute. Je me retourne avec vivacité et me précipite à l'extérieur. Je claque alors la porte et referme à double tour. Je m'effondre, le dos collé au panneau de bois. Et puis je trouve, je ne sais comment, les ressources nécessaires pour me relever et découvrir ce qui m'entoure. Je suis dans un couloir recouvert d'un vieux parquet sombre au bout duquel je devine une grande pièce, peut-être une cuisine, j'aperçois même une fenêtre. L'extérieur, la liberté... J'avance avec précaution, je ne veux pas courir même si j'en meurs d'envie. Je dois me contrôler alors que j'entends une voix qui hurle dans ma tête :

« Va-t'en Léa, quitte cet endroit, le plus vite possible. »
Pourtant je continue à marcher et en passant devant la
deuxième porte du couloir, le parquet se met à grincer,
comme un long cri. Je m'immobilise, je sais qu'il y
a quelqu'un d'autre dans cette maison, je l'ai entendu
tout à l'heure. La voix s'élève alors, une voix faible,
presque une plainte.

— C'est toi, Valérie ? Qu'est-ce que tu as fait,
qu'est-ce que tu lui as fait ? Réponds-moi. Ouvre cette
porte, bon Dieu ouvre-moi !

Je regarde la clé enfoncée dans la serrure. Je la
regarde lorsque, soudain, un coup violent est porté sur
la porte et fait trembler la clé.

— Ouvre, ouvre immédiatement. C'est moi qui suis
venue te sortir de cette clinique où on t'abrutissait de
médicaments, moi, ta mère. Je t'ordonne de m'ouvrir
et de me dire ce que tu as fait !

Le silence retombe dans le couloir, et puis c'est
une voix brisée, dans laquelle je devine une immense
tristesse, qui s'élève à nouveau :

— Dis-moi, dis-moi que tu ne lui as rien fait, dis-
moi que tu n'as rien fait… à ma petite-fille.

Je vacille sur mes jambes, j'ai l'impression que le
sol devient meuble sous mes pieds. J'ai besoin de
m'appuyer contre le mur pour ne pas m'effondrer.
Je sais que papa a été adopté, il me l'a dit quand
j'avais 10 ans. Mais il m'a aussi dit de considérer
ses parents adoptifs comme mes vrais grands-parents.
Pourtant, cette femme, derrière la porte, parlait de moi
lorsqu'elle disait ma « petite-fille ». Je sais bien que
je devrais partir, tout de suite, courir et trouver la
sortie, quitter cette maison et ne pas me retourner. Mais

j'appuie pourtant ma main sur la paroi, j'approche mon visage.

— Madame, madame… Je suis Léa Venetti, j'ai enfermé votre fille dans la cave. Je… j'ai peur, je veux rentrer chez moi, je veux retrouver mon père. Il doit être si inquiet. Je vais m'en aller mais je reviendrai vous chercher, je vous le promets.

D'abord un long silence puis la voix se fait plus douce.

— Ne me laisse pas, s'il te plaît, ne me laisse pas avec elle. Ouvre la porte, j'ai tellement envie de te voir. J'ai tant de choses à te dire aussi, sur ton père… Ce n'est pas leur faute. J'ai fait une chose terrible…

Je l'entends qui se met à pleurer.

— Tu dois savoir, tu as le droit de comprendre, s'il te plaît, ouvre-moi, j'ai le droit de te voir, de voir ma petite-fille.

Je me tiens figée devant la porte, ma main s'avance vers la clé. J'ai comme toujours cette empathie naturelle qui me pousse à porter secours aux gens qui me le demandent. J'ai toujours fait preuve de cette forme pleine et entière de générosité et maman me disait souvent de ne pas me livrer, de ne pas faire confiance avec autant de facilité. Et à ce moment, j'ai terriblement conscience que la dernière fois que je n'ai pas suivi un de ses conseils je me suis retrouvée droguée et enfermée dans une cave infestée de rats. Mais je sais très bien que la bataille est déjà perdue, que je ne pourrai pas laisser cette femme enfermée là, derrière cette porte. Mais avant, je dois faire quelque chose.

— Je vais vous ouvrir, madame, je vais vous ouvrir bientôt, je reviens, promis.

Je m'avance sans hésiter le long du grand couloir et j'arrive dans une salle à manger dont les fenêtres donnent sur un jardin mal entretenu, plein de ronces et de mauvaises herbes qui poussent en désordre, donnant à ce jardinet qui avait dû être charmant un air de désolation. Je cherche du regard la seule chose qui peut me relier au monde, qui me donnera la confiance nécessaire pour continuer, pour retourner ouvrir cette porte. Je cherche un téléphone et je maudis mon père de m'avoir refusé, pour la septième fois, et avec la même obstination bornée, le portable que je réclame à cor et à cri en ayant l'impression de me battre contre des vagues... Je suis en quatrième et je suis l'une des rares, peut-être la seule – honte suprême –, à ne pas encore avoir un smartphone. L'outil magique qui vous ouvre les portes du savoir, de la connaissance, des derniers bruits de la planète people et de la quatrième B. J'ai parfois l'impression de n'être qu'une pauvre fille des cavernes égarée dans le monde moderne. Parfois je suis sûre que les autres élèves pensent que j'ai encore une télé noir et blanc. Mais je me dis que si je m'en sors, cette fois, il ne pourra plus rien me refuser.

Je suis dans une autre pièce qui, elle, n'a pas de fenêtre. Près d'une bibliothèque en bois remplie de livres, il y a un vieux canapé dont le cuir semble ne plus avoir d'âge, on dirait qu'il est couvert d'un vieux parchemin qui se craquelle dans tous les sens. Et sur la droite dans l'ombre, il y a un téléphone, posé sur un guéridon. C'est un vieux modèle, un très vieux modèle, mais lorsque je me saisis du combiné j'entends une tonalité qui me redonne de l'espoir. Je compose le numéro de la maison sachant que papa répond rarement sur son portable et priant pour que quelqu'un décroche. Mais après quelques sonneries, c'est ma propre voix qui m'accueille avec enthousiasme et m'invite à laisser un message.

— Papa, papa c'est moi, Léa, je suis dans une maison... à la campagne je crois, je ne dois pas être très loin, papa, je ne me souviens pas très bien... Il y a deux femmes ici et il y en a une qui dit qu'elle est ta mère... J'ai peur, papa, je n'ose pas quitter la maison, je ne sais pas où je suis. Je crois que celle qui m'a enlevée, l'infirmière, j'ai réussi à l'enfermer dans la cave. Je ne sais pas quoi faire, papa, viens me chercher... Papa, papa ?!

Le téléphone vient d'être coupé, j'appuie avec frénésie, presque avec rage, sur la touche de rappel, mais il n'y a désormais plus aucune tonalité sur la ligne. Le silence, le vide, personne ne répondra plus, je le sais. Je cours vers le salon et passe devant le couloir sans m'arrêter. Je me précipite vers une large porte que j'imagine – que j'espère – être la porte d'entrée. J'appuie de toutes mes forces sur la poignée mais rien ne bouge, la porte reste fermée. Je reviens alors vers le salon et m'élance vers la fenêtre. Je tente de l'ouvrir mais n'y arrive pas. Je ne comprends d'abord pas pourquoi, puis en regardant avec plus d'attention, je m'aperçois avec horreur que la poignée tourne mais n'entraîne pas le pêne de la fenêtre. Elle tourne oui, mais dans le vide. Ma vue est brouillée par les larmes et mes pensées sont de plus en plus confuses, la douleur est de plus en plus forte et un stress épouvantable me gagne. Je suis enfermée, mon Dieu, je suis enfermée !

Je retourne dans le long couloir, je n'ai plus le choix.

Je dois faire confiance à cette femme. Je m'approche de la porte et me saisis de la clé. Je tourne alors la poignée, la porte résiste un peu mais finit par s'ouvrir, d'un seul coup, me précipitant dans la pièce. Sur un vieux lit il y a une femme aux cheveux blancs et au visage sec. Elle a une soixantaine d'années, peut-être plus. Elle me regarde, secoue la tête sans rien dire puis ouvre la bouche dans un cri silencieux tout en pointant son doigt, vers quelque chose, derrière moi. Vers quelque chose… ou vers quelqu'un.

Chapitre 31

Le Dr Wiltzer est assis dans le bureau de Romain, Claire se tient debout, à ses côtés.

— J'ai pris ma voiture et je suis venu tout de suite, juste après votre coup de fil. On n'a pas tous les jours l'occasion de retrouver des patients trente-quatre ans après. Et puis ce dossier croyez-moi, il m'a offert quelques nuits blanches. J'étais un jeune psychiatre à l'époque et j'étais persuadé de pouvoir tous les aider. Ces enfants brisés, perdus, mal aimés, battus... Alors quand ce frère et sa sœur sont arrivés dans le service, inutile de vous dire que j'étais aux premières loges. Une jeune fille de 13 ans, poignardée par sa propre mère qui par-dessus le marché demande à son gosse d'à peine 7 ans de s'accuser à sa place... Comme cas pratique, difficile de rêver mieux !

Claire lève ostensiblement les yeux au ciel et se retient à peine de souffler pour signifier sa colère.

— Oh, je sais bien ce que vous pensez, madame, nous parlons d'enfants, de destins brisés, de vies qui partent en miettes, comment peut-on appeler ça « un cas pratique », comment peut-on être aussi détaché ? Eh bien figurez-vous que c'est justement ça qui m'a

257

toujours manqué au cours de ma carrière, le détachement. Et en particulier concernant le dossier Vergne. Je me suis pris d'affection pour Sébastien. Et plus je constatais les dégâts que faisait sa sœur, plus je m'attachais à ce gamin. Il a fallu que je me batte pour que l'on sépare enfin ces deux enfants. Et il a fallu se battre encore pour que Sébastien puisse retrouver une vie normale, qu'il puisse se débarrasser du sentiment de culpabilité que sa mère avait fait naître et que sa sœur avait entretenu avec une perversité diabolique. Lorsque Sébastien a enfin pu exprimer la peur que lui inspirait sa sœur, lorsque j'ai réussi à lui faire dire la responsabilité et les manœuvres de Valérie, il s'est ensuivi une séance d'automutilation dont je garde un souvenir épouvantable. J'ai accompagné par la suite cet enfant pendant trois ans, à raison d'une séance par semaine et puis, le jour où j'ai estimé que les morceaux étaient recollés et que Sébastien pouvait repartir avec les mêmes chances que les autres enfants, eh bien… j'ai raccroché la blouse et je me suis tourné vers l'enseignement. Alors voyez-vous, madame, j'aurais bien aimé pouvoir plus souvent considérer mes patients comme des « cas pratiques » plutôt que comme des êtres de chair et de sang. Mais je n'y suis jamais parvenu.

Claire se penche vers lui, elle respire le parfum de cet homme, c'est le même que celui de son père, « Habit Rouge » de Guerlain, question de génération sans doute. Elle connaît déjà les faits, elle en sait même bien plus que Wiltzer sur la suite des événements qui lient si profondément Sébastien à sa sœur. Ce qui l'intéresse c'est de savoir si les événements qu'a vécus le Dr Vergne-Venetti sont susceptibles de l'avoir mené aux portes de la folie. Elle l'a vu sombrer dans la confusion, perdre le sens du réel. Elle a vu cet homme, égaré, assis dans cette cuisine, le cadavre mutilé de cet animal dans ses mains ensanglantées, un homme perdu qui avait à peine réagi à leur arrivée.

— Docteur Wiltzer, je suis désolée, nous sommes tous un peu à cran... Je vous remercie d'être venu si rapidement. Mais je dois encore insister sur l'urgence de la situation. Nous avons une petite fille de 13 ans, Léa, qui a disparu, deux enfants sont morts en deux jours, dans le même hôpital, amenés par le même médecin, toujours Vergne. Et pour un de ces enfants nous pouvons affirmer avec certitude que c'est un meurtre... Nous savons aussi que l'épouse de ce même médecin s'est suicidée il y a six ans. J'ai aussi eu le médecin de Valérie Vergne, en Suisse, qui affirme que sa patiente est guérie et qu'elle ne représente plus de danger... pour personne.

Patrick Wiltzer réfléchit, il sort un dossier d'une lourde sacoche en cuir noir, un dossier sur lequel est écrit au feutre noir, en lettres majuscules, « VERGNE ». Il se lève et marche devant la baie vitrée, il regarde un peu à l'extérieur, retourne vers le dossier, l'ouvre, en lit quelques passages, puis le repose.

— La psychiatrie réserve parfois d'immenses surprises, quelques fois bonnes, d'autres fois désastreuses. Il m'est arrivé de commettre des erreurs de diagnostic, de perdre des patients parce que je n'avais pas réussi à sonder l'immensité de leur désespoir ou de leur folie... Mais pour Valérie Vergne, je peux vous assurer que je ne vois pas comment la médecine moderne aurait pu lui permettre de recouvrer un semblant d'équilibre. Parce qu'il y a eu la suite, j'ai eu accès à quelques informations pendant les premières années où j'ai suivi son frère. Il y a eu l'errance, les foyers, la violence, les agressions puis la violence encore et toujours, comme unique réponse aux interrogations de cette gamine. Et bien sûr il y a l'agression de sa mère, l'acte fondateur qui, sur un esprit sûrement déjà fragile a été ravageur. Le traumatisme vécu par Sébastien Vergne est lui aussi immense, sa culpabilité a été au cœur de son esprit, une présence lourde, suffocante, en tout état de cause un élément destructeur qu'il a fallu guérir, lentement, pas à pas. Mais la thérapie que j'ai mise en place, la suite de son parcours, une personnalité très différente de celle de sa sœur… Autant d'éléments qui me permettent d'affirmer que je ne crois pas à sa culpabilité. Les épisodes dont vous me parlez, ces… appelons-les des absences, cette confusion, peut s'expliquer lors d'un stress très intense et peuvent apparaître chez n'importe qui. Qui sait, chez vous aussi peut-être, si vous êtes soumise à de très fortes pressions ?

Pas la peine de rentrer dans des explications cliniques de ce phénomène, pense Claire qui se souvient parfaitement des interrogatoires chez les flics d'abord, puis chez le juge d'instruction. Les longues heures au tribunal puis les interminables discussions avec ses avocats. Tout cela dans l'intense brouillard des douleurs aiguës de ses migraines… Elle avait, elle aussi, souvent perdu pied, ne se souvenant plus, mélangeant les événements, les faits, suppliant qu'on la laisse en paix. Elle savait à quel point on pouvait perdre contact avec le réel.

Le lieutenant Desombre fait soudain une apparition remarquée, il a une sorte d'excitation intense dans le regard. Il se tourne d'abord vers Claire, s'apprête à lui dire quelque chose puis remarque le médecin et interroge la commissaire du regard, en désignant Wiltzer d'un geste du menton.

— Allez-y, Thierry, qu'est-ce qu'il se passe ?

Desombre hésite quelques secondes, se tourne vers Romain qui l'encourage du regard, puis se lance :

— On a mis le téléphone de Vergne sur écoute et vous savez quoi, sa fille vient de laisser un message ! Elle dit qu'elle est enfermée, dans une baraque. Et c'est bien elle, on a comparé avec l'enregistrement du message d'accueil sur le répondeur. Tout comme l'écriture sur le mot retrouvé dans la voiture de son père. Et le plus beau, c'est qu'on a l'adresse !

Le cœur de Claire s'accélère. Maintenant il n'y a plus de temps à perdre, ce temps si précieux qu'elle a perdu en conjectures, entraînée sur la piste trop simple de ce père forcément coupable.

— L'adresse, vite. Et vous, Thierry, vous me gardez Sébastien Vergne au chaud. Romain, vous venez avec moi.

Le Dr Wiltzer regarde les deux policiers se précipiter vers l'escalier puis disparaître. Il se retrouve seul avec le lieutenant Desombre qui continue à poser sur lui un regard intrigué.

— Bonjour, je suis le Dr Wiltzer, j'ai été le psychiatre de Sébastien Vergne quand il était enfant. Vos collègues m'avaient demandé de venir pour que je leur donne mon avis sur son profil psychologique, mais il semblerait que cela ne soit plus très utile…

Il s'avance vers Thierry et lui serre la main, offrant un sourire qu'il souhaite le plus chaleureux possible.

— J'ai toutefois une faveur à vous demander. Je

souhaiterais m'entretenir avec Sébastien Vergne, pas longtemps, quelques minutes…

Thierry hésite, il sait qu'il n'a aucune raison d'accéder à cette demande, mais puisque ce toubib a fait le chemin pour venir jusqu'à eux, il se dit que ce serait quand même rosse de ne pas lui dire oui.

— OK, docteur, je vais le faire monter, mais je reste avec vous pendant l'entretien et… pas un mot sur le message de sa fille.

Cette décision, Thierry la repassera en boucle dans sa tête, après les événements, et il se demandera encore longtemps si c'était la meilleure ou la pire des choses qu'il ait faite.

Léa

Je n'ai pas besoin de me retourner, je sais qui se tient juste derrière moi. Je ne veux pas affronter ce regard, ce visage impassible, froid, détaché du monde et des sentiments qui animent les personnes « normales ». Je ne veux pas le faire et pourtant je tourne la tête vers l'endroit que la femme allongée sur le lit indique encore d'une main tremblante. Je ne respire plus, mes yeux s'agrandissent en même temps que je découvre son regard mort. Son visage est en sang, une plaie s'est ouverte sur son front et, malgré son impassibilité, je sens derrière le masque une colère épouvantable, une rage démesurée. La main de Valérie se pose sur mon épaule puis exerce une pression si vive que je suis obligée de m'agenouiller. La main se referme comme un étau, une douleur atroce se propage dans tout mon corps.

— Arrêtez, s'il vous plaît, arrêtez, vous me faites mal, je vous en supplie.

La pression continue à s'exercer sur mon épaule avec la même détermination, une puissance inexorable, presque mécanique.

— Qu'est-ce que tu imaginais, Léa, tu pensais

peut-être que tu pourrais m'échapper, tu croyais que tu pouvais m'empêcher de vous faire souffrir, tous, comme moi j'ai souffert ? Qui s'en est soucié, hein, qui ?! Tu crois peut-être que ta grand-mère ou ton père m'entendaient quand je suppliais que l'on vienne me chercher, quand je hurlais toute la nuit pour que l'on me sorte de ces foyers, que l'on me rende une vraie famille ?... Qui a écouté mes cris, ma souffrance, perdue dans cet asile de fous où mon propre frère m'a envoyée ? Tu sais que c'est « grâce » à ton père que ma vie a volé en éclats, à cause de lui que nous nous sommes retrouvés seuls, abandonnés ?... Abandonnés par cette femme-là, sur ce lit. (Elle montre le lit en fer forgé.) Oui toi, ma propre mère, toi qui m'as frappée pour... pour me faire taire ! Quelle maman ferait ça à son enfant, hein ? Aucune ne le ferait... Tu n'es qu'un monstre et les monstres, ça ne peut engendrer que haine, douleur, tristesse... Et vengeance.

Je suis pliée en deux aux pieds de Valérie, l'horreur de ce qu'elle vient de me révéler amplifie encore la douleur qui me paralyse. Je sens cette main de fer qui me broie de plus en plus fort, je sens ma clavicule qui se plie, inexorablement, qui se tord jusqu'au seuil de rupture. Et puis j'entends un craquement sec, comme lorsque papa casse des branches fines et sèches pour préparer le petit bois avant d'allumer un feu dans la cheminée du salon. Mais ce sont des flammes de douleur qui brûlent soudain tout le haut de mon corps. Je suis tout de suite anéantie par la souffrance et des sinistres crissements résonnent dans une épaule qui a déjà abdiqué...

J'ai envie de vomir, je ne vois plus rien, juste des petites étoiles qui apparaissent et disparaissent, je vais tomber dans les pommes. Comme lorsque je m'étais cassé un doigt de pied, le gros orteil, l'année dernière, en shootant comme une imbécile dans ce que je croyais être un caillou et qui n'était en fait que la partie émergée d'une sorte d'iceberg de granit enfoui dans le sol. Lorsque papa avait fait arracher le bloc entier, des types étaient venus avec une pelleteuse et avaient sorti de terre un énorme rocher de plus de deux cents kilos. Il s'était simplement tourné vers moi, avec le même sourire idiot annonciateur de vannes et il m'avait dit :

— T'avais aucune chance de marquer, fillette…

Le souvenir de papa est comme une ancre, comme un repère auquel je m'accroche pour ne pas sombrer, pour ne pas m'abandonner au néant et oublier cette douleur intolérable qui irradie jusque dans mes jambes. Je peux encore voir autour de moi si je me concentre, si je tente de ne plus penser à cette main qui me torture. J'aperçois alors cette femme qui dit être ma grand-mère et que je n'ai jamais vue. Cette femme dont les gènes sont disséminés dans tout mon corps. Je la vois qui se lève, s'accrochant aux barreaux du lit, misérable et courageuse. J'espère, avec le peu de forces qu'il me reste, qu'elle va pouvoir faire cesser la douleur, mais elle a l'air si faible. Elle s'approche de sa fille, elle n'est plus qu'à un mètre, peut-être moins.

— Ça suffit, Valérie, elle n'y est pour rien, s'il te plaît, c'est… une enfant. C'est ma faute, je suis la seule responsable. C'est moi qui dois supporter les conséquences. Si tu veux te venger, venge-toi sur moi.

Elle baisse la tête tout en continuant à s'approcher de la femme qui me torture, comme un condamné vient à son bourreau.

— Évidemment que c'est ta faute, tu pensais que je l'avais oublié, que ce que tu as fait peut s'oublier ?

Elle relâche enfin mon épaule et je m'écroule sur le sol. Je ne peux plus bouger, plus un membre. Tout mon esprit est concentré sur une seule chose, rester consciente, ne pas abandonner. Valérie a saisi les bras de sa mère et elle la secoue avec une violence terrible. Le regard de cette femme qui se tient devant sa fille, avec toute la culpabilité mais aussi tout l'espoir de sauver l'enfant qui gît à ses pieds, est si poignant que j'espère un instant qu'il va pouvoir émouvoir mon bourreau. Mais cet espoir s'éteint lorsque Valérie se remet à hurler.

— Ta faute et de celle de ton fils, son père à elle ! (Elle me montre du doigt.) Il savait qu'en faisant ça, il nous détruirait, toi et moi, il le savait et il n'en a rien eu à faire, c'est ça la vérité. Il a eu droit à une vie lui, une vraie vie… Et moi hein, et moi j'ai eu le droit à quoi ? Me faire violer par des adultes censés me protéger, me battre pour pouvoir avoir le droit d'exister sans vraiment pouvoir vivre, connaître la prison, l'hôpital psychiatrique, la solitude… Ils vont payer, lui et sa fille, et toi tu vas devoir regarder ça. Tu n'as pas été là, jamais, depuis tant d'années. Tu m'as fait sortir de cette clinique mais ne t'imagine pas que tu as payé ta dette. Tu vas pouvoir rattraper le temps perdu, crois-moi. Tu vas rester avec moi, jusqu'au bout, tu ne me laisseras plus, plus jamais.

Elle serre alors sa mère dans ses bras, presque avec tendresse, elle lui caresse la tête et, sur son visage toujours aussi inexpressif, des larmes roulent sur ses joues immobiles. Elle accompagne sa mère vers le lit, la couche dans les draps blancs et remonte la couverture sur elle. Puis elle se redresse et se dirige vers moi. Elle se met à me parler avec une douceur inquiétante.

— Quant à toi, Léa, je voudrais encore envoyer un message à ton papa, je veux qu'il puisse savoir que tu es là, avec moi.

Elle sort de sa poche un téléphone portable, compose avec rapidité un numéro, attend quelques instants et approche l'appareil de mon visage. Elle me regarde sans rien dire puis soudain elle abat sa main sur mon épaule. Mon long hurlement semble ne jamais vouloir s'arrêter. Il résonnera encore longtemps entre les murs de la chambre, bien après que le téléphone a été raccroché.

Chapitre 32

Lorsque Sébastien arrive dans le bureau du policier, une jeune flic est assise sur une chaise et il y a un homme âgé dont le visage lui est familier. Il a déjà vu ce regard, cette silhouette et le sourire qu'il lui adresse trouvent une résonance particulière dans sa mémoire. Mais il détecte aussitôt une alerte qu'il connaît bien, une tension, une petite voix qui lui murmure que c'est un passé vers lequel il ne doit pas retourner. Il a cherché son nom il y a peu de temps, il l'a cherché pour se souvenir qu'il existait un moyen de se sortir de son cauchemar. Mais il sait qu'il ne doit pas revenir vers cet homme, que la solution n'est pas derrière lui, là-bas, loin dans cet univers de souffrance.

— Bonjour, Sébastien, je suis le Dr Patrick Wiltzer, je vous ai soigné, il y a bien longtemps... Je suis le médecin qui vous a suivi après le drame.

Il n'a pas besoin qu'on lui rappelle son histoire, il se souvient de tout, c'est gravé en lui, à jamais. La voix du médecin a résonné avec un timbre singulier, les mots ont immédiatement formé des images dans son esprit. Il voit le lit dans la chambre, il voit les draps tachés de sang, il sent presque ses propres ongles lui déchirer le ventre. Cet homme l'avait délivré de l'emprise de sa sœur, mais à quel prix, et pour combien de temps ?

— Je sais qui vous êtes, je m'en souviens très bien. Comment pourrais-je oublier ? Mais qu'est-ce que vous faites ici ? (Puis se tournant vers Thierry :) Plutôt que de fouiller dans mon passé, vous devriez entendre ce que je me tue à vous dire… Cherchez ma sœur, bon Dieu, retrouvez ma mère, ce sont elles qui ont enlevé Léa, elles sont là, elles sont près de nous…

Le regard échangé par le policier et Wiltzer n'échappe pas à Sébastien, il a vu, l'espace d'un instant, l'encouragement du médecin et la brève dénégation de Thierry Desombre. Le policier s'approche de lui, il lui pose une main sur l'épaule.

— Écoutez, nous pensons que vous n'y êtes pour rien, nous avons eu certaines informations qui vous disculpent mais que nous devons vérifier.

Sébastien contient sa colère, il a envie de secouer ce flic, de lui hurler de se bouger, de lui demander ce qui s'est passé. Mais il veut d'abord appeler son père, vérifier qu'au moins Juliette va bien, qu'elle est à l'abri, avec lui.

— Écoutez, vérifiez ce que vous voulez mais faites-le rapidement, il faut que vous la retrouviez. Maintenant, je voudrais téléphoner chez moi, avoir ma petite fille au téléphone, s'il vous plaît.

Thierry Desombre imagine qu'il n'a aucune raison de ne pas accéder à cette demande et ouvre le tiroir de son bureau. C'est ici qu'il a gardé le téléphone portable de Sébastien Venetti. Il s'est étonné, tout à l'heure, que sa fille n'ait pas laissé de message sur ce téléphone. Il ne se doute pas que Léa sait que son père a l'habitude d'écouter les messages de la maison plutôt que ceux de son portable. Elle n'est même pas certaine qu'il sache comment accéder au répondeur de son smartphone. Thierry tend l'appareil au médecin.

— Allez-y, vous pouvez appeler chez vous

Sébastien l'allume puis rentre son code, 0000. C'est un code diabolique et impénétrable, mais c'est aussi le seul dont il soit capable de se souvenir. L'écran prend vie, soudain, et une animation colorée accompagnée d'un jingle victorieux l'éclaire. Sébastien ne sait pas vraiment comment lire les messages, c'est vrai, mais un symbole apparaît sur l'écran d'accueil et le texte qui l'accompagne ne laisse aucun doute : « Nouveau message, reçu aujourd'hui à 18 h 12. » Sébastien appuie sur l'écran tactile et porte l'appareil à son oreille, il attend quelques instants puis, soudain, son visage se décompose avant de se durcir, il tend alors le téléphone à Thierry. Mais lorsque le policier attrape le combiné, Sébastien se jette sur lui et lui arrache son pistolet. Il n'aime pas les armes, il ne s'en est jamais servi, mais il tient parfaitement en joue la jeune femme et les deux hommes. Il a défait le cran de sûreté, il a vu ça dans une série, cela lui paraît simple, d'une facilité enfantine. Sa détermination est telle que rien ne semble devoir l'arrêter. Il essaie de calmer sa respiration, il essaie de paraître sensé alors que son esprit est emporté, balayé par une vague de désespoir.

— C'était ma fille… Ma fille terrorisée qui hurlait ! Si vous savez quelque chose je vous donne cinq secondes pour me le dire, cinq secondes après lesquelles j'abattrai d'abord votre collègue (il pointe son arme sur elle), puis vous…

Les policiers et le médecin restent immobiles. Dans le regard de la femme il y a de la peur, elle voit la détermination de cet homme, elle sait qu'il dit la vérité, qu'il n'hésitera pas à tirer.

— Dis-lui ce qu'il veut savoir, dis-lui, merde, il va tirer, regarde-le, il va me buter !

Thierry semble perdu, il a envie de raisonner ce toubib, de lui dire de poser cette arme, il veut lui promettre que tout va s'arranger. Mais là, tout de suite, il sait que s'il ne lui répond pas, ils se dirigent tous vers quelque chose qui ne ressemblera pas à un happy end. C'est finalement Wiltzer qui va le convaincre.

— Allez-y, dites-lui ce que vous savez, vous ne pourrez pas l'arrêter, il va la tuer, croyez-moi… Allez-y, tout de suite.

Le policier sort très doucement de sa poche le papier sur lequel est inscrite l'adresse de l'endroit où est retenue Léa.

— Et puis, laissez vos portables sur le bureau et donnez-moi les clés de votre voiture. Dites-moi où elle est garée, vite !

Le policier s'exécute sans discuter, il a lui aussi vu la détermination dans le sombre regard de Sébastien qui, les menaçant de son arme, fait descendre les deux policiers et le Dr Wiltzer. Ils retournent dans la cellule qu'il a lui-même quittée il y a quelques minutes. Le cœur de Sébastien bat à tout rompre, il voudrait partir, tout de suite, il pense qu'il est déjà trop tard, ce cri affreux était un cri d'agonie, il en est certain. Il referme la porte à clé et se dirige vers le parking. Il n'a croisé personne et personne ne lui demande rien lorsqu'il passe dans le hall du commissariat, il fait un effort surhumain pour ne pas se mettre à courir et ce n'est que lorsqu'il se retrouve assis dans la voiture de Thierry Desombre que des larmes se mettent à couler. Il étouffe un cri de désespoir puis rentre avec fébrilité l'adresse sur le GPS… quarante minutes… Quarante minutes pour retrouver sa fille et affronter à nouveau la folie de sa sœur… Pour maîtriser aussi ses propres démons. Mais, quand il démarre en trombe, il a l'intime conviction que cette fois-ci, ce sera le dernier affrontement.

Léa

C'est la douleur qui me sort de ma torpeur, j'ouvre doucement les yeux et je reconnais la chambre dans laquelle Valérie m'a brisé l'épaule. Je suis assise sur un lit, je ne peux pas tourner la tête, le moindre mouvement déclenche dans tout mon corps une violente décharge électrique qui me foudroie pendant de longues secondes. À nouveau la soif déchire ma gorge, j'essaie de parler, mais même le mouvement de mes lèvres m'est insupportable. Et puis j'entends, juste à côté de moi, une voix que je crois reconnaître.

— Ne bouge pas, Léa, ne fais pas de mouvements. J'ai essayé de bloquer ton bras avec un morceau de drap mais je ne sais pas si cela va tenir. Il vaut mieux que tu restes tranquille.

Au prix d'un effort incroyable et d'une douleur atroce, j'arrive à tourner un peu la tête pour pouvoir la regarder. Elle est assise sur une chaise, juste à côté de moi, elle tient dans ses mains un linge mouillé qu'elle a dû passer sur mon visage quand j'étais évanouie. Mes yeux se mettent à tourner à droite puis à gauche. J'ai tellement peur qu'elle soit encore là.

— Ne t'inquiète pas, elle est partie... Nous n'avons

pas beaucoup de temps, ma petite Léa, et j'ai tant de choses à te dire.

J'ai si peur qu'elle revienne, je ne veux pas écouter ce que cette femme a à me dire, je voudrais juste qu'elle me sauve, qu'elle nous sauve. Qu'elle appelle la police et que je puisse enfin quitter cet endroit. Mais je sens bien que cela lui est impossible, elle me semble si faible.

— Tu sais, elle n'a pas toujours été comme ça. C'était une enfant difficile, mais elle pouvait aussi être une gentille petite fille. Je me souviens d'elle, elle était si normale... C'est la vie qui l'a rendue comme ça, ma vie, ma faute... Tout ça, c'est ma faute. Écoute, écoute-moi, Léa, écoute-moi bien. Je vais te dire quelque chose que je n'ai plus jamais dit, à personne, depuis si long-temps. J'ai frappé Valérie, c'est vrai, mais ce n'est pas moi qui ai donné ce coup de couteau... Tu vois, Léa, personne ne m'a crue parce que c'était trop terrible, impossible, il était si petit. L'horreur de mon geste était plus acceptable que le crime d'un enfant... Ce n'est pas moi, Léa, c'est lui, c'est Sébastien, c'est ton père qui l'a poignardée. Je sais ce que tu penses, ma chérie, tu crois que je dis ça pour excuser mon geste. Mais je n'ai plus rien à perdre maintenant. Je n'ai rien dit après, après l'interrogatoire. Ma vie était déjà un échec, j'ai voulu préserver celle des enfants... Folie ! J'ai tout gâché et regarde ce qu'ils sont devenus. Il faut que tu fasses attention, Léa, très attention.

Je ne peux pas croire ce que je viens d'entendre. Si c'est bien elle la mère de papa, je peux comprendre qu'il soit parfois si étrange. Comment peut-on être normal avec une mère aussi dérangée ? Mais je veux qu'elle m'aide, je crois qu'elle peut encore faire quelque chose pour moi.

— S'il vous plaît, il faut que vous téléphoniez à la police, il faut que vous m'aidiez. Ce que vous n'avez pas réussi à faire pour eux, faites-le pour moi.

La femme semble hésiter, elle me regarde avec douceur, mais au moment où elle s'apprête à me répondre, une sonnette retentit dans toute la maison. Je suis pétrifiée puis j'entends les pas lourds et caractéristiques de Valérie dans le couloir. La porte s'ouvre brutalement, elle entre dans la chambre et se saisit de moi sans ménagement tout en me mettant la main sur la bouche pour couvrir mes cris de souffrance.

— Va voir ce que c'est, maman, mais ne laisse entrer personne. Quant à elle, je vais la remettre là d'où elle n'aurait jamais dû ressortir.

Elle me porte dans le couloir, jusqu'à la cave et je m'évanouis au moment précis où elle me jette au bas de l'escalier.

La femme appuie désespérément le linge sur la blessure de sa fille.

— Qu'est-ce que tu as fait, Sébastien ? Je ne voulais pas la frapper, tu le sais que je n'ai pas fait exprès, je suis tellement fatiguée... Tu comprends, quand elle est venue elle a crié et ses hurlements étaient comme des coups ? Des coups. Alors oui c'est vrai, je l'ai frappée... Mais toi, Sébastien, toi, pourquoi tu as fait ça ? Pourquoi ?...

Elle se met à pleurer. Elle était juste allée chercher de quoi soigner Valérie, elle avait poussé Sébastien qui se tenait près de la porte en lui demandant de ne pas bouger. Elle avait ouvert les placards de la salle de bains, comme une folle, elle avait cherché les pansements, l'aspirine, tout balancé par terre. Quand elle était revenue dans la cuisine elle l'avait vu, et son cœur s'était arrêté de battre. Sébastien est à califourchon sur sa sœur, il a dressé ses bras au-dessus d'elle et il tient très haut le grand couteau de cuisine. Il semble absent, ailleurs, et elle a l'affreuse impression que les yeux de son petit garçon sont révulsés. Elle voudrait crier mais elle n'ose pas.

Elle s'approche doucement, tout doucement de ses deux enfants.

— Sébastien, Sébastien mon chéri, qu'est-ce que tu fais, pose ce couteau, écoute-moi. Tout va bien, mais par pitié donne-moi ce couteau, ne lui fais pas de mal.

Elle s'approche encore et le garçon tourne alors vers elle un visage terrible. Ses traits sont déformés par une sorte de rictus, comme un sourire sans joie, dément. Il secoue la tête lentement de droite à gauche comme s'il signifiait à sa mère qu'il était trop tard, que maintenant c'est à lui de faire le nécessaire. Elle tente alors le tout pour le tout, mais au moment où elle s'élance vers lui elle voit, dans un éclair, la lame s'abattre à une vitesse folle sur le corps de sa fille. Elle pousse un hurlement et projette Sébastien contre la machine à laver. Le couteau, que l'enfant n'a pas lâché après avoir frappé, tombe sur le sol. Elle pose ses mains sur la blessure de Valérie, essaie d'arrêter le sang. Le petit garçon semble inconscient. Elle n'ose pas laisser sa fille pour aller cherche du secours, mais elle sait qu'elle ne pourra pas arrêter l'hémorragie, il y a bien trop de sang. Alors elle pose un linge sur la blessure et va appeler les pompiers. Elle compose le numéro puis au bout de quelques instants, elle se met à hurler, en larmes.

— Venez vite, ma fille va mourir, vite... Il y a du sang partout, c'est mon fils, il est si petit, il est devenu comme fou... Oui. 40, rue des Acacias... Oui, faites vite je vous en supplie.

Elle retourne rapidement dans la cuisine et recommence à appuyer le linge sur la blessure. Quand elle tourne son visage vers Sébastien, elle s'aperçoit qu'il la regarde, hébété, absent.

— *Tu dois leur dire que c'est toi qui as fait ça, que c'est toi qui as donné le coup de couteau. Fais-le pour nous, Sébastien, fais-le pour maman ! Tu es trop petit, Sébastien, ils ne te feront rien, tu ne peux pas aller en prison. Et puis ils vont te soigner aussi. (Elle se met à pleurer.) Tu as besoin d'être soigné, de te faire soigner.*

L'enfant ne semble pas comprendre, il est comme dans un rêve. Il ne se souvient même pas pourquoi il est là, par terre. Il voit juste sa mère près de sa sœur allongée et puis il y a ce couteau, par terre, cette lame pleine de sang qui brille, qui le fascine et qui le révulse en même temps. Il entend ce que dit sa mère, mais cela lui semble si terrible, si grave. Il secoue la tête doucement, il veut juste que tout ça s'arrête. Alors dans un ultime effort il lui dit qu'il fera ce qu'elle veut, qu'il dira ce qu'elle veut, il promet, il promet tout ce qu'elle veut.

Elle lui dit d'aller dans sa chambre, de ne plus bouger, d'attendre. D'attendre que les secours arrivent. Il se lève, comme un automate, il est si fatigué, il ne comprend pas pourquoi sa sœur ne bouge plus, pourquoi il y a tout ce sang sur le sol, sur lui. Il a l'impression qu'il a fait quelque chose, quelque chose de grave, mais il ne se souvient plus. Alors, en passant près de sa mère il ramasse le couteau et le serre très fort contre lui. Lorsqu'il entre dans sa chambre il s'assoit sur le sol, au milieu de la pièce. Il va attendre, lui aussi, les secours.

Chapitre 33

Alors que la voiture de Claire et de Romain se dirige
vers l'adresse fournie par Thierry, le paysage défile,
morne continuité de champs labourés, d'îlots d'arbres
feuillus et de vieilles bâtisses. Cette campagne, cette
terre se nourrissent au quotidien des pluies abondantes
offertes par une région désespérément agricole, à
défaut d'avoir su devenir industrielle. Les kilomètres
s'égrènent avec régularité sur l'écran large et coloré du
GPS. Maintenant ce sont les centaines de mètres qui,
disparaissent dans un décompte plus rapide, absorption
inexorable et rythmée de la distance qui les rapproche
de Léa.

Romain n'a rien dit depuis qu'ils ont quitté le
commissariat, il est très concentré sur sa conduite,
mais cette concentration masque une question qui le
taraude. Emportés par l'urgence de la situation, ils ont
embarqué dans sa voiture sans se poser de questions,
sachant l'un et l'autre que la vie de cette petite fille
est menacée. Si Valérie Vergne est bien responsable
du décès des deux patients de son frère, si elle a été
capable de maintenir un oreiller sur le visage d'un

enfant et d'attendre sa mort, il n'existe aucune raison pour qu'elle ne menace pas la vie de sa propre nièce. Mais maintenant qu'ils sont dans la voiture, pourquoi sa supérieure n'a-t-elle pas appelé de renfort, pourquoi ne demande-t-elle pas un appui ? Il retient cette question qui lui brûle les lèvres et il sait que s'il prend la parole ce sera uniquement pour lui demander pour quelles raisons ils s'embarquent seuls dans cette histoire. Mais il n'a pas à rompre le silence car c'est Claire qui s'en charge :

— Je sais, Romain, je sais ce que vous pensez... Pourquoi est-ce qu'on se retrouve tous les deux dans cette bagnole à foncer vers une situation pour le moins compliquée ? Pourquoi ne sommes-nous pas accompagnés du GIPN, pourquoi on ne laisse pas les spécialistes gérer les cas pour lesquels ils sont surentraînés ?... Eh bien je ne sais pas, Romain, voilà ! La seule chose dont je sois certaine, c'est qu'il faut que nous soyons le plus vite possible à cette adresse.

Si elle veut tenter une thérapie comportementale, pense Romain, *avec cas pratiques ultraréalistes, grand bien lui fasse, mais je préférerais ne pas être son compagnon de rédemption.* De toute façon, il se dit que dès qu'ils seront sur place, il passera un coup de fil aux collègues pour faire envoyer du renfort. La maison est un peu en dehors du village qu'ils viennent de traverser. Il y a d'abord ce long chemin au fond duquel ils devinent, puisqu'ils n'en voient qu'un pan, une bâtisse sans charme, de celles fabriquées à la va-vite au début des années soixante-dix. Maison grise aux volets gris, se détachant sur le fond d'un ciel de même couleur. Le gris des murs est celui de la vétusté, celui des volets, le gris des intempéries et celui du ciel, mouvant, sombre, est celui qui annonce la pluie. Mais malgré toutes ces nuances de gris, Romain n'éprouve aucune forme d'excitation devant ce spectacle. Ils ont arrêté la voiture juste après être passés devant le petit chemin de terre qui mène à la propriété. Romain se tourne vers Claire qui a gardé le silence. Elle semble étrangement distante. Les yeux clos, elle se masse les tempes en lents mouvements circulaires.

— Ça va, commissaire ? Qu'est-ce qu'on fait, on y va ensemble ? Vous voulez pas que je demande aux collègues de venir ?… On pourrait attendre des renforts, ce serait plus prudent.

Le temps qu'on arrive sera peut-être celui de trop, pense Claire, *celui qu'on aura perdu pour sauver la fille, et puis du temps, on en a déjà gaspillé beaucoup… Et moi, Romain, du temps, je n'en ai plus.* Claire a senti les prémices de la crise dès qu'ils sont montés dans la voiture. Puis le défilement du paysage, les halos de lumière offerts par de rares éclaircies, le bruit ténu mais constant des roues sur l'asphalte sont devenus de plus en plus puissants, insupportables. Elle sait que dans une vingtaine de minutes elle ne sera plus capable de marcher et que cette crise migraineuse s'annonce dévastatrice. Elle n'a même pas pris ses médicaments. Il faut dire que depuis trois jours elle ne pensait plus à cette compagne de douleur. Mais elle avait bien conscience qu'elle se tenait là, tapie dans un recoin de son cerveau et prête à lui faire éclater la tête en mille morceaux de souffrance. Alors non, ils n'ont pas le temps d'attendre des renforts.

— Allez-y, appelez vos renforts, mais nous devons intervenir, tout de suite. Je vais aller sonner et vous, vous faites le tour de la maison, il doit y avoir un accès derrière cette baraque, je veux que vous puissiez les bloquer. Mais s'il le faut, rentrez dans la maison.

Claire sort de la voiture puis s'enfonce dans ce chemin mal entretenu où des ronces et quelques sacs plastique s'entrelacent sans grâce. Elle a vu Romain contourner la maison, mais son champ de vision décroît très rapidement. Plus elle s'approche de la maison et plus un voile sombre obscurcit son œil gauche. Quand elle arrive devant la porte elle ne voit plus que de l'œil droit. Elle a conscience qu'il va lui falloir agir avec une efficacité redoutable parce que, dans dix minutes, elle sera totalement HS. Il y a une vieille sonnette sur la porte mais pas de nom, juste une peinture usée qui s'en va en lambeaux. Claire appuie une fois sur le petit bouton de métal et aussitôt une sonnerie stridente résonne dans son crâne comme un choc électrique. Elle sent la nausée qui arrive et se demande si elle ne va pas dégobiller sur la première personne qui va lui ouvrir. Il ne se passe d'abord rien, pas de lumière qu'on allume, pas d'agitation dans la maison, pas de bruit, aucun mouvement. Puis Claire, qui doit maintenant s'appuyer contre le mur, voit une ombre passer devant la fenêtre à droite de l'entrée. La porte s'entrouvre, une petite chaîne en contraint l'ouverture. Une voix faible, presque chevrotante se fait alors entendre.

— Qu'est-ce que vous voulez, qui êtes-vous ? Je suis toute seule, je ne peux pas vous ouvrir.

Claire soupire, elle n'a pas le temps de discuter. Elle pourrait, elle devrait pourtant se présenter, expliquer sa présence, rassurer, négocier avant qu'on la laisse entrer. Oui, c'est comme ça qu'elle est censée agir, mais là, elle n'en a pas le temps. Elle a assez d'expérience pour savoir à quel moment il faut piétiner les procédures.

Alors elle sort son arme et la pointe dans l'ouverture de la porte, en face du visage de son interlocutrice.

— Ne me faites pas perdre mon temps, madame, je suis de la police et vous allez ouvrir tout de suite et me dire où se trouve la fille. Elle a appelé son père, de cette maison, il y a quelques heures à peine.

Elle entend la femme murmurer : « N'entrez pas, n'entrez pas, vous ne pouvez pas entrer… » Des mots aussitôt balayés par le formidable coup de pied que Claire balance dans le battant. Un mouvement qui entraîne immédiatement une vive douleur dans tout son crâne mais qui a le mérite de pulvériser le bois sur lequel était fixée la chaîne et d'ouvrir en grand la porte d'entrée. Claire s'y engouffre et découvre une femme âgée, terrorisée, qui tente de se protéger en resserrant ses bras autour de son visage. Claire s'agenouille à côté d'elle, l'arme au poing, lui écarte les bras et la force à la regarder.

— Vous êtes la mère de Valérie Vergne, n'est-ce pas ? (La femme acquiesce.) Où est-elle ? Est-ce qu'une jeune fille est ici, avec vous ?… C'est Léa ? Continuez à me répondre par oui ou par non, de la tête… Est-ce que votre fille est ici ? Dans la maison ?… À quel endroit ?

La femme sanglote dans les bras de Claire, s'accroche soudain à elle et est prise de tremblements. Chaque secousse est comme une décharge de 100 000 volts qui lui traverse le crâne, de part en part. Elle est en train de sombrer et elle le sait, il lui reste peut-être cinq minutes avant de ne plus pouvoir faire un seul mouvement et de s'abandonner totalement à la douleur. Elle trouve pourtant les ressources nécessaires pour saisir à nouveau la femme et maintenir son regard dans le sien.

— Où sont-elles, bon Dieu, où sont-elles ? Répondez-moi !

Elle lève un bras, incapable de parler. Elle indique le couloir et Claire croit lire le mot « cave » sur ses lèvres. La commissaire se relève avec prudence, elle voudrait se précipiter dans la direction que lui a indiquée la mère de Sébastien, mais elle doit se maintenir aux meubles, s'adosser aux murs pour ne pas s'écrouler. Elle entre dans le couloir et distingue à peine, tout au bout du long corridor, une porte ouverte sur un escalier qui descend dans les profondeurs de la maison. Au milieu du couloir, il y a sur le sol une masse sombre qu'elle n'arrive pas à identifier. Elle se rapproche, lentement, pointant son arme vers la porte. Ce n'est que lorsqu'elle n'est plus qu'à un mètre de la forme qu'elle reconnaît enfin ce qui gît dans une mare de sang. Elle porte alors ses mains à sa bouche et ne peut retenir un cri.

Chapitre 34

Romain a rejoint l'arrière de la maison et il a pris le temps de contacter le commissariat. La conversation a été brève, précise, ils envoient une équipe à l'adresse qu'il leur a donnée. Ils devraient être là dans trente minutes. Il ne voit pas grand-chose à travers le verre dépoli d'une porte qui semble donner sur une cuisine. Il hésite, tente d'actionner la poignée mais la serrure résiste. Il se saisit du passe qui ne quitte jamais la poche de son blouson, s'en sert avec une dextérité que seule une grande habitude et une propension naturelle à l'habileté manuelle peuvent offrir, il entrouvre prudemment la porte. Ce passe, il l'avait déjà avant d'entrer dans la police, il l'avait obtenu de haute lutte en défiant un des petits malfrats qu'il côtoyait à une époque où l'errance scolaire et un certain goût pour l'aventure urbaine l'avaient éloigné du droit chemin. Il se souvenait de cette période avec une nostalgie teintée parfois d'effroi. Il avait été si près de basculer dans la grande délinquance qu'il se demandait encore comment il avait fini par rejoindre les effectifs de la police. À dire vrai, il savait pourquoi... C'était à cause ou peut-être grâce à un épisode dramatique qu'il avait basculé du « côté lumineux de la force » comme il se plaisait à le dire à ses proches. Il avait monté une petite affaire merdique comme seule la délinquance de banlieue peut avoir l'audace imbécile de penser qu'elle va réussir. Le plan était simple : le cercle de jeu clandestin était tenu par deux vieux un peu sur le retour, assez décatis et légèrement séniles. Il ne réunissait que des retraités et des chômeurs qui voulaient s'offrir plus d'adrénaline que celle obtenue avec le PMU et le Rapido. Mais le coup avait été un échec, un échec sanglant. Un de ses complices avait pris une balle dans le dos et s'était retrouvé paralysé. Sa carrière de petit voyou s'était arrêtée là, et il avait choisi de rejoindre une police qu'il avait longtemps méprisée, mais au sein de laquelle il avait aujourd'hui trouvé sa place.

L'intérieur de la cuisine est étrange, les gens branchés diraient « vintage ». Comme si la décoration avait été figée au cœur des années soixante-dix mais que les meubles n'avaient pas été protégés de l'usure du temps. La petite table est en Formica délavé et il y a dans l'évier des couverts sales et des assiettes en plastique colorées. Sur le réfrigérateur, Romain peut distinguer un autocollant de Casimir à moitié arraché au côté duquel le vaisseau d'Albator s'apprête à traverser la grosse poignée chromée. Sur sa gauche, un long couloir s'enfonce dans la pénombre. Une porte sur sa droite est ouverte sur un salon sans charme. Il voit un peu plus loin l'entrée et deux grandes fenêtres qui donnent sur le chemin qui accède à la maison. À travers l'une de ces fenêtres, il regarde Claire qui, d'une démarche un peu saccadée, mal assurée, s'approche de la maison.

Romain se demande s'il doit l'attendre ou bien même aller à sa rencontre, mais après avoir vérifié qu'il n'y a personne dans le salon, il préfère s'engager dans le couloir. Il interviendra à temps pour sauver cette gamine. Sa lampe torche à la main, orientée à l'endroit exact vers lequel il dirige son arme, il progresse vers le fond du couloir où une porte s'ouvre sur un escalier qui s'enfonce dans les profondeurs du sous-sol. C'est forcément dans les caves que l'on retrouve les enfants enlevés par les méchants, rarement dans les greniers. Et comme les psychopathes regardent aussi des films d'horreur, Romain affermit sa main sur son arme et progresse rapidement vers l'escalier. Il y a deux portes qui se succèdent dans ce grand corridor. Lorsqu'il arrive à la première, il tente de l'ouvrir mais elle est fermée. Il préfère ne pas insister et ne souhaite surtout pas révéler sa présence. Mais lorsqu'il entend la sonnette de l'entrée résonner avec force, il sait que désormais il doit redoubler de vigilance.

Dans un endroit qu'il ne connaît pas, avec des adversaires dont il ne mesure pas toute la dangerosité, il a bien conscience qu'il ne peut compter que sur son instinct. La deuxième porte n'offre aucune résistance. Elle s'ouvre sans bruit sur une chambre dans laquelle un matelas est posé à même le sol. Il balaie la pièce à l'aide de sa torche, s'arrête quelques instants sur un vieux tourne-disque à côté duquel s'amoncellent des 33 tours dont certains ont été sortis de leur pochette. Au pied de la table basse où repose l'appareil, il a le temps de voir une couverture sur laquelle s'affichent la photo d'un pianiste à l'air inspiré et un nom que tout le monde connaît, « Bach », en grosses lettres rouges. Lorsque Romain ressort, il se dirige vers sa cible initiale, son regard et sa lampe fixés sur l'ouverture béante, sur l'escalier qui s'enfonce dans l'ombre du sous-sol et dont il n'est plus maintenant qu'à un ou deux mètres. Il est concentré sur un seul objectif, retrouver au plus vite la gamine et neutraliser ses ravisseurs, tout ça sans trop de casse. Efficace, incisif, rapide, toutes ces qualités qui font de lui un bon flic et qui lui ont déjà permis de progresser très vite dans la hiérarchie. Il sent que la situation est critique mais il est confiant, peut-être trop…

Le visage de la femme est resté impassible lorsque la lame de son scalpel chirurgical a ouvert la gorge du policier. Si profond que la trachée-artère a été totalement sectionnée. Le sang n'a commencé à jaillir que lorsque le corps de Romain s'est écroulé sur le sol, alors que Valérie Vergne est déjà en train de se diriger vers la porte fermée, sa lame à la main.

Chapitre 35

Le visage de Romain est exsangue, éclairé par la lampe torche de Claire. Il n'est qu'une tache blanche, livide, qui se découpe par intermittence, au gré des mouvements de la commissaire, au milieu d'une mare de sang noirâtre. Elle est tombée à genoux, anéantie par la tristesse et la douleur. Elle ne sait même pas si elle va pouvoir se relever. Maintenant, chaque respiration est une souffrance, une armée de marteaux en furie a commencé à s'activer dans toute une partie de son crâne et elle ne voit plus rien avec son œil gauche. Une première nausée impérieuse, brutale, la plie en deux et ses deux mains se plaquent sur le sol au beau milieu de la flaque de sang, provoquant un bruit humide et écœurant au moment où la bile jaillit de sa bouche. Elle tente de reprendre son souffle mais l'odeur âcre et métallique de l'hémoglobine la suffoque et renforce encore son malaise. Il faut qu'elle se relève, il le faut, mais ses jambes pèsent des tonnes à présent et chaque mouvement est un supplice.

Curieusement, c'est le visage de son ex-mari qui apparaît au tréfonds de son cerveau martyrisé, torturé par des milliards d'aiguilles chauffées à blanc.

Le visage de Rodolphe, celui de la stupeur et de la souffrance au moment où la balle avait déchiré son abdomen alors qu'il tentait, une nouvelle fois, de lever la main sur elle. Elle avait trouvé la force d'échapper à son emprise, de sortir de l'enfer, même si les moyens dont elle avait usé pour le faire avaient été pour le moins radicaux. Cette force, cette volonté, Claire tente maintenant de les mobiliser pour se redresser. Elle puise au plus profond d'elle-même le peu d'énergie qui lui reste encore et, au prix d'efforts surhumains, elle réussit à se relever. S'appuyant sur le mur du couloir, ses mains poisseuses glissant sur le papier peint et laissant de longues traînées rouges, elle progresse, centimètre par centimètre, et se retrouve bientôt en haut de l'escalier qui descend à la cave. Elle se saisit à nouveau de son arme, ne sachant même pas si elle aura encore la force d'appuyer sur la détente. Elle tente d'écouter, de percevoir les bruits qui pourraient provenir des profondeurs de cette maison, mais elle n'entend rien d'autre que le flux et le reflux des vagues de douleur qui la terrassent. Alors elle décide de descendre, accrochée aux murs, puis saisissant la vieille rampe en bois de l'escalier elle commence sa lente progression. Ce n'est que lorsqu'elle atteint enfin le sol de la cave, après de longues minutes qui lui ont semblé des siècles, qu'elle entend les premiers pleurs. Elle ne veut pas allumer sa lampe torche, pas tout de suite. Elle se concentre pour identifier de manière plus précise l'endroit d'où proviennent les sanglots, mais sa terrible migraine fausse ses perceptions et fait vaciller son esprit. Refermant sa main sur son arme elle se plaque contre le mur et se met à crier :

— C'est la police, Léa, n'aie pas peur, nous allons te

sortir de là… Où es-tu ? J'ai besoin que tu me parles, que tu me guides…

C'est un court gémissement suivi de pleurs qui lui répond, mais c'est suffisant pour que Claire puisse s'orienter. Tout en restant le dos plaqué contre la paroi, elle progresse pas à pas vers le fond de la pièce en espérant que ses sens ne sont pas en train de l'égarer. Elle est toute proche maintenant, elle entend les cris de l'enfant et elle a l'impression qu'en tendant la main elle pourrait presque la toucher. Alors elle se laisse glisser vers le sol et allume sa lampe torche. C'est d'abord le visage de Léa qui surgit de la pénombre. Elle a les yeux agrandis par la peur et la bouche tordue par la douleur. Claire ne sait pas de quoi elle souffre mais elle a conscience que l'enfant vit un martyre. Elle lui pose la main sur la bouche pour ne pas qu'elle crie et lui chuchote des mots qu'elle veut rassurants, ne sachant pas, à ce moment précis, laquelle d'entre elles a le plus besoin d'être protégée.

— Écoute-moi, Léa, nous allons nous sortir de là, je te le jure. Je vais enlever ma main mais tu ne dois pas crier. Tu dois me dire si la femme qui t'a fait ça est là, si tu l'as vue.

Claire ôte très lentement sa main, Léa la regarde mais elle ne dit rien. Elle a juste une sorte de mouvement de recul comme si elle cherchait à disparaître dans les ténèbres de la cave, à s'enfoncer dans le sol pour s'y dissoudre. La commissaire s'approche encore d'elle, lui caresse les cheveux avec une infinie douceur, bien que chacun de ses mouvements soit devenu un supplice. L'enfant ne fait pas le moindre geste, mais ses yeux s'agrandissent encore, ses lèvres tremblent puis elle approche sa bouche pour murmurer à l'oreille de Claire :

— Elle est là… juste derrière vous.

Claire n'a même pas le temps de se retourner. Le coup qu'elle reçoit dans le dos la projette sur le sol, son arme lui échappe et va se perdre dans l'obscurité. Au même moment la lumière s'allume dans la pièce et ce flot lumineux renforce encore sa douleur et sa désorientation. Elle parvient toutefois à distinguer Valérie Vergne qui se tient devant elle. Dans une main elle serre un scalpel et dans l'autre le marteau avec lequel elle vient de la frapper. La femme n'a plus d'expression sur le visage, ni haine, ni joie, ni colère. Elle fait un pas vers elle puis lève la main dans laquelle se trouve la lame effilée, atrocement coupante, du scalpel. Claire trouve la force de se mettre devant Léa pour la protéger, elle sait que la main va s'abattre et elle se demande si elle sentira, dans l'océan de douleur dans lequel elle se trouve, le fil du rasoir chirurgical qui lui tranchera la gorge.

Le coup de feu éclate et résonne avec une puissance décuplée entre les murs et le plafond voûté de la cave. La femme a juste ouvert un peu la bouche, mais elle reste encore imperturbable lorsqu'un point rouge apparaît à l'endroit précis de son cœur. Elle garde une absence totale d'expression, à la fois fascinante et effrayante quand elle s'effondre sur le sol. Mais son visage était déjà mort bien avant que cette balle ne vienne lui exploser le thorax. L'homme qui a tiré se précipite vers elles et prend Léa dans ses bras. Il y a un immense soulagement dans ce geste et il pleure doucement en serrant sa fille.

— Ne me serre pas trop fort, papa, elle m'a cassé quelque chose… dans le bras.

Léa essaie elle aussi de serrer son père, mais la douleur est trop vive. Elle renonce et s'abandonne bientôt à la fatigue, se laissant emporter par la douceur réconfortante de sa voix. Lorsque les policiers arrivent dans la cave, Claire a encore la force de leur expliquer ce qui vient de se passer. Elle est assise sur le sol et ne souhaite plus qu'une chose, s'enfermer dans sa chambre, dans le noir, et passer les prochaines quarante-huit heures à dormir, assommée par des doses massives d'antidouleur. Elle reconnaît le premier policier qui s'approche d'elle, il s'appelle Pierre ou Jean-Pierre, elle ne sait plus très bien, c'est un vieux de la vieille mais il semble bouleversé.

— Commissaire, ça va ? On a retrouvé Romain là-haut, c'est affreux... (Il montre le corps de Valérie.) C'est elle qui a fait ça ? Il y avait une autre femme aussi, plus âgée. Elle est morte, on pense qu'elle s'est elle-même tranché la gorge. Un vrai massacre. On a appelé les secours, ils ne devraient pas tarder. C'est fini, commissaire, c'est terminé.

Claire n'écoute plus, elle se laisse entraîner dans le néant et espère sombrer le plus vite possible pour oublier sa douleur, oublier Romain, oublier tout ce sang... Elle sombre tout en sachant très bien qu'à son réveil elle les retrouvera et que cette fois encore elle n'arrivera pas à oublier.

Chapitre 36

Le soleil a jauni la pelouse et a bruni la peau des enfants. Les filles sont bronzées, comme elles le sont les deux tiers de l'année depuis qu'ils se sont installés dans le sud de la France. Le mas qu'ils ont acheté, il y a maintenant trois ans, est une vaste bâtisse au charme typique et un peu démesuré des demeures locales. Sébastien a très vite fait croître la clientèle du cabinet qu'il a racheté à son prédécesseur. Un bon médecin, un peu rugueux et très austère, qui n'a jamais cherché ni à fidéliser ses patients ni à en gagner de nouveaux. Il a suffi à Sébastien d'élargir les heures d'ouverture du cabinet, d'accéder aux demandes, parfois excessives, de certains de ses patients et de suivre avec attention et empathie les petites douleurs quotidiennes des plus âgés d'entre eux pour attirer et fidéliser la population locale. Il a par ailleurs accompagné avec compréhension et humanité les fins de vie de ses malades les plus atteints et a incroyablement augmenté le chiffre d'affaires d'un cabinet déjà prospère.

Il regarde Claire. Elle est allée coucher Agathe, leur petite fille de 15 mois, et elle se tient maintenant debout, dans la cuisine. Rien n'a été évident après les morts de sa sœur et de sa mère. Il a dû reconstruire, expliquer à Léa et Juliette son histoire, la leur aussi. Et puis il y a eu Claire. Ils ne se sont pas rapprochés tout de suite, il y a même eu dans les semaines qui ont suivi les événements une sorte de distance étrange, profonde, qui s'est installée entre eux. Comme si ce drame avait interdit toute forme de relations normales entre ses protagonistes. C'est elle qui un jour avait fait le premier pas, Sébastien s'en souvenait très bien. Elle avait pris rendez-vous au cabinet et lorsqu'elle s'était assise en face de lui, elle avait souri et puis lui avait juste demandé :

— Alors docteur, vous m'avez bien dit que vous pouviez faire quelque chose pour moi… En dehors de me sauver la vie.

Après, tout avait été facile. Les filles avaient adopté Claire avec la simplicité et l'évidence que seuls possèdent les enfants, puis ils avaient pris la décision, tous ensemble, de quitter cette ville de pluie, de drames et de tristesse pour aller s'installer dans la chaleur perpétuelle de l'arrière-pays varois. Le sud de la France avait été une évidence, et Claire avait démissionné de la police pour se lancer à corps perdu dans une carrière d'enseignante. Elle était tombée enceinte un an après leur installation et, le jour où le test de grossesse avait donné son verdict, ses migraines avaient complètement cessé pour ne plus jamais reprendre.

Claire réfléchit, les yeux posés sur le vaste panier de légumes et de fruits colorés juché sur le grand meuble de la cuisine. Elle avait su que ce baiser, échangé il y a si longtemps, était le début d'une véritable histoire. Mais tant de choses atroces étaient arrivées ensuite… Pourtant, même dans les moments les plus graves, elle savait qu'elle avait toujours gardé confiance. De toute façon, les doutes avaient été balayés par les faits. Confiance en l'avenir, confiance en Sébastien. La reconstruction avait été plus simple qu'elle ne l'aurait cru, cette enfant, Agathe, était pour elle le symbole absolu du renouveau. Celle qui avait le plus souffert était sûrement Léa. Elle la voyait parfois, le regard perdu, elle l'observait depuis le salon, lorsque l'adolescente lisait dans le jardin. C'était devenu une grande jeune fille, presque une jeune femme. Elle ressemblait de plus en plus à sa mère et sa beauté était saisissante. Mais par-delà cette beauté, derrière les sourires éblouissants de Léa, Claire pouvait percevoir une infinie tristesse et parfois même une sorte de crainte. Elle en avait parlé à Sébastien, lui-même reconnaissait que toute cette histoire l'avait changée mais « qui ne le serait pas ? », disait-il. Et puis il lui affirmait qu'avec le temps, qu'avec de l'aide elle finirait par s'en sortir. « Regarde-moi, ajoutait-il, ne suis-je pas la preuve que l'on peut surmonter les épreuves, même les plus difficiles ? » Alors elle gardait confiance et avait pour sa belle-fille une tendresse qu'elle ne manquait jamais de souligner par des gestes et des attentions quotidiennes.

Le regard de Sébastien se perd jusqu'au fond du jardin, jusqu'à apercevoir les étincelants reflets verts et les éclats de lumière que le soleil fait naître sur la vaste étendue d'eau de leur piscine. Il n'en voulait pourtant plus, il ne pensait pas avoir à nouveau un jour à contempler ce genre de chose dans son propre jardin. Plus depuis Sarah et cette dramatique soirée d'été, il y avait si longtemps. Pourtant Juliette avait tellement insisté, et puis Claire avait souri en l'embrassant sur la joue, alors il avait dit oui. Mais depuis quelques semaines, les cauchemars sont revenus, les absences sont de nouveau plus fréquentes, plus longues. Il entend à nouveau le rire de Sarah et puis ses cris aussi. Il revoit maintenant chaque nuit, son visage, son sourire, ses cheveux brillants qui ondulent au gré du vent. Et puis, dans un flash, ses mêmes longs cheveux bruns qui flottent, se nouent et se dénouent au gré du courant, comme des algues dotées d'une vie propre, autour du visage de sa femme, le long d'un corps sans vie. Parfois, les visages se mélangent, ce n'est plus Sarah mais sa mère qui tend ses bras vers lui, l'appelle, lui demande pardon, le supplie d'épargner sa sœur. Elle a le même regard que celui qu'elle avait eu dans la vieille maison, exprimant exactement la même tristesse que lorsqu'il l'a reconnue et qu'elle a commencé à pleurer. Elle pleurait encore après qu'il lui eut tranché la gorge, les larmes se mélangeant au sang. Pendant quelques instants, elle n'a pas su qu'elle était en train de mourir, puis elle s'est effondrée et Sébastien lui a mis le couteau de cuisine dans la main. C'était juste avant qu'il ne descende dans la cave pour abattre Valérie. Après ça, il s'était senti libéré, presque immédiatement. Il avait cru pouvoir recommencer à vivre, à regarder le monde sans ressentir cette sourde inquiétude qui l'avait accompagné pendant toutes ces années. Et puis ça avait recommencé. Elles étaient revenues, les voix avaient à nouveau fait entendre leurs cris.

Cette nuit, c'est Valérie qui s'est montrée, son visage est toujours aussi impassible mais ses yeux expriment une terrible colère et elle lui a parlé, longuement. Elle lui a dit que maintenant il était vraiment seul, que jamais ils ne seraient réunis, mais que tout cela n'était pas que sa faute. Elle savait tout, elle savait que Sarah avait insisté pour qu'il la fasse enfermer dans cette clinique en Suisse, elle savait que s'il les avait tuées c'était bien sûr pour protéger sa fille mais surtout à cause de Claire. C'est elle qui l'avait attiré jusque dans cette maison, au fond de cette cave. Non vraiment, tout cela n'était pas sa faute. Il s'est alors réveillé en sueur, haletant. Il a senti à ses côtés les courbes et la chaleur de Claire, il l'a observée avec attention, l'a regardée respirer, a écouté son souffle apaisé, mais cela ne faisait pas taire son angoisse. Il est resté comme ça, éveillé, pendant des heures, attendant que le soleil se lève et que Claire se réveille enfin. Qu'elle se réveille et qu'elle prépare les enfants, qu'il puisse enfin partir au cabinet pour ne plus avoir à se demander pourquoi cette femme s'occupe de ses filles, pourquoi elle embrasse ses enfants avec autant d'affection, d'intimité. Comment a-t-il pu oublier avec autant de facilité et d'insouciance ce qu'elle a fait ? Comment s'est-il exonéré avec une telle indifférence de sa propre responsabilité, de sa culpabilité ? Il sent qu'une immense colère commence à dévorer son âme et il sait que bientôt il faudra la satisfaire.

Maintenant il est tard, Sébastien se dirige vers la cuisine et rejoint Claire. Il l'entoure de ses bras et pose sur ses lèvres un baiser sans passion.

— Il fait tellement chaud ce soir, je suis en nage. Et puis avec la clim qui ne fonctionne plus au cabinet, j'ai l'impression d'avoir passé la journée dans un four. Allons nous baigner… Mais d'abord, champagne !

Claire a un petit rire étonné et puis elle se dirige vers la chambre en lui disant : « OK, le temps d'enfiler un maillot et je suis à toi. » Sébastien se dirige vers le réfrigérateur, il se saisit d'une bouteille de Ruinart, l'ouvre rapidement puis, juste avant de verser le champagne dans la coupe de Claire, il glisse dans le verre les trois cachets qu'il a sortis de la poche de sa chemise.

Léa

Je l'ai vu... Je ne veux pas y croire, je ne peux pas, pourtant je viens de le voir faire ce geste. Le doute, ce doute qui m'assaillait depuis cette conversation effrayante avec ma grand-mère, depuis que j'avais cru entendre crier par ma mère ce mot qui me revenait en mémoire avec une force assourdissante : « Assassin. » Trois syllabes qui prennent aujourd'hui une réalité implacable. Maintenant, il y a comme une espèce de vide à l'intérieur de moi, comme un trou noir dans lequel j'ai l'impression que tout mon corps est aspiré. Peut-être aussi ai-je envie de disparaître, de disparaître vraiment... Ne plus être moi, ne plus être là pour ne pas avoir à réfléchir à ce que je viens de voir, ne pas avoir à penser à ce que je pourrais faire, à ce que je vais devoir faire... J'ai su tout de suite que les cauchemars de papa étaient revenus, je l'ai su à la minute même où nous sommes arrivés dans cette maison. Je l'ai su dès qu'ils l'ont achetée, avec au bout de ce jardin prétentieux cette immense piscine aux eaux sombres.

Moi qui croyais que tout cela était fini, que toutes ses souffrances et ses peurs, tous ses égarements et ses absences avaient disparu, engloutis dans ce tourbillon de sang et de douleur, dans les entrailles de cette vieille maison, dans la froideur de cette cave. Comment ai-je pu être aussi imbécile, comment ai-je pu m'aveugler à ce point ? Parce qu'elles sont là à nouveau, elles sont revenues et je sais qu'il les entend, qu'il les voit peut-être. Sa folie vient de s'imposer à moi, la folie de cet homme adoré qui m'a toujours protégée et qui a toujours su trouver les mots du réconfort, les gestes tendres et protecteurs d'un père pour son enfant. Comment aurais-je pu imaginer que derrière cette image pouvait se cacher un tel désespoir ou peut-être, plus sûrement, une telle démence ?

Quand je suis descendue ce soir pour chercher de l'eau dans la cuisine – la chaleur étouffante de l'été a sur moi un effet dévastateur –, j'ai vu papa. Il était de dos dans le salon, il ne m'a pas entendue. Il servait du champagne dans les grandes coupes trop colorées que Juliette et moi leur avons offertes à Noël. J'ai regardé le flot doré de l'alcool s'écouler dans la coupe, j'ai observé avec fascination ces centaines de petites bulles qui naissaient comme par miracle au contact du cristal. Je ne voulais pas le surveiller, vraiment, je voulais juste le regarder sans faire de bruit, je voulais le voir à nouveau amoureux, attentif, le voir préparer ce verre pour Claire. J'avais prévu peut-être d'aller l'embrasser, très vite, avant de retourner me coucher. Juste pour lui dire à quel point je l'aime. Et puis c'est arrivé, comme dans un mauvais rêve, presque au ralenti, comme pour renforcer encore la gravité de son geste. J'ai vu sa main plonger dans sa poche et se porter au-dessus de la coupe de Claire. J'ai regardé avec horreur les petits cachets blancs s'enfoncer en tourbillonnant dans le liquide doré, provoquant une nouvelle explosion de bulles. Des centaines, peut-être des milliers de petites sphères diaphanes se sont bousculées dans un chaos de mousse et d'alcool pour disparaître aussitôt apparues. Mon père a secoué la coupe en rapides mouvements circulaires, accélérant encore la dissolution des pilules. Et, au fur et à mesure que les somnifères se désagrégeaient dans le verre, j'avais l'impression que mon propre cœur disparaissait dans ma poitrine en minuscules miettes évanescentes. Je me suis laissée glisser lentement contre le mur de la cuisine, je suffoquais, un poids immense écrasait mes poumons, pesait sur tout mon corps, j'avais presque l'impression de m'enfoncer dans le sol. Et puis les larmes sont venues. J'ai plaqué ma main sur ma bouche et mis le peu d'énergie qu'il me restait à tenter de réprimer les sanglots qui montaient du fond de ma gorge, du fond de mon cœur. Je regarde horrifiée et impuissante, incapable du moindre mouvement, l'homme qui était mon père devenir, redevenir un assassin. Car il y a dans ce geste une sorte de réminiscence qui me terrifie. Je sais, je comprends à cet instant que ce geste est sûrement identique à celui qu'il a eu pour maman, il y a tant d'années.

J'entends Claire qui redescend l'escalier, son pas léger s'accélérant alors qu'elle atteint le salon. Elle ne peut pas me voir mais je l'imagine, je vois son visage parfait éclairé par l'immense sourire qu'elle a enfin retrouvé depuis que nous l'avons adoptée, avec enthousiasme, avec envie, avec la volonté farouche et partagée de retrouver enfin une famille et peut-être même une mère. Mon père lui tend la coupe, il lui parle avec douceur, il l'invite à boire avant d'aller plonger dans la piscine. Il y a dans cette voix si familière des accents de sincérité qui me bouleversent et me terrorisent. À ce moment précis, je suis certaine qu'il est amoureux d'elle, qu'il doit avoir oublié ce qu'il a fait il y a quelques minutes à peine. Sa folie est telle qu'il ne sait peut-être même plus que la coupe qu'il tient encore dans sa main est une arme mortelle. J'ai envie de hurler à Claire de ne pas boire, de fuir, de quitter la maison pour ne plus jamais revenir. Je voudrais pouvoir crier ces mots mais rien ne parvient à sortir de mes lèvres glacées, même mon souffle est bloqué au fond de mes poumons. Il faut pourtant que je fasse quelque chose, il le faut pour Claire, pour Juliette, pour Agathe… Pour maman. Au prix d'un immense effort, je me lève tout doucement, je recule peu à peu et me dirige vers la porte de la cuisine, celle qui donne sur le jardin. Je m'enfonce dans les ombres protectrices de la nuit et plus je m'éloigne de la maison plus j'ai envie de courir, de hurler. Au bout d'une centaine de mètres, je peux enfin pleurer et laisser éclater mes sanglots. Je m'effondre soudain, en larmes, au pied de la piscine. Je sais qu'ils vont bientôt arriver, je sais que Claire va plonger dans cette eau sombre pour sûrement ne plus jamais revenir à la surface. Comment peut-il croire que cette fois-ci il va pouvoir s'en sortir ? Le simple fait qu'il puisse imaginer que les soupçons ne se porteront pas immédiatement sur lui me prouve, si j'en avais encore besoin, l'ampleur de sa folie. Et cette révélation me donne le vertige, je suis au-dessus d'un gouffre et ce gouffre est l'esprit dément de mon propre père. Je cherche désespérément un moyen de l'arrêter. Mon regard scrute les abords de la piscine, je vois des tas de choses inutiles. Les palmes abandonnées de Juliette, une serviette de bain froissée sur le grand transat blanc de Claire, le tuyau d'arrosage orange avec lequel nous aspergeons en riant les plants de lavande... Rien qui puisse me permettre d'intervenir, rien pour arrêter ce cauchemar. Et puis soudain, je l'aperçois. J'ai d'abord vu les deux lames qui ont brillé quelques instants sous l'effet d'un rayon de lune. Puis j'ai reconnu les longs manches en bois rouge du grand sécateur avec lequel papa taille la haie qui borde le jardin. Je m'en saisis et m'étonne de trouver cet outil si pesant. Sans doute mes bras sont-ils plus affaiblis par l'horreur du geste que je m'apprête à commettre que par le poids de cette cisaille. Je voudrais tant ne pas être là, je voudrais tant être une jeune fille normale avec des difficultés adolescentes qui ne dépassent pas le stade du désespoir amoureux. Au lieu de ça je suis terrorisée, arrivant à peine à tenir debout, secouée de sanglots et de frissons, attendant avec effroi qu'ils arrivent. Ne sachant pas ce que je serai capable de faire quand il sera là.

J'aperçois bientôt les deux silhouettes qui s'approchent, Claire titube déjà sous l'effet des hypnotiques. J'essuie mes yeux noyés de larmes et m'enfonce dans la petite cabane qui abrite la machinerie de la piscine. De là il ne pourra pas me voir. Je retiens ma respiration alors qu'ils passent devant moi, je ne sais plus quoi faire, ma tête me fait mal. Je reste d'abord immobile et puis je m'avance un peu, sans un bruit, alors qu'ils s'approchent du bassin. Il tient Claire dans ses bras et lui parle, je n'entends pas ce qu'il lui dit et je dois m'avancer encore pour pouvoir commencer à comprendre, à comprendre à quel point cet homme a définitivement sombré dans la folie. Sa voix est sourde, profonde, les mots qu'il prononce sont comme des coups que je recevrais en plein cœur.

— Tout va bien, tu vas te reposer... Je ne peux pas te laisser avec nous, pas après ce que tu as fait... Si tu pars, elles me laisseront en paix, je le sais. Après Sarah, je ne les ai plus entendues pendant si longtemps. Mais aujourd'hui elles sont revenues... Pour toi.

Je n'ose pas crier, lui hurler de la laisser tranquille, le supplier de ne pas la pousser, lui rappeler à quel point je l'aime, à quel point Juliette et moi avons besoin de lui. Peut-être que si je le faisais il redeviendrait lui-même, peut-être qu'il me prendrait dans ses bras et qu'il me consolerait, comme toujours. Je devrais essayer de lui parler mais au moment où j'ouvre la bouche je l'entends à nouveau et ses paroles me glacent le sang.

— Je ne sais pas combien de temps elles me laisseront, Claire, je ne sais pas si elles reviendront mais je ne peux pas les trahir encore, tu comprends, je ne peux pas... Tout ce que je veux c'est qu'elles me laissent en paix et tout ce que j'espère c'est qu'elles ne me demanderont jamais de les sacrifier, elles aussi...

J'ai levé les lames très vite, très haut au-dessus de ma tête, elles ont une nouvelle fois brillé furtivement, l'espace d'un instant, avant que je ne les abatte dans un hurlement de rage, de tristesse et de peur. Papa s'est effondré et je ne distingue plus son visage, je ne vois pas non plus de sang. Pourtant les lames ont plongé dans son dos, elles se sont enfoncées avec une telle facilité que j'ai presque failli basculer en avant au moment de l'impact. Claire est inconsciente, je m'agenouille près de papa, j'essaie de le retourner mais je n'y arrive pas. Je l'entends murmurer quelque chose mais c'est imperceptible. Je me penche vers lui, je pose ma tête près de son visage, j'essaie de lui dire que je suis désolée, que je l'aime, que je n'avais pas le choix. Il attrape ma main alors que je caresse doucement ses cheveux.

— Ça va, Léa, je n'ai pas mal… Je ne pouvais pas rester avec vous… Ne t'inquiète pas. Je ne les entends plus… enfin, elles se sont tues.

Son corps s'est affaissé, je ne sens plus son souffle, je le serre dans mes bras et je sais à ce moment-là que je ne pourrai plus jamais entendre son rire, sentir ses bras autour de moi, me réfugier auprès de lui pour qu'il soulage mes peines. Je voudrais pouvoir crier, j'ouvre la bouche et lève la tête vers le ciel mais rien ne vient, seules les étoiles font écho à mon hurlement silencieux. Je me redresse avec lenteur, je vois Claire qui semble dormir, apaisée, indifférente au drame qui vient de se jouer près d'elle. Je laisse mon regard se perdre dans les eaux troubles de la piscine. Le vent en agite la surface et d'étranges dessins se forment, des figures mouvantes, agitées par la brise et auxquelles les lueurs de la lune donnent une vitalité surprenante. L'une d'elles surtout attire mes yeux, de façon quasi hypnotique. Je suis fascinée par les traits qui se dessinent peu à peu dans cette eau qui ne devrait être que chaos. Pourtant, le visage apparaît maintenant avec de plus en plus de précision, il naît, se déchire puis se recompose sans cesse, au gré des remous et des scintillements. Un visage que je ne peux pas oublier, pas plus que je ne peux ignorer qu'il devra maintenant accompagner ma solitude, mon chagrin et mes remords. Et c'est au moment précis où les traits de Valérie s'animent et que ses lèvres s'entrouvrent, au moment où je suis certaine qu'elle va me dire quelque chose que je sens mon esprit vaciller et que je perds enfin connaissance. Lorsque plus tard je reviendrai à moi, à la vie, je sais qu'il faudra que j'apprenne à vivre avec ce visage, cette présence démente et je me demande juste combien de temps il me faudra avant de devenir complètement folle.

Épilogue

Le petit garçon tient le marteau très haut au-dessus de sa tête. Ses deux bras sont tendus et ses muscles lui font terriblement mal. Des gouttes de sueur perlent à son front et, depuis quelques instants, un étrange balancement s'est emparé de tout son corps. Il ne sait pas depuis combien de temps il est là, devant le lit de sa sœur, regardant avec attention la poitrine de Valérie qui se soulève avec douceur, au gré du rythme enfin apaisé d'un sommeil qu'elle a mis si longtemps à trouver. Il sait bien qu'elle n'est pas responsable, pas entièrement du moins. Le chaos et la fureur qui le ravagent et naissent au quotidien au cœur de la maison sont aussi les fruits pourris d'une haine qui ne s'essouffle jamais. Il le sait et pourtant une colère épouvantable s'empare parfois de lui et les images qui l'envahissent alors sont pleines de souffrance et de sang. Et puis cette nuit, ils sont revenus. Ils n'ont pas toujours le même visage ni la même voix. Mais ils sont si présents, si réels. Il a même parfois l'impression de sentir leur souffle sur son visage quand ils se penchent vers lui pour lui dire leurs secrets. Parfois il ne veut pas les écouter, il met sa tête sous son oreiller et puis *il pleure, il gémit, mais jamais assez fort pour qu'il ne puisse plus les entendre. Une fois, son père est venu, il est entré dans la chambre et puis il s'est mis à lui hurler de se taire. Pourtant, même là, au milieu des cris il continuait à les entendre. C'était très étrange, comme si leurs chuchotements venaient de l'intérieur même de son corps. C'est quand il avait commencé à le frapper qu'il avait cessé de ressentir leur présence. Les coups qui avaient plu sur lui avaient mis fin aux voix. Pourtant, juste avant de sombrer, il avait entendu l'injonction qui lui avait été donnée : « Tue-le ! »*

Mais il ne peut rien faire, rien faire contre lui. Il a essayé de contrôler des choses plus petites, il est même arrivé à le faire pour certaines d'entre elles. Il se souvient maintenant du parc. Il avait quitté la maison sans que personne le remarque, sans qu'ils s'aperçoivent que le petit animal n'était plus dans sa cage. Il se rappelait les morsures sur ses doigts, l'agitation frénétique des petites pattes entre ses mains et surtout l'instant précis où le cœur de l'animal s'était arrêté, le moment où les battements frénétiques s'étaient tus. Comme si soudain, dans sa main, il avait arrêté le monde. Il avait eu pendant quelques instants une sorte d'absence, presque de dégoût. Mais il avait aussi ressenti, pendant tout ce temps, un sentiment incroyable de toute-puissance. Le sentiment étrange et rare qu'il pouvait, pour quelques instants, tout contrôler. Après il n'avait eu qu'une seule envie, retrouver cette sensation de contrôle, recommencer encore et encore. Tant de choses lui échappaient à la maison. Mais il savait aussi qu'il devait être prudent. Il pouvait se laisser griser si facilement par ça, il avait parfois si peur de ce qui pourrait arriver s'il se laissait emporter.

Et ce soir, devant le lit de Valérie, il mesure toute la puissance et toute la démesure de son pouvoir. Ce soir il n'a pas eu besoin que les voix insistent beaucoup. Il s'est levé sans un bruit puis est allé chercher le lourd marteau dans la caisse à outils de son père. Maintenant, il sait que dans quelques secondes il va abattre l'outil sur le visage de sa sœur, il n'en a pas envie, il en a besoin, plus que tout. Mais lorsqu'elle ouvre soudain les yeux, elle a le temps de pousser un cri terrible qui le paralyse quelques instants. Il oscille maintenant entre la réalité de cette chambre d'enfant et son envie irrépressible de la faire taire. C'est sa mère qui arrache le marteau de ses mains, elle le jette au loin puis regarde son fils avec une immense douleur dans les yeux. Il voit sa sœur qui pleure en tordant ses mains, sa mère qui secoue la tête tout en le serrant très fort dans ses bras, il voit ce monde qui est le sien et il sait maintenant qu'il devra tenter d'y survivre. Il espère juste pouvoir maîtriser sa colère, adoucir les voix tout en sachant qu'il ne pourra pas toujours y parvenir. Mais il n'offre plus de résistance car il sait que sa vie, que celle des autres, au-delà des cris et de la haine, est tout entière entre ses mains.

Remerciements

Un immense merci à Clarisse mon épouse pour son aide dans les ultimes corrections, son soutien indéfectible et ses critiques toujours constructives (après réflexion…). Et bien sûr plein de baisers à Agathe, Castille et Gaspard, les héros de ma vie.

Un grand merci à Déborah, avocate, et à Thomas, pédopsychiatre, pour leurs précieux conseils et leur regard de spécialiste sur les péripéties de mes héros. Un grand pardon aussi pour n'avoir pas toujours suivi leurs préconisations mais le romancier peut et doit s'affranchir de la réalité, c'est sa grande chance et aussi, je le crois, sa grande force.

Mille mercis à Céline, mon éditrice, qui a su comme toujours orienter mon travail, enrichir mon histoire et trouver le « truc en plus » qui fait qu'un manuscrit peut devenir un roman.

Merci à Sophie pour sa relecture « au laser ». Une fois de plus elle a su débusquer les moindres anomalies de ce texte mais je savais depuis bien longtemps qu'elle ne laisse rien passer, surtout pas à ses amis.

Enfin, merci à tous les « grands » auteurs de thriller

qui ont inspiré mon travail pour ce livre, qu'ils me pardonnent cette incursion dans cet univers fascinant où la folie entraîne nos héros bien au-delà de ce que l'auteur lui-même pouvait imaginer.

Faites de nouvelles rencontres sur pocket.fr

- Toute l'actualité des auteurs : rencontres, dédicaces, conférences...
- Les dernières parutions
- Des 1ers chapitres à télécharger
- Des jeux-concours sur les différentes collections du catalogue pour gagner des livres et des places de cinéma

Un livre, une rencontre.

Composition et mise en pages
Nord Compo à Villeneuve-d'Ascq

Imprimé en France par

MAURY IMPRIMEUR
à Malesherbes (Loiret)
en août 2018

POCKET – 12, avenue d'Italie – 75627 Paris Cedex 13

N° d'impression : 229478
Dépôt légal : juillet 2016
S25734/08